Reiseführer Natur Griechenland

Festland und Küste

Die Deutsche Bibliothek – CIP-Einheitsaufnahme

Reiseführer Natur Griechenland: Festland und Küste/Johannes Kautzky.
[Red. Mitarb.: Einhard Bezzel; Josef. H. Reichholf].
– 2. überarbeitete Auflage –
München; Wien; Zürich: BLV, 1999
ISBN 3-405-15819-2
NE: Kautzky, Johannes

Die Zusammenstellung der praktischen Reiseinformationen und die Beschreibung der Touren in diesem Führer erfolgten mit größtmöglicher Sorgfalt und mit Rücksicht auf die Natur. Bitte verhalten auch Sie sich entsprechend und beachten Sie im Interesse Ihrer eigenen Sicherheit die Hinweise der Autoren, z.B. zu gefährlichen Wegstrecken. Ob eine Route gefährlich ist, hängt neben den Wetterverhältnissen auch von der persönlichen Konstitution des Wanders ab. Befragen Sie im Zweifelsfall vor einer Reise ihren Hausarzt. Bitte haben Sie Verständnis dafür, daß sich nach Erscheinen des Buches Wegführungen, Anschriften oder Telefonnummern ändern können. Korrekturhinweise werden Autoren und Verlag gerne aufgreifen:

BLV Verlagsgesellschaft mbH, Postfach 40 03 20, 80703 München

Zweite, überarbeitete Auflage

BLV Verlagsgesellschaft mbH
München Wien Zürich
80797 München

Umschlaggestaltung: Julius Negele, München
Karten: Viertaler + Braun, Grafik + DTP, München
Redaktionelle Mitarbeit: Dr. Einhard Bezzel, Prof. Dr. Josef H. Reichholf
Lektorat: Dr. Friedrich Kögel
Layout: Volker Fehrenbach, München
Herstellung: Hermann Maxant
Satz: Graphisches Büro V. Fehrenbach, München
Druck: Appl, Wemding
Bindung: Bückers GmbH, Anzing
Printed in Germany · ISBN 3-405-15819-2

Inhalt

Einführung

Essays

Reiseführer Natur
Griechenland

blv

Johannes Kautzky

Hauptreiseziele

Nebenreiseziele

Reiseplanung

Anhang

Zum Geleit

Reiseführer Natur — eine Chance für den sanften Tourismus?

Dem Massentourismus ist sehr viel Natur zum Opfer gefallen. Der Versuch, der Unwirtlichkeit der Städte und der Industriegesellschaft in eine »intakte Natur« für die kostbarsten Wochen des Jahres zu entfliehen, mißlang gründlich. Denn der Ruhe, Entspannung und Naturgenuß suchende Mensch wurde im Touristikboom schnell wieder in die Massen einbezogen und beinahe zu einer »Ware« degradiert. Der zähe Brei des Massentourismus wälzte sich, da er fortlaufend seine eigenen Existenzgrundlagen zerstört, immer weiter hinaus bis in die letzten Winkel der Erde. Mit größter Sorge betrachteten Naturschützer in aller Welt diese Entwicklung und versuchten – vergeblich – sich dagegenzustemmen. Sie waren und sind machtlos gegen die Flut, die über sie und die wenigen geschützten Gebiete hereinbrach. Die Naturschützer hatten so gut wie keine Chancen, die Natur vor dem Massenansturm zu bewahren.
So wurde denn der Tourismus in Bausch und Bogen als nicht natur- und umweltverträglich verdammt und gebrandmarkt. Nicht ganz zu Recht, wie man bei objektiver Betrachtung der Sachlage zugeben muß. Denn nicht wenige der wichtigen, ja unersetzlichen Naturreservate der Welt konnten gerade wegen des Tourismus gesichert werden, der Staaten wie Tansania mit der weltberühmten Serengeti und Ecuador mit seinen Galápagos-Inseln mehr harte Währung einbrachte, als eine Umwidmung der geschützten Flächen zu anderen Formen der Nutzung. Durch geschickte und gezielte Lenkung des Besucherstromes ist es möglich, die Schäden gering zu halten, aber großen Nutzen einzubringen. Viele Beispiele gibt es hierfür. In Amerika, in Afrika und in Südostasien gelingt es offenbar weitaus besser, Naturreservate zu erhalten als hierzulande in Mitteleuropa, wo Naturschutzgebiete fast automatisch zu Sperrgebieten für Naturfreunde gemacht werden (während andere Nutzungsformen, insbesondere Jagd und Fischerei, in der Regel uneingeschränkt weiterlaufen dürfen).
Es fehlt an Information und an Personal, das die Schutzgebiete überwacht, Besucher betreut und für die Erhaltung der Natur wie für die Einhaltung der Schutzbestimmungen sorgt. Vielfach können gerade da, wo die Schutzgebiete mit strengem »Betreten Verboten« ausgewiesen sind, die Schutzziele nicht eingehalten werden. Es fehlen die »Verbündeten«; sie sind als Naturfreunde ausgeschlossen und damit keine starken Partner. Eine grundsätzliche Änderung, eine Wende zum Besseren ist derzeit nicht in Sicht. So bleibt der Naturfreund auf sich allein gestellt, Natur zu erleben, ohne sie zu zerstören.
Die neue Serie »Reiseführer Natur« folgt diesem Leitgedanken. Sie will den engagierten Naturfreunden die Möglichkeit aufzeigen, sich schöne Landschaften mit einem reichhaltigen oder einzigartigen Tier- und Pflanzenleben auf eine »umweltverträgliche« Art und Weise zu erschließen. Ein Tourismus dieser Art, der auf Information aufbaut und dessen Ziel die Sicherung der Naturschönheiten ist, wird vielleicht die überfällige Wende bringen. Unberührte Natur, naturnahe Landschaften und freilebende Tiere und Pflanzen haben ihren besonderen Wert. Aber er wird nicht zum Nulltarif auf Dauer zu erhalten sein.

Dr. Einhard Bezzel
Prof. Dr. Josef H. Reichholf

Vorwort

Schmale Ackerstreifen in warmen Brauntönen, in Terrassen sorgfältig übereinandergestuft. Kunstvoll scheinen die Stützmauern aufgeschichtet, die den Acker vor dem Abschwemmen bewahren, die Furchen sind sorgfältig von Steinen gereinigt. Uraltes Kulturland, bis auf den heutigen Tag von der Hand des Menschen mit Hilfe seiner Tiere gepflegt; aber auch viel wegen Unwirtschaftlichkeit Aufgegebenes, Verfallenes, das nun wieder von Brandkraut und Macchie überwuchert wird. Den Besucher entzückt diese Landschaft mit ihren Oliven- und Mandelbäumen, besonders im Frühlingskleid eines reichen Blumenschmuckes. In dieser »klassischen« Landschaft Griechenlands scheinen Mensch und Natur noch in Harmonie zu leben. Dabei ist sie ein ganz und gar vom Menschen geschaffenes Produkt, in dem von den ursprünglichen Hartlaubwäldern aus stacheligen Kermeseichen, Aleppokiefern und Macchiebäumen nur noch kleine Reste übrig sind.

Der Mittelmeerraum ist eines der beliebtesten Reiseziele der Welt, 1990 verbrachten etwa 150 Millionen Menschen, Ausländer wie Einheimische, ihren Urlaub in einem Mittelmeerland. Sonne, Strand, Sirtaki und Souflaki sowie die antiken und byzantinischen Bauwerke locken die Massen auch nach Griechenland, wo sie sich an den schmalen Küstenstreifen drängen, deren noch vor wenigen Jahrzehnten beschauliche Dörfer zunehmend von einer Betonlawine zugeschüttet werden. Freilich sind die Touristen nicht an allen Landschaftsveränderungen schuld. Intensive Landwirtschaft mit Großmaschinen und Gift, Tonnen von ungeklärten Abwässern der Städte und Industriebetriebe – die Ökologie wurde wie immer zugunsten der Ökonomie überrannt.

Gleich zu Beginn ist somit einiges von Umweltzerstörung die Rede, aber es gibt sie noch, die idyllischen Dörfer und naturbelassenen Plätze. Es stellt sich natürlich die Frage, ob es zu verantworten sei, Besucher in diese Refugien zu führen, denn die meisten Tierarten brauchen vor allem Ruhe, und jede Störung gefährdet die fragilen Ökosysteme weiter. Gerade Naturliebhaber – der anpirschende Tierfotograf, der ausharrende Angler oder der still kampierende Paddler – können den Bruterfolg scheuer Wasservögel nachhaltig stören. Alles abseits der Wege Anschleichende, Lauernde ist für Wildtiere bedrohlich, die Angst vor dem Jäger macht alle Zweibeiner verdächtig und steigert die Fluchtdistanz erheblich. Doch die Zeiten, wo der beste Schutz eines Gebietes seine Abgeschiedenheit war, sind inzwischen vorbei; die Chance für ein Areal, unbeeinflußt zu bleiben, ist gleich Null. Haben sich aber erst einmal Massentourismus oder Industrie breit gemacht, ist es um eine mögliche Naturnähe endgültig geschehen. Dem Naturtourismus fällt daher die wichtige, aber auch schwierige Aufgabe zu, Besuchern und Einheimischen den Wert der Natur zu vermitteln.

Für ein richtiges Verhalten in der Natur ein kleiner Öko-Knigge für draußen:
Nimm nichts mit!
Laß nichts zurück!
Zerstöre nichts!
Schädige nichts durch dein Verhalten!

DR. JOHANNES KAUTZKY

Einführung

Zur Benutzung des Buches

Dieser Führer soll es dem Leser ermöglichen, die Natur des griechischen Festlandes zu erleben, aber auch grundlegende ökologische Zusammenhänge und Probleme kennenzulernen und zu verstehen. Um alle Informationen umfassend nutzen zu können, gibt diese Einführung einen kurzen Überblick über die Gliederung des Buches.

Die »**Kleine Landeskunde**« gibt allgemeine und grundlegende Informationen über Griechenland. Hier ist Wissenswertes zur Geographie, Geologie und Geomorphologie des Landes und über den Einfluß des Klimas zu finden. Der Abschnitt über die Küsten vermittelt einen Überblick über die häufigen Felsküsten (für die Sandküsten bietet diesen das Hauptreiseziel 24). Das Kapitel über die Pflanzenwelt erklärt die wichtigsten Besonderheiten der Mittelmeervegetation, es folgen Angaben über die Tierwelt und schließlich über den Einfluß des Menschen. Angefangen bei den Kulturpflanzen bis hin zur Naturschutzproblematik.

Den Großteil des Buches machen die Beschreibungen der einzelnen Reiseziele aus, aufgeteilt in 28 Haupt- und 22 Nebenziele. In der **Umschlagskarte** hinten sind sie eingezeichnet und numeriert. Die **Hauptreiseziele** sind die schönsten und für das Verständnis der Naturgeschichte wichtigsten Gebiete des Landes; sehenswerte Landschaften oder geologische Formationen, eine naturnahe Tier- und Pflanzenwelt.

Am Beginn jeder Beschreibung stehen Charakteristik, Entstehung und auffällige Besonderheiten. Die Vorstellung der Pflanzen- und Tierwelt weist auf Lebensgemeinschaften hin, wo sie noch zu erkennen sind auf typische Vegetationszonen und konzentriert sich vor allem auf Besonderheiten und die für das Gebiet charakteristischen und auffälligen Arten. Fotos helfen beim Erkennen vieler Arten, für exakte Bestimmungen wird aber die Hilfe von Feldführern und Bestimmungsbüchern empfohlen (s. Literaturverzeichnis). Verweise auf erwähnte Arten, die in einem anderen Kapitel abgebildet sind erfolgen durch »S. ...«, Textstellenverweise durch »s. S. ...«. Kurze Abhandlungen (Essays), durch blaue Hinterlegung gekennzeichnet, geben zu einigen Themen weitere Hintergrundinformationen.

Wo immer es möglich war, wurden deutsche **Artnamen** verwendet; sind für eine Art mehrere Namen gebräuchlich, sind diese weitgehend über das Wörterbuch zu erschließen. Für Wirbellose oder Pflanzen ohne deutschen Namen wurde soweit möglich zumindest eine deutsche Gattungsbezeichnung angegeben (z.B. »der Laufkäfer xy«).

Zu jedem Hauptreiseziel gibt es einen Abschnitt »**Im Gebiet unterwegs**« und eine Übersichtskarte (ohne Karte kommen die Kapitel »Meteora» und »Dünenküste« aus, da die Orientierung nicht zu verfehlen ist). Querverweise zwischen Karte und Text (Zahlen im Kreis) sollen eine rasche Orientierung ermöglichen. Bei einigen Gebieten ist zusätzlich noch auf spezielle Wandermöglichkeiten hingewiesen. Ziel des Kapitels ist, dort wo es an Kartenunterlagen mangelt, die Orientierung zu erleichtern, und Wege zu zeigen, wie man das Typische sowie Besondere eines Gebietes erlenen kann, ohne auf die Tier- und Pflanzenwelt störend zu wirken.

Die »**Praktischen Tips**« geben Hinweise über Anreise, Klima und Reisezeit sowie Informations- und Unterkunftsmöglichkeiten (wenngleich sich etwa Telefonnummern rasch ändern können). Auch die Kar-

ten können durch den heftigen Forstwegebau in Details einer raschen Alterung unterworfen sein.
»Blick in die Umgebung« enthält Ziele, die in der Nähe eines Hauptreisezieles gelegen sind und einen Abstecher lohnen.
»Nebenreiseziele« sind meist kleinere Gebiete, die weitere interessante Einblicke in die Natur des Landes erlauben. Manche ähneln in ihrer Struktur den Hauptreisezielen, d.h. es kommen die dort beschriebenen Arten und Landschaftstypen vor, andere bieten spezifische Besonderheiten.
Das Kapitel **»Reiseplanung«** enthält Hinweise zur Vorbereitung bzw. nützliche Tips bei der Durchführung einer Reise, etwa zur manchmal verwirrenden, unterschiedlichen Schreibweise geographischer Bezeichnungen.
Das **Literaturverzeichnis** am Ende des Buches verweist auf weiterführende, allgemein verständliche Dastellungen und Bestimmungsbücher. Das **Register** ist unterteilt in einen geographischen Teil (Orte, Landschaften usw.) sowie in ein Artenregister, in dem die im Text erwähnten Tiere und Pflanzen nachgeschlagen werden können. Zusätzlich wurde ein **Wörterbuch** der Tier- und Pflanzennamen aufgenommen, in dem die wissenschaftliche Namen aller Arten zu finden sind.

Zeichenerklärung für die Karten im Text

Um die Übersichtlichkeit der Karten zu gewährleisten, wurden vor allem die für den Touristen interessanten Informationen aufgenommen. Die verwendeten Symbole und Abkürzungen werden in der folgenden Übersicht erklärt. Weitere Sonderzeichen sind in der jeweiligen Karte erläutert, wenn sie nur in diesem Gebiet verwendet werden.

Verwendete Kartensymbole

Straße jeglicher Breite und Ausbaustufe
Piste, Schotterstraße
Wanderweg
Eisenbahn
Fluß
temporär wasserführender Fluß
Staatsgrenze
Deich, Damm
Abbruchkante
See, Meer
Land
Nationalpark
Stadt
Sandstrand, Dünen
Saline
Röhricht
Sumpf, Salzmarsch
Wald
Ortschaft
markanter Punkt
Gebäude, Hütte
Kapelle, Kloster
Berg
Paß, Brücke
Aussichtspunkt
Höhle
3 *Besuchspunkte (mit Querverweisen im Text)*
Hügel
Ag. = Agios (Sankt)

Kleine Landeskunde

Lage und Größe

Griechenland liegt auf der Balkanhalbinsel zwischen dem Ionischen Meer im Westen und der Ägäis im Osten. Es ist in Nord-Süd-Richtung von hohen, wenig bewaldeten Gebirgsketten durchzogen; diese setzen sich in den Inselgruppen der Ägäis fort, welche beinahe 20% der Landesfläche ausmachen und eine natürliche Brücke nach Kleinasien bilden. Mit einer Fläche von 131 944 km² ist Griechenland etwa halb so groß wie Westdeutschland. Das Land erstreckt sich zwischen 41°54´ und 34°54´ nördlicher Breite. Die Kreta vorgelagerte Insel Gavdos ist damit der südlichste Punkt Europas. Die Nachbarn im Norden sind Albanien, Slawisch-Mazedonien, Bulgarien und im Nordosten die Türkei. Von den 10,1 Mio. Einwohnern konzentrieren sich 3,5 Mio. im Ballungsraum Groß-Athen, eine weitere Million in und um Thessaloniki. Große, abgelegene Gebiete sind nahezu unbesiedelt.
Das deutsche Wort »Griechen« leitet sich vom lateinischen »Graeci« her, womit die Römer die griechischen Volksgruppen Süditaliens bezeichneten. Die Griechen nennen sich selbst Hellenen (Ellines), eine seit dem 7. Jh. v. Chr. gebräuchliche Bezeichnung, und ihr Land Hellas (Ellas).

Geologie und Geographie

Die griechische Landschaft wird maßgeblich von Gebirge und Meer geprägt. Zahlreiche Buchten und Meeresarme greifen weit in das Festland hinein, wodurch eine zerklüftete Küste von annähernd 8000 km Länge (mit Inseln 15000 km) entsteht. Daher ist selbst in Nordgriechenland kein Punkt weiter als 140 km vom Meer entfernt, auf dem Peloponnes schrumpft diese Distanz auf nur 45 km.
Die Gebirge gliedern sich in zwei unterschiedliche Großräume: Bereits im Erdaltertum bildeten sich die östlichen Gebirgszüge (Rhodopen), den größten Teil Griechenlands nehmen die Helleniden ein. Diese sind die Fortsetzung der Dinarischen Alpen des Balkans und wurden gleichfalls im Zuge der alpinen Gebirgsbildung durch den Druck der afrikanischen Platte auf die europäische gehoben. Die meisten der Kammlinien folgen der geologischen Strukturrichtung von Norden nach Süden. Quer dazu stehen einige Horstgebirge (etwa der Parnaß).
Das Bergland der **Helleniden** ist aus verschiedenen, übereinander gelagerten Gesteinsschichten aufgebaut. An der Basis befinden sich Kristallin und metamorphe Schiefer, darüber folgen Kalke. An einigen Stellen sind dazwischen Eruptivgesteine eingelagert. Über den mächtigen Kalklagen liegen Flyschsedimente, vorwiegend Sandstein und Tonschiefer aus dem Eo- und dem Oligozän. Flysch (s. S. 13) ist vor allem auf der Westseite Griechenlands zu finden. Alle diese Gesteine liegen selbstverständlich nicht mehr ordentlich geschichtet vor, sondern sind gefaltet, überschoben, erodiert und wieder abgelagert worden. Der gesamte Mittelmeerraum ist eine tektonisch hochaktive Zone, wie die zahlreichen Erdbeben und Vulkanausbrüche beweisen. Die Helleniden sind demnach, ebenso wie die Alpen, ein klassisches Deckengebirge, das heißt, die einzelnen Schichten wurden aufgefaltet und übereinandergeschoben, wodurch der Aufbau solcher Gebirgstypen äußerst kompliziert ist.
Die orographische Achse (und damit das »Rückgrat«) Griechenlands ist das mächtige **Pindos-Gebirge**, das sich vom Grammos an der albanischen Grenze nach Süd-Südosten bis an die Spitze der Messenischen Halbinsel am Peloponnes erstreckt, kurz unterbrochen vom Korinthischen Golf. Es bildet die große Wasserscheide, trennt das Ägäische vom Ionischen Meer. Im Gegensatz zum Westen mit seinen küstenparallelen Kettengebirgen des Pindos-

Der Vikos-Balkon bietet ein beeindruckendes Panorama. Vor dem Betrachter liegt die 1000 m tiefe Vikos-Schlucht.

Systems ist der Osten des Festlandes ein durch Quergebirge und Bruchschollen reichgekammertes und buchtenerschlossenes Land, das manchmal von plump wirkenden kristallinen Gebirgsstöcken (z. B. Olymp) überragt wird. Durch tektonische Brüche sind große und kleine Becken entstanden, deren fruchtbare Ebenen seit vorgeschichtlicher Zeit besiedelt sind. Tektonische Bewegungen ließen einen Teil der Helleniden unter den Meeresspiegel sinken, die ehemaligen Gipfel ragen als Inseln aus dem Wasser. Insgesamt unterteilt sich Griechenland in mehr als 60 natürliche Landschaften, die sich in Naturbeschaffenheit und historischer Entwicklung unterscheiden. Im Vergleich zur Größe des Landes ist diese Gliederung einmalig.
Weit verbreitet in allen griechischen Gebirgen sind ebene, manchmal große Mulden, die bis in Höhen von über 2000 m vorkommen. Vermutlich sind sie Reste einer ehemals einheitlichen miozänen Landoberfläche. Heute finden sie ihre Begrenzung meist in Bruch- und Erosionsrändern. Die derzeit sichtbaren Spuren der **Vereisung**, vornehmlich Kare mit Moränenwällen, sind während der letzten Eiszeit, dem Würm entstanden.
Täler schneiden sich seit etwa 5 Mio. Jahren in das Gestein und manche Gebirge sind von tiefen Schluchten durchfurcht. Besonders eindrucksvoll ist diejenige des Vikos, mit 400 m senkrecht in die Tiefe abfallenden Felsflanken. Oft sind durch Erosion Schotter- oder Felsterrassen entstanden, in einigen Tälern des Taigetos liegen sie bis zu 150 m über dem Talboden. Der Talausgang liegt meist am Gebirgsfuß und läuft in einem Schwemmkegel in das Vorland aus.
Charakteristische Oberflächenformen sind auf Kalkuntergrund die verschiedenen **Karstformen** von Karren (S. 152) bis zu großen Höhlensystemen. Auf Hängen in weichem Gestein wie Tonen oder Mergel kommt es häufig zu Hangrutschungen (genannt Frane) und zu Zerrunsungen. Ihre Ursache sind heftige Regengüsse, bei denen das Wasser wegen der Feinporigkeit

des Untergrundes nicht schnell genug einsickern kann. Daher rinnt es an der Oberfläche ab und reißt Kerben in den Hang, die sich rasch verästeln und vertiefen, bis nur noch Grate zwischen ihnen übrigbleiben. Die so entstandene Landschaft nennt man »badlands« (engl.: »schlechtes Land«) die einzelnen Kerben Racheln oder Calanchi (S. 81, 110, 222).
Ein weiteres auffallendes Phänomen sind die großen Schuttansammlungen in den Ebenen und die Kahlheit der schroffen Gebirge. Für ihre Enstehung machte man in erster Linie den Menschen verantwortlich, doch hat dieser nach neuen Erkenntnissen der Landschaft nur sozusagen »den Rest« gegeben. Schmelzwässer der Gebirge in der letzten Eiszeit und nacheiszeitliche Starkregen transportierten beträchtliche Sedimentfrachten ins Tal und schufen einen labilen Zustand, der nur durch die Pflanzendecke stabilisiert wurde. Feine Sedimente gelangten mit den Flüssen bis in deren gebirgsferne Mündungsgebiete und konnten im gezeitenarmen Mittelmeer ausgedehnte Küstenebenen aufbauen. Durch Raubbau am Wald und intensive, ungeregelte Weidewirtschaft zerstörte der Mensch schließlich den fragilen Schutzmantel der Berge, die Böden verloren endgültig ihre Festigkeit und erhielten freie Talfahrt.

Peloponnes

Der Peloponnes ist genaugenommen eine »die«, denn sein Name stammt von »die Insel des Pelops«. Als geographischer Begriff hat sich im deutschen aber der männliche Artikel eingebürgert, während »die« (Halbinsel) Chalkidike im Norden ihren weiblichen Artikel behielt.
Die Peloponnes-Halbinsel, mit etwa 21 500 km² so groß wie Hessen, ist mit dem Festland nur durch den 6 km breiten, aus quartären Sedimenten aufgebauten Isthmus von Korinth verbunden. Der 1893 gebaute Kanal von Korinth hat den Peloponnes künstlich zu einer Insel gemacht. Im Westen und Norden ist der Küstenverlauf verhältnismäßig geradlinig, Ost- und Südseite sind dagegen stark gegliedert. Die tief ins Land eindringenden Golfe von Argolis, Lakonien und Messenien bilden 4 fingerartige Halbinseln. Bis auf wenige Küstenbecken und Schwemmlandebenen ist der Peloponnes gebirgig.
Der Norden ist geprägt durch eine Kette von Gebirgsstöcken: Einem breiten, tief zertalten Mittelgebirgssockel aus Schiefer, Hornstein und Flysch sitzen die Kalkrücken von **Erimanthos**, **Chelmos** und **Killini** auf. Alle 3 Gebirge zeigen ein altes Flachrelief, starke Verkarstung und glazialen Formenschatz.
Südlich schließt sich das Hochland von **Arkadien** an. Dort eingelagerte intramontane Becken (Tripolis, Megalopolis) sind die wichtigsten Siedlungsräume im Inland. Oberirdisch abflußlos, neigen einige kleine Becken zur Versumpfung (Stymphalischer See, s. S. 17, 226, Taka). Vom Becken von Tripolis zieht sich als Fortsetzung des Arkadischen Gebirges der **Parnon** nach Südosten, von Megalopolis reicht der **Taigetos** bis zur Halbinsel Mani, dem schroffen »Mittelfinger« des Peloponnes. Zwischen Parnon und Taigetos liegt die Evrotas-Mulde, im Westen erstreckt sich das fruchtbare Hügelland Messeniens. Auffallend ist, daß alle Gebirgszüge, ebenso wie die Küstenterrassen, nach Süden hin abfallen. Die Hebung des Nord-Peloponnes läßt sich westlich von Korinth erkennen, wo die Hänge durch mehrere ehemalige Küstenlinien gegliedert sind. Die Gebirgsmauer bedingt deutliche klimatische und botanische Unterschiede zwischen West- und Ostseite. Während etwa Olympia in der auch im Sommer grünen Landschaft von Elis liegt, umgeben Mykene baum- und strauchlose kahle Berge.

Mitte und Norden

Dieses Gebiet umfaßt den größten Teil des Festlandes zwischen Athen, Thessaloniki und dem Pindos-Rücken. Zu Mittelgrie-

chenland gehört auch die durch einen nur wenige Meter schmalen Sund vom Festland getrennte Insel Euböa. Überragendes wirtschaftliches und kulturelles Zentrum ist der Großraum von Athen, in dem sich ein Drittel der Bevölkerung und ein noch weit höherer Anteil von Industrie und Handel konzentrieren. Die benachbarten Gebiete profitieren vom aus der hektischen Großstadt herausströmenden Erholungsverkehr (Badeorte) und von der auf den Markt der Hauptstadt ausgerichteten Landwirtschaft.
Mittelgriechenland ist überwiegend gebirgig und trocken, da es im Regenschatten vom Pindos und von Euböa liegt. Hauptsiedlungsgebiete sind neben Attika das Sperchios-Schwemmland und die Hügel um das Kopais-Becken in Böotien. Dieses Becken füllte bis in jüngste Zeit ein See, der unterirdisch durch Schlucklöcher (Kathavothren) entwässerte. Diese sind nördlich der Autobahn noch zu sehen.
Im Norden schließt sich das große, allseits von Bergen umschlossene **Thessalische Becken** an, die Kornkammer Griechenlands. Es wird vom Pinios entwässert, der das Becken durch die Tempe-Schlucht verläßt. Bemerkenswerte Landschaften sind die bizarren **Meteora**-Felsen und der Gebirgsriegel im Osten der Region mit **Olymp**, **Ossa** und **Pelion**. Diese Berge erhalten von Nordosten her durch feuchte Winde reichlich Niederschlag, während ihre Westseiten trocken sind – klimatische Unterschiede, die sich in der Vegetation deutlich auswirken.
Das Zentrum Makedoniens, der nördlichsten Region Griechenlands, ist **Thessaloniki**. Die von Axios, Loudias und Aliakmon aufgeschüttete große Ebene im Norden des Thermäischen Golfes bildet das landwirtschaftliche Herz des Gebietes. Im Westen Makedoniens, zwischen Grammos, Vernon und Vourinos, breitet sich ein jungtertiäres, stark zerschnittenes Hügelland aus (s. S. 220), durch das sich der obere **Aliakmon** windet. Dieser ist der längste Fluß Griechenlands; er führt das ganze Jahr über Wasser und zeigt, wie alle Flüsse des Landes, starke jahreszeitliche Schwankungen: Im Sommer 15 m^3/sek Wasserführung, im Frühjahr während der Schneeschmelze bis über 3000 m^3/sek.
Natürliche **Binnenseen** sind in Griechenland sehr selten geworden. Sofern sie flach oder klein genug waren, hat sie der Mensch inzwischen trockengelegt. Nennenswerte Gewässer haben sich nur im Norden und im Westen des Landes erhalten. Keines von ihnen ist von einem großen Fluß durchströmt, sie liegen abseits in tektonischen Becken. Einige werden durch Karstquellen gespeist und entwässern auch wieder unterirdisch. Die meisten sind erheblichen Belastungen durch industrielle, landwirtschaftliche und häusliche Abwässer ausgesetzt und müßten, ebenso wie die letzten Küstenfeuchtgebiete im Nordosten und an der Westküste, dringend saniert und unter Schutz gestellt werden.

Westen

Die Regionen Westgriechenlands, Epirus, Ätolien und Akarnanien, sind durch den Gebirgsriegel des Pindos von der Osthälfte des Landes und damit der wirtschaftlichen Achse getrennt. Ausgebaute Verbindungen sind nur die E 90 im Norden, die E 92 über den 1700 m hohen Katara-Paß und die Küstenstraße im Süden. **Epirus** wird von 4 aus Kalk und Flysch aufgebauten Gebirgsketten des Pindos von Nordwest nach Südost durchzogen. Flysch ist ein Flachwassersediment aus Sandstein, Schluff und Konglomeraten, das im Tertiär abgelagert wurde. Es ist leicht erodierbar; Flyschlandschaften zeigen daher ein stark gegliedertes Relief, in dem es oft zu Hangrutschungen kommt. Als Siedlungsraum dienen vor allem in die Gebirge eingesenkte Becken sowie die Schwemmländer der Flüsse. Hohe Niederschlagsraten (Steigungsregen), vor allem im Winter, lassen mehrere wasserreiche Flüsse entstehen und führen zu einer üppigen Vegetation. Trotz des Wasserreichtums beschränkt sich die Landwirtschaft aufgrund der Gebirgsstruktur auf die wenigen Ebenen und das Ätolische Hügelland. Die Region ist größtenteils Hirtenland. Industrie und Tourismus haben sich nur an wenigen Stellen entwickelt; zusammen mit Thrakien ist der Westen die ärmste Region Griechenlands.

Nordosten

Ostmakedonien und Thrakien schließen sich als stark gekammertes Gebirgsschollenland dem Nordägäischen Meer an. Großeinheiten sind die Halbinsel **Chalkidike**, die Becken von **Serres** und **Drama**, die **Rhodopen** mit ihren vorgelagerten Bergen und die Küstenschwemmländer. Markant streckt die Chalkidike ihre 3 etwa 40 km langen Finger in die Ägäis. Die vorwiegend kristalline Halbinsel ist durch eine bruchtektonische Senke (mit Langada- und Volvi-See) vom übrigen Festland abgetrennt. Als Teile der aus dem Erdaltertum stammenden »Thrakischen Masse« sind die Gebirge des Nordostens größtenteils aus Gneis, Granit, Schiefer und metamorphem, zu Marmor umgewandeltem Kalk aufgebaut. Die großen Becken und Küstenebenen zählen mit jenen von Thessalien und dem Axios-Aliakmon-Delta zu den agrarwirtschaftlich reichsten Gebieten Griechenlands; etwa die Hälfte der Wirtschaftsfläche wird für den Tabakanbau genutzt. Mediterranes Klima gibt es nur mehr im Küstenbereich, landeinwärts wird die immergrüne Vegetation bald von laubwerfender abgelöst.

Besonderes Interesse verdient die Region durch ihre Lage am Schnittpunkt dreier tier- und pflanzengeographischer Großräume. Einflüsse des **gemäßigten Mitteleuropas**, der **sommertrockenen Mediterraneis** und des **kontinentalen Osteuropas** ergeben zusammen mit einer reich gegliederten Geomorphologie einen der interessantesten Großlebensräume Europas. Abseitslage, Grenznähe und wirtschaftliche Unterentwicklung ließen zu, daß sich hier naturnahe Landschaften noch großflächig erhalten konnten.

Einzigartig sind die ausgedehnten Feuchtgebiete, die sich über 100 km entlang der Küste erstrecken. Sie bieten selten gewor-

Einsturzdoline bei Didima nahe der Straße nach Spetses.

denen Vogelarten Brutplätze, nehmen als »ökologischer Umschlagplatz« eine Schlüsselfunktion im internationalen System der Zugvogel-Rastplätze ein und sind Winterquartiere für Abertausende Wasservögel. Unter anderem überwintern in diesem Gebiet nahezu alle Silberreiher Europas.

Karst und Höhlen

Das Oberflächengestein Griechenlands besteht zu 65% aus Kalk, und da Kalkstein wasserlöslich ist, entstehen in solchem Untergrund zahlreiche Höhlen. Regenwasser enthält immer ein wenig gelöstes Kohlendioxid, was eine schwache Säure ergibt, die Kalk auflösen kann. Das zunächst an der Oberfläche abrinnende Wasser dringt in Spalten und Klüfte ein und erweitert diese durch seine lösende Kraft. Es entstehen Karstlandschaften, deren Entwässerung unterirdisch verläuft und deren Bodenoberfläche auch bei reichlichem Niederschlag unter Trockenheit leidet. Die Wasserversorgung von Karstgebieten ist aber nicht nur von der Wasserbeschaffung her ein Problem, sondern auch von der Reinhaltung, da der schnelle unterirdische Abfluß in ausgewaschenen Kanälen dem Wasser keine Zeit zur Selbstreinigung läßt.

Der Begriff »Karst« beschränkte sich ursprünglich auf solche Gebiete, deren oberflächliche Wasserarmut ausschließlich der Korrosion in Kalk- und Gipsgesteinen zuzuschreiben war. Inzwischen verwendet man »Verkarstung« (geomorphologisch gesehen falsch) auch für durch menschliche Mißwirtschaft und Bodenerosion geschädigte Landschaften.

Bei den Karsterscheinungen unterscheidet man prinzipiell zwischen den durch die **Kalklösung** entstandenen Hohlformen (Höhlen, Dolinen, Karstlöcher und Poljen) und den durch **Kalkabscheidung** aufgebauten Formen (Sinter und Tropfsteine). Die bekanntesten Karstphänomene sind sicher

Farbenprächtige und bizarre Tropfsteine schmücken den Höhlenfluß bei Pirgos Dirou auf der Halbinsel Mani.

die Höhlen mit ihren Tropfsteinbildungen der Stalaktiten (an der Decke hängend wie das T) und der Stalagmiten (vom Boden nach oben wachsend wie das M). Wo immer man diese Höhlen antrifft, sie gehen alle auf die lösende Wirkung des Wassers zurück, auch wenn sie heute mitten in der Wüste liegen.

Karsthöhlen, zu denen die meisten Höhlen der Welt zählen, entstehen dadurch, daß die unterirdischen Gewässer ihr Bett immer tiefer ins Gestein verlegen. Auf diese Weise entstehen weitverzweigte Gangsysteme, deren oberer Teil trockenfällt, während irgendwo tief unten der Bach weiterarbeitet. Im oberen Teil, der jetzt nur noch von Sickerwässern erreicht wird, machen sich nun die bizarren Gebilde der Tropfsteine und des Kalksinters breit. Der Prozeß der Sinterbildung ist die Umkehrung der bisherigen Korrosion: Sickerwas-

ser nimmt vor allem im Boden Kohlendioxid auf und kann dadurch Kalk unter Luftabschluß in Lösung halten. Erreicht diese Lösung nun einen luftgefüllten Hohlraum, entweicht Kohlendioxid und Kalk fällt aus. Entweder als Sinterfahne, wenn die Tropfen an der Wand hinunterrinnen, oder als Stalaktiten, Stalagmiten und Kaskadensäulen, wenn sie von der Decke fallen und am Boden auftreffen. Nennenswerte Sintermengen scheiden nur solche Höhlen aus, die unter pflanzenbestandenen Böden liegen, da durch die Wurzel»atmung« sowie durch vermodernde organische Bestandteile große Mengen Kohlendioxid enstehen, das vom Wasser aufgenommen werden kann. Tropfsteine sind somit Repräsentanten feuchtwarmen Klimas, das dem Pflanzenwuchs zuträglich ist.
Durch Mineralien- und Tonbeimengungen im Sickerwasser erhalten die Ablagerungen ihre oftmals schillernde **Farbenpracht**: Das Weiß der »Bergmilch« durch reinen Kalk, Rot und Gelb durch Eisen, Blau und Grün durch Kupfer, Schwarz durch Mangan. Unglaublich reich ist der Formenschatz der Tropfsteine. Stalaktiten entstehen als Sinterröhrchen, sind anfangs immer dünn und hohl; der Wassertropfen rinnt innen durch das Röhrchen und scheidet seinen Kalk am Ende ab (zu sehen in Pirgos Dirou, S. 15, 211). Erst wenn sie verstopfen, läuft das Wasser an der Außenseite entlang und läßt den Tropfstein dicker werden. Sickerwasser scheidet auch dann gelösten Kalk ab, wenn es aus den Klüften in einen Höhlensee mit geringerem Kohlendioxidgehalt gelangt. Dabei entstehen knollige, korallenartige Formen (zu sehen in Kilkis, s. S. 215). Ungeklärt ist der Entstehungsprozeß der »Excentriques«, moosartig wuchernder Kleinformen aus Kalk, die keinerlei Ordnungsprinzip erkennen lassen, außer daß sie sich der Schwerkraft zu entziehen scheinen.
Einige erforschte und schöne Höhlen sind als Schauhöhlen erschlossen. Beleuchtung und Besucherscharen bedeuten natürlich eine Störung der Höhlenökologie, deren lichtlose Welt sich einige Tierarten als Aufenthalts- oder gar speziellen Lebensraum gewählt haben. Während die Fledermaus die Höhle nur als Unterschlupf benutzt, haben sich einige Gliederfüßer und Schnecken ganz an das Leben in der Finsternis angepaßt.
Für das Überleben der Höhlenbesiedler sind Schutzmaßnahmen notwendig. So wirken sich offenes Feuer im Eingangsbereich oder Fackeln für Fledermäuse gefährlich aus. Da in Höhlen ein ständiger Luftzug herrscht, zirkuliert der Rauch bis in hintere Teile und kleine Spalten und die Tiere können ersticken. Durch die dauernde Beleuchtung bekommen Algen, Moose und Farne über eingeschleppte oder eingewehte Sporen die Gelegenheit, sich als prächtig gedeihende Lampenflora anzusiedeln. In manchen Höhlen ist es bereits notwendig, daß Putzkommandos von Zeit zu Zeit dem störenden grünen Algenüberzug zu Leibe rücken.

Klima

Ein wichtiger Faktor für die Morphologie eines Landes sowie für das Leben ist sein Klima. Griechenland besitzt ein Winterregenklima mit heißen, trockenen Sommern, wie es für die Küsten des Mittelmeeres typisch ist und daher auch als »Mediterranklima« bezeichnet wird. Es ist ein Übergangsbereich subtropisch zu gemäßigt: Im Sommer liegt das Land im Bereich des subtropischen Hochdruckgürtels (Azorenhoch), das bedingt warme und regenlose Monate. Ein gleichzeitiges Luftdruckminimum über dem Persischen Golf sorgt für einen regelmäßig auftretenden Sommermonsun aus Nordosten, den **Meltemi**. Er lindert die ärgste Sommerhitze, bringt aber keine nennenswerte Niederschläge mit sich. Im Winterhalbjahr greifen die Störungen der gemäßigten Zone bis weit nach Süden, die feuchtigkeitsbeladenen ozeanischen Tiefs wandern wie Prozessionen von

Die Auswirkungen des Mediterranklimas veranschaulichen diese Fotos vom Stymphalischen See. Im Frühjahr überschwemmt er die Umgebung (oben), im Sommer wirkt die gleiche Landschaft verdorrt und ausgetrocknet (unten).

Westen nach Osten und bringen Regenfälle bei kühleren Temperaturen.
Der Pindos und die Gebirge des Peloponnes teilen das Land, die beiden Seiten haben deutlich verschiedene klimatische Eigenschaften. Die vom Westen her eintreffenden Wolken steigen an den Bergen auf und regnen daher ab. So fallen etwa in Korfu und Ioannina 1250 mm Regen im Jahr, in Thessaloniki oder in Athen nur mehr 400 mm. Ausnahmen sind die küstennahen Osthänge vom Olymp bis Euböa, denen winterliche Nordwinde durch aufsteigende Luftmassen bis zu 1200 mm Niederschlag pro Jahr bescheren, der die Grundlage für eine üppige Vegetation bildet. Innerhalb des mediterranen Klimatyps gehört Griechenland der kontinentaleren Ausprägung an, mitverursacht durch die breite Landverbindung zum Balkan und weiter zur ukrainischen Steppe. Langanhaltende Regenperioden sind selten, oft gehen heftige Wolkenbrüche nieder, die vom Boden nicht aufgenommen werden können und große Erosionsschäden verursachen.
Die enge Verzahnung von Land und Meer bedingt, daß mediterrane Elemente weit ins Landesinnere dringen können. Im Norden wird das Klima supramediterran, die Niederschlagsmaxima liegen im Frühjahr und im Herbst. Im Gebirge schneit es regelmäßig, am Parnaß beispielsweise ist bis Mitte April Schilauf möglich. Durch Kaltlufteinbrüche kann es in den Hochlagen sogar Ende Mai noch zu Schneefall kommen, insgesamt beginnt der Frühling im nördlichen Landesteil für mediterrane Verhältnisse erstaunlich spät.
Ein landschaftsprägender Faktor des Mediterranklimas ist das durch Blitzschlag entfachte **Feuer**. Die oft dichte Vegetation ist im Sommer sehr trocken und daher leicht entzündlich. Ein zeitweiliges Abbrennen gehört auch unter natürlichen Bedingungen zu den Folgen dieses Klimatyps. Heute werden die Brände üblicherweise durch den Menschen verursacht und belasten die an sich schon strapazierte Landschaft schwer. Besonders problematisch ist eine Zerstörung der Vegetationsdecke für den Boden, da der auffälligste Bodentyp des Mittelmeerraums, die rotbraune bis leuchtend rote »Terra rossa«, unter feuchtwarmen Bedingungen der Zwischeneiszeiten entstand. Ist sie einmal von den Hängen abgeschwemmt, kann sie sich heute nicht mehr neu ausbilden. Sie hat sich in der Regel auf Kalk entwickelt, ist nur mäßig nährstoffreich, hält aber durch eingelagerte Lehmpartikel das sonst im Kalkuntergrund rasch verschwindende Wasser zurück, wodurch der Vegetation ein ständiges Feuchtigkeitsangebot zur Verfügung steht.

Der Eisstern kann mehr als 40 cm Durchmesser erreichen.

Pflanzen und Tiere

Die Küsten Griechenlands

Da die Ägäis erst nach der letzten Eiszeit vom Meer überflutet wurde und immer noch Hebungs- und Senkungsprozesse stattfinden, umgeben den Großteil Griechenlands Fels- und Schotterküsten. Unter ihnen gibt es noch größere, unberührte Landstriche, die von einer spezialisierten Tier- und Pflanzenwelt besiedelt sind, während die leicht zugänglichen Buchten und Sandstrände größtenteils für den Badebetrieb genutzt werden.

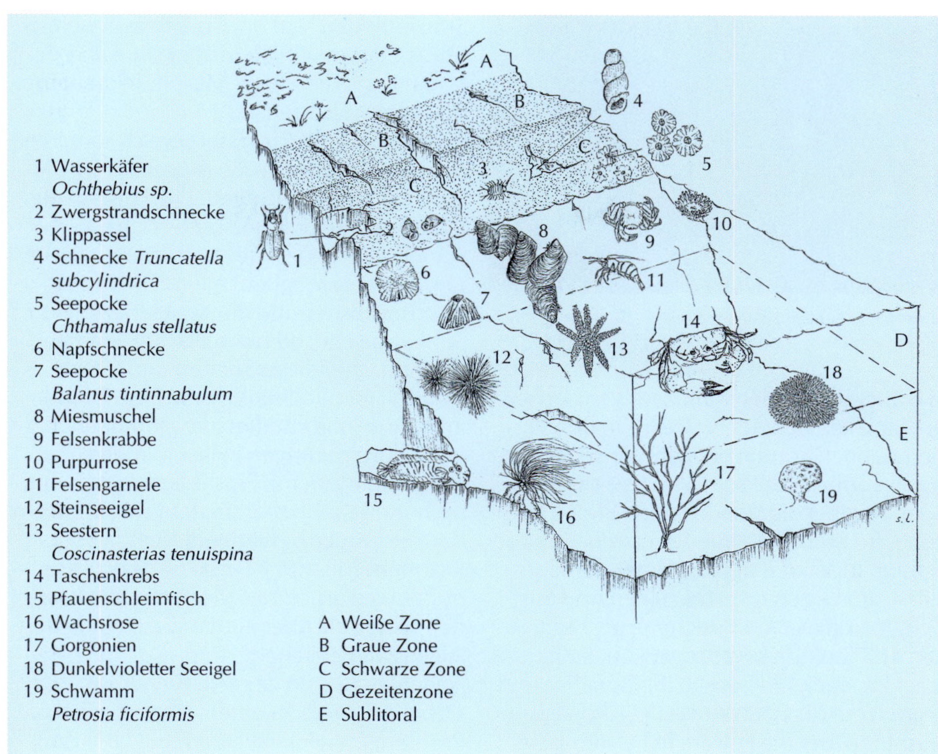

Natürliche Zonierung an Felsküsten.

An naturbelassenen Felsküsten findet man eine deutliche **Zonierung.** Bis in Meeresnähe wagen sich nur die salz-, wind- und wetterfesten **Strandklippenpflanzen**, wie der überall verbreitete Meerfenchel sowie mehrere Arten von Wegerich und Strandflieder. Die höherliegenden Felsen sind dem Einfluß des Sprühwassers bereits entzogen; dort leben vor allem solche Arten, die erhöhte Luftfeuchtigkeit und ausgeglichene Temperaturen benötigen. An geeigneten Stellen findet man diese Pflanzen auch weit im Landesinneren, während die Sandstrandvegetation viel stärker an die Küste gebunden ist (s. Hauptreiseziel 24). Verbreitete Felsbewohner sind Dorniger Kapernstrauch, Meerzwiebel (S. 152), Weißfilziges Greiskraut und Baumförmige Wolfsmilch (S. 214).

Die **Uferzone** selbst, das Litoral, ist ein äußerst lebensfeindlicher Bereich; die Organismen müssen mit der Wucht der Wellen, Schwankungen des Salzgehaltes, Trockenfallen bei Ebbe und starker Erwärmung durch die Sonne fertig werden. Der oberste Streifen der Küstenlinie ist die »**weiße Zone**«, deren Felsen kaum Vegetation tragen und wo das Spritzwasser der Winterstürme die Erde abgespült hat. Dadurch wirkt der Untergrund sehr hell. Der nächste Abschnitt zum Wasser hin wird bereits regelmäßig benetzt, der Fels erhält dadurch einen feinen Überzug aus Blaualgen und ist **grau.** Kleine Zwergstrandschnecken weiden den Algenrasen ab. Im Bereich des Wellenschlags befindet sich schließlich die »**schwarze Zone**«. Sie ist dicht mit bohrenden Blaualgen besiedelt,

Schleimfische, im Foto *Blennius zvonimiri*, siedeln im küstennahen Geröll.

die überall dort den Kalk zerlegen, wo sie am längsten benetzt bleiben – in den Vertiefungen. Dadurch entsteht ein scharfkantiges, zerfurchtes Profil. Am Fels siedeln Seepocken-Kolonien, das sind kleine seßhafte Krebstiere aus der Familie der Rankenfüßer, die sich mit einer Zementdrüse am Untergrund festhaften und aus Schale und Deckel ihre Beine als Fangreusen für Plankton herausstrecken. Fallen sie trocken, verschließen sie ihr Gehäuse und warten auf die nächste Welle. Klippasseln huschen über die Felsen, in Felstümpeln siedeln Algen, Schwämme, Ringelwürmer und Krabben.

Auch in der **Gezeitenzone**, dem Bereich zwischen Ebbe und Flut, müssen die Tiere mit der Gefahr des Austrocknens fertigwerden. Häufig sind Napfschnecken, die von ihren Heimplätzen aus bei Flut Algen von den Steinen der Umgebung abschaben. Bei Ebbe kriechen sie zurück und haften sich wie ein Saugnapf an den Fels. In Blockfeldern der Küste wohnt die Strandkrabbe *Pachygrapsus*, die als Sammler und Allesfresser auch über die Hochwasserlinie hinauswandert. In dichten Polstern besiedelt die mediterrane Miesmuschel die Felsen. Bei Ebbe schließt sie ihr Gehäuse und muß ihren Stoffwechsel dann von Sauerstoffzufuhr auf sauerstofflos umstellen. Bei niederen Temperaturen und hoher Luftfeuchte kann die Miesmuschel mehrere Tage mit geschlossener Schale überleben. Diese Tatsache nützt der Mensch für Transport und Verkauf ins Landesinnere. Da es hierbei vor allem auf Kühle ankommt, gilt die Regel, Muscheln nicht im Sommer zu kaufen.

Im ufernahen **Flachwasserbereich** kann der Schnorchler eine große Artenzahl von Algen und Tieren antreffen. Die Felsenwelt ist stark gegliedert und bietet daher verschiedenen Lebensgemeinschaften Raum und Versteckmöglichkeiten. Die drolligsten Bewohner sind die neugierigen Schleimfische: oft buntgefärbte, kleine Grundfische, die in Spalten und leeren Bohrmuschellöchern leben. Eine Filigranarbeit der Natur stellen die zierlichen, nahezu durchsichtigen Felsengarnelen dar, die gemeinsam mit Einsiedlerkrebsen und mehreren Krabbenarten das Lückensystem der Felsblöcke bewohnen. Manche der Krabben sind durch Farbe und Form vortrefflich getarnt (etwa die bizarre Seespinne), so daß sie eher einem wandelnden Algenwald gleichen.

An vielen Küsten des Mittelmeeres haben sich die Seeigel zu einem ökologischen Problem entwickelt. Durch die Überdüngung der Meere können sich die auf Tangen siedelnden kleinen Aufwuchsalgen massenhaft vermehren. Die Tange werfen ihre überwachsenen Äste, mit denen sie nicht mehr assimilieren können, ab, und der Algenwald wird zusehends lichter. Dieser »Wald« dient normalerweise als Hindernis für die schwerfälligen Seeigel. In die lichten Stellen fallen sie nun ein und fressen alles kahl. Auf steiniger Unterlage sind die Stacheltiere nahezu unverwundbar; ihre Hauptfeinde, die Seesterne, können sie nur im Algengestrüpp erbeuten, wo sie nicht fest verankert sind.

Zu trauriger Berühmheit sind zwei ehemals auffallende Meeresbewohner gelangt: Die Mittelmeer-Mönchsrobbe und die Unechte Karettschildkröte. Den Meeresschildkröten sind nur noch wenige Strände zur Eiablage verblieben, und selbst um diese toben zwischen Naturschützern und Tourismusbetreibern regelrechte Schlachten. Die Robben wurden neben Störungen durch unzählige Badegäste und Umweltverschmutzung vor allem durch die Nahrungsknappheit im überfischten Mittelmeer an den Rand des Aussterbens gebracht.

Pflanzenwelt

Die Flora Griechenlands ist mit annähernd 6000 Arten gemeinsam mit der Spaniens die artenreichste Europas. Sommertrockenheit, hohe Sonneneinstrahlung und

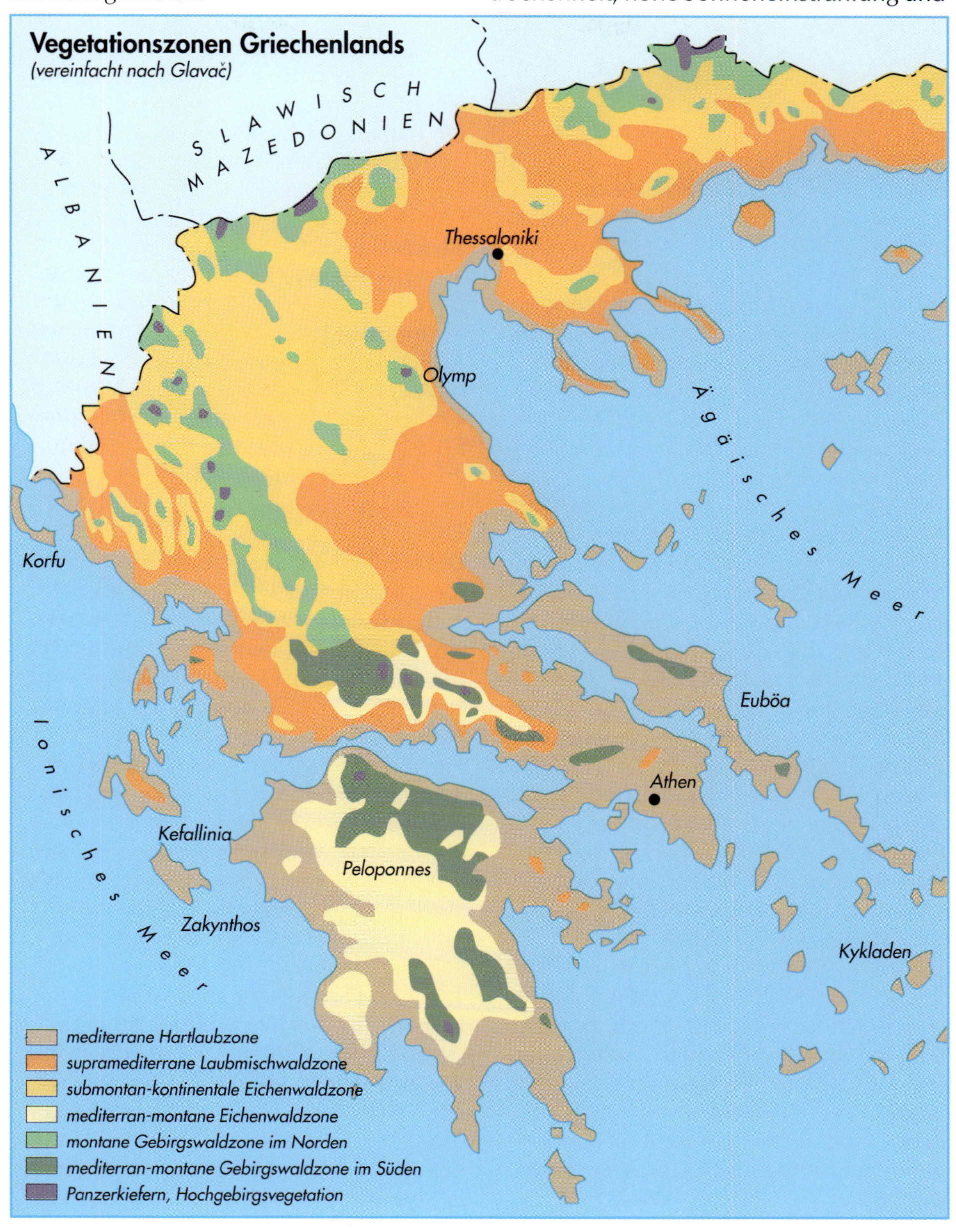

Die Stechwinde macht das an sich schon dichte Macchiengestrüpp mit ihren bedornten Lianen vollends unzugänglich.

milde, feuchte Winter sind wichtige klimatische Gegebenheiten, an welche sich die mediterrane Vegetation anpassen muß. Grundsätzlich ist diese Situation für die Pflanzen ungünstig, denn Feuchte- und Temperaturoptimum treten zu verschiedenen Jahreszeiten auf.
Die Antwort vieler Gewächse darauf sind immergrüne, ledrig-derbe Blätter, die in der Lage sind, jede kurzzeitig günstige Situation zum Wachstum zu nutzen und bei Hitze die Wasserabgabe einzuschränken. Außerdem sind die Spaltöffnungen in das Blatt eingesenkt, verdickte Wände, Wachsüberzüge und Behaarung verhindern den ungewollten Wasserverlust über die Oberfläche. Ein Einrollen der Blätter (Erika, Rosmarin) schafft einen für Wind und Verdunstung schwer zugänglichen Raum.
Rutensträucher, wie die Ginster, haben stark rückgebildete Blätter, ihre Stengel enthalten Chlorophyll und dienen der Photosynthese.
Wechseln die Hartlaubgehölze ihre Blätter in 2–4jährigem Rhythmus, haben sich weichblättrige Arten auf eine Sommerruhe eingestellt und werfen bei zunehmender Dürre ihre Blätter ab. Besonders auffällig ist dies bei der Baumwolfsmilch, die sich – entsprechend den heimischen Bäumen – vor dem Laubwurf gelb und rot verfärbt (S. 195).

Viele Pflanzen weichen der Dürrezeit völlig aus. Einjährige Kräuter überdauern als Samen und schließen ihren Vegetationszyklus oft in nur wenigen Wochen ab. Die mehrjährigen sind meist Zwiebel- oder Knollengewächse (genannt Geophyten) und verbringen den Sommer unterirdisch in diesem Überdauerungsorgan. Die meisten von ihnen öffnen ihre farbenprächtigen Blüten im zeitigen Frühjahr (z. B. Orchideen, Schwertlilien, Schachblumen und andere Liliengewächse).
Der Herbst gibt das Startsignal für die Blühperiode im Tief- und Hügelland. Zwiebelgewächse (wie Herbstzeitlose, S. 143, Meerzwiebel, S. 152, und Herbstgoldbecher, S. 116), Quirlförmige Erika, Neapolitanisches Alpenveilchen, manche Aronstabgewächse und einige Bäume blühen im September und im Oktober, der Großteil der Pflanzen aber im Frühjahr. Im Küstengebiet ist die Hauptblühzeit vorwiegend der April, im Hügelland der Mai und im Gebirge der Juni.

Die mediterrane Hartlaubzone

Der Ölbaum (S. 24, s. S. 168) gilt als charakteristische Leitpflanze der Mittelmeervegetation, denn seine Ansprüche an das Klima stimmen weitgehend mit den Gegebenheiten des Mittelmeerraums überein. Wo der Ölbaum seltener wird, liegt auch die Verbreitungsgrenze für viele andere Mediterranpflanzen. Neben seiner kulturellen Funktion erfüllt der Ölbaum noch eine weitere Aufgabe: Mit dem Verschwinden der Wälder übernahm er eine Rolle als Waldersatz, indem er als Holzlieferant dient und einer artenreichen Begleitflora Lebensraum bietet.
Typische Vertreter der immergrünen Hartlaubgehölze sind Stein- und Kermeseiche (S. 137). Im feuchteren Westgriechenland ist der Erdbeerbaum (S. 138) ein bezeichnender Begleiter. Der trocken-heiße Südosten, von Euböa bis zur Halbinsel Mani, begünstigt wärmebedürftige Pflanzen wie Johannisbrotbaum, Wilden Ölbaum und

Baumwolfsmilch (S. 214). Vor allem in Küstennähe gedeihen 3 Kiefernarten, die Aleppokiefer (S. 186), die Hartkiefer und die Schirmpinie (S. 175). Aleppo- und Hartkiefer, mit knorrigem Wuchs und oft schütterer Krone, wachsen unter natürlichen Bedingungen auf trockenen und nährstoffarmen Böden, die Pinie auf Sandboden und Küstendünen. Es ist erstaunlich, daß sowohl der ausladende Schirm der Pinie als auch die Säule der schlanken Zypresse die Gegebenheiten des Mittelmeerklimas besonders gut ausnützen können. Der »geöffnete Regenschirm« der Pinie fängt die während der Nacht abkühlende und absinkende Luft auf, und die Nadeln wirken dabei als Kondensationskerne für Tautropfen. Der Tau bildet in den Sommermonaten eine zwar geringe, aber verläßliche Feuchtigkeitsquelle für die Vegetation. Die Zypresse ist dagegen mehr den Lichtverhältnissen angepaßt.

Typische Höhenzonierung der Vegetation in Griechenland.

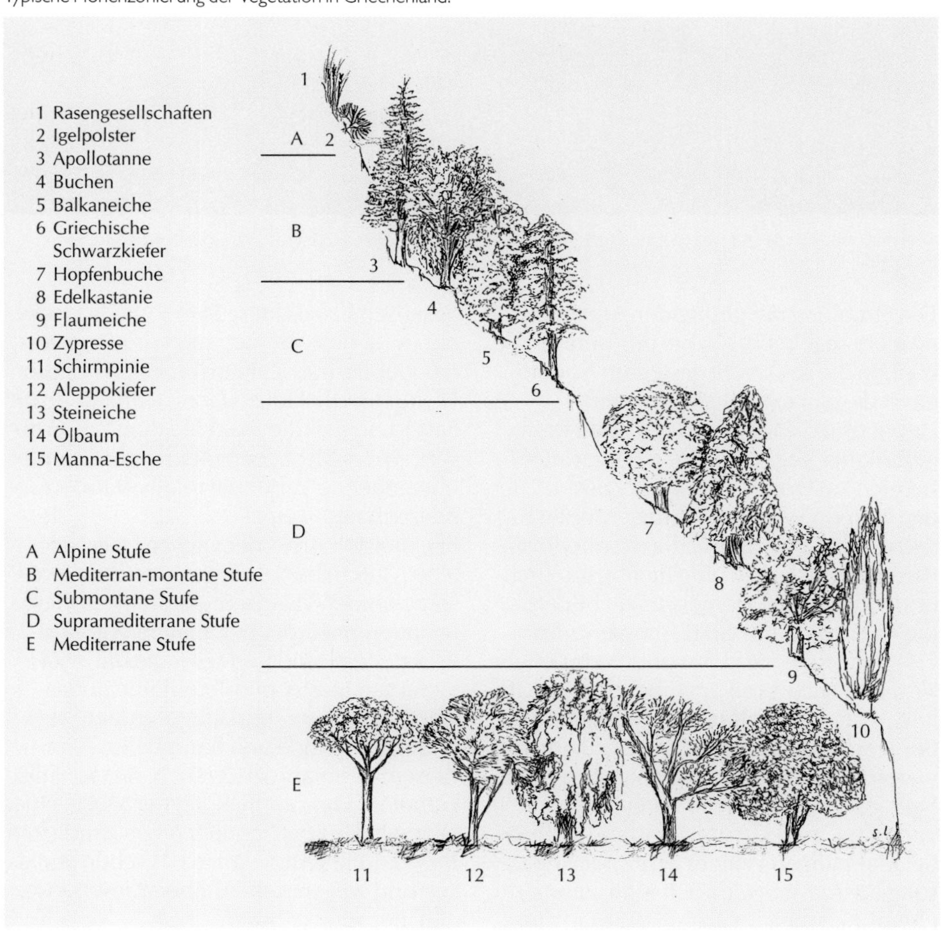

Olivenhaine prägen die griechische Landschaft. Im Frühjahr bieten sie mit ihrem bunten Unterwuchs ein farbiges Bild.

Die Strahlung der glühenden Mittagssonne fließt regelrecht ab; bei diffusem Licht können die senkrecht gestellten Nadeln dafür die ganze Helligkeit nützen.
Heute sind die noch vorhandenen Reste naturnaher Vegetation im mediterranen Bereich kaum mehr in einem Zustand, der den Namen Wald rechtfertigt. Meist handelt es sich um Büsche, die mit allerlei anderem Strauchwerk eine dichte, undurchdringliche Lebensgemeinschaft bilden, die **Macchie.** Sie ist ein Buschwerk von 1,5–5 m Höhe, zeigt fast ununterbrochene Vegetationstätigkeit und überzieht vor allem in der Westhälfte Griechenlands die Berge wie ein grüner Pelz. Ursprünglich waren diese Macchien nur an wenigen Stellen, etwa in unmittelbarer Küstennähe verbreitet, zum Großteil sind sie die Reste der ehemaligen Wälder. Trotz der Anpassung der meisten Gewächse an sommerliche Trockenheit liebt auch die Macchiengesellschaft feuchtere Standorte. Je trockener es ist, desto lichter und schütterer wird das Gebüsch. Die Pflanzen liefern allerlei Produkte, wie Holz, Harze, Gerbstoffe und Fasern, so daß die Macchie durch das Eingreifen des Menschen mehrere ineinander übergehende Varianten relativ stabiler Gemeinschaften zeigt.
Die meisten Arten der »**hohen Macchie**« (etwa 3–5 m hoch) kommen auch im entsprechenden Wald vor, der sich aus ihr regenerieren würde. Kennzeichnend sind neben Stein- und Kermeseiche die Pistazienarten Mastix und Terebinthe, Judas- (S. 202), Erdbeer- und Immergrüner Faulbaum, Steinlinde und Baumheide. Von diesem besenartigen Strauch, der auf Silikatboden vorkommt, nutzt der Mensch das Wurzelholz zum Schnitzen von exquisiten Bruyère-Pfeifenköpfen, da es schön gemasert und wegen seines hohen Kieselsäuregehaltes schwer brennbar ist.

Frühlingsvegetation der Felsen in Küstennähe: Spornblume (rot), Brandkraut und Wolfsmilch, ein natürlicher Steingarten.

Bei ungünstigen Bedingungen erreichen die Büsche nur eine Höhe von1,5–2 m, man spricht von der »**niederen Macchie**«. Häufig sind hier Ginster, Brandkraut, Erika und Zistrosen (S.143). Manchmal ist ein »Trittbrettfahrer« zugestiegen, der Gelbe Zistrosenschmarotzer (S.143). Dieser Wurzelparasit fällt durch seine gelben Blüten und roten Schuppenblätter auf, denn Blattgrün benötigt er wie alle Vollschmarotzer keines – er sitzt ja sozusagen am »gedeckten Tisch«. Ist die Macchie durch ihren Strauchwuchs an sich schon sehr dicht, so machen bestachelte und bedornte Lianen wie Stechwinde (S. 22) oder Klettenkrapp diesen Lebensraum vollends unzugänglich.

Werden menschliche Einflüsse, wie etwa die Beweidung, stärker oder ist der Boden felsig und trocken, weicht die Macchie einer Zwergstrauchgesellschaft, der **Garigue**. Sie zählt durch die raubwirtschaftliche Nutzung der Wald- und Macchienbestände heute zu den häufigsten Vegetationsformen im Mittelmeerraum. An ihrem Aufbau beteiligen sich kümmerliche Macchie-

Das Strauchige Brandkraut bildet auf abgebrannten oder stark beweideten Flächen eine stabile Lebensgemeinschaft.

Die Wolfsmilch *Euphorbia rigida* bildet auf frischen Schuttflächen (etwa am Straßenrand) kreisförmige Polster.

sträucher, aromatische Gewürzkräuter wie Thymian (S. 206), Lavendel und Rosmarin sowie zahlreiche Zwiebel- und Knollenpflanzen als farbenprächtiger Aufputz.
Im östlichen Mittelmeergebiet sind Dornkugelbüsche stark verbreitet, diese Garigue heißt in Griechenland **Phrygana**. Dornbibernelle, Dorniger Ginster oder Dornbusch-Wolfsmilch bilden halbmeterhohe Kugelpolster, die sich zur Blütezeit in flauschig aussehende, aber widerlich stechende Blütenkissen verwandeln. Die Halbkugelform vieler Sträucher ist nicht natürlich, sondern eine Folge des Viehverbisses. Die Dornen und Stacheln sind umgewandelte Sprosse oder Blätter und reich an Festigungsgewebe. So dienen sie den Pflanzen zugleich als Stütze und als Schutz vor dem Gefressenwerden.

Die supramediterrane Laubmischwaldzone

Wie in allen Gebirgen läßt sich auch in Griechenland eine Höhenstufenfolge erkennen. Die eigentliche Mittelmeerflora beschränkt sich auf das Tiefland und steigt nur im warmen Süden bis auf 1000 m an. Mit zunehmender Höhe sowie weiter im Norden verbessert sich die Wasserversorgung der Pflanzen im Sommer, und es wird im Winter kühler. Die immergrünen Gewächse werden durch sommergrüne abgelöst. Die Übergänge zwischen den einzelnen Höhenstufen erfolgen jeweils allmählich und sind natürlich auch von der Exposition (etwa Süd- oder Nordhang) und dem Bodentyp abhängig. Denn das Klima selbst wirkt nur indirekt, die Verbreitungsgrenzen werden vor allem durch den Wettbewerb bestimmt und liegen dort, wo eine Art von einer konkurrenzkräftigeren verdrängt wird. Daher wachsen in Gebieten, wo die Pflanzen nicht unter der Sommerdürre leiden, etwa in Auwäldern, sommergrüne Arten, die trotz ihrer Winterkahlheit den immergrünen durch eine höhere Stoffproduktion und damit intensiveres Höhenwachstum überlegen sind.
Wichtigster Gewässerbegleiter ist die Platane (S. 180), die überall erscheint, wo frisches Wasser ständig vorhanden ist. In vielen Dörfern bildet sie den Mittelpunkt an einer gefaßten Quelle (oder sogar mit eingebauter Wasserleitung).
Ein für die Wettbewerbsfähigkeit sehr wichtiger Faktor ist die Beweidung durch Ziegen. Durch diese werden die sommergrünen Baumarten stärker geschädigt als die immergrünen. Besonders widerstandsfähig ist die Kermeseiche, weshalb sie in Griechenland sehr weit verbreitet ist und von Küstennähe bis ins Gebirge wächst.
Die supramediterrane Zone wird auch submediterran (im Sinne von: dem Mediterrangebiet zugeordnet) genannt. Der jahreszeitliche Klimaververlauf ähnelt prinzipiell noch dem der mediterranen Stufe. Sie ist gekennzeichnet durch wärmeliebende, winterkahle Laubbäume wie Flaumeiche, Manna-Esche (S. 71), Hopfenbuche- und Orient-Hainbuche. Der auch hier verbreitete Waldersatz aus Buschwerk besteht aus einer Mischung von immer- und sommergrünem Gestrüpp, sieht der Macchie ähnlich und wird daher **Pseudomacchie** genannt.

Die submontane Eichenwaldzone

Höher oben im Bergland und in Zentralmakedonien geht das Klima vom mediterranen zum kontinentalen Typ über, mit kaltem Winter und einer Schneedecke bis zu 2 Monaten. Charakteristische Pflanze ist die Balkaneiche, die vor allem in Nordgriechenland große Flächen einnehmen würde. Begleitet wird sie von anderen Eichen, in luftfeuchten Gebieten von Edelkastanien und auf magerem Boden von Kiefern. Das absolute Temperaturminimum schließt frostempfindliche, immergrüne Gewächse endgültig aus, denn es kann in kalten Winternächten –20° C erreichen. Das wie immer an Stelle des Waldes häufige Gebüsch heißt **Schibljak** und besteht überwiegend aus sommergrünen Sträuchern; häufig sind Christdorn und Buchsbaum.

Die montane Gebirgswaldzone

Im Gebirge erstreckt sich in Südgriechenland die Zone der mediterran-montanen Nadelwälder mit Apollotanne und Griechischer Schwarzkiefer. In Nordgriechenland sind Mischwälder aus König-Boris-Tanne und Buchen (in feuchten Lagen) kennzeichnend. Je weiter man nach Norden kommt, desto mitteleuropäischer wirkt die Vegetation. Auf Kalkboden bildet in Nordgriechenland die Panzerkiefer die Waldgrenze. Darüber wachsen auf den Kalkgesteinen Zentral- und Südgriechenlands kugelförmige, dornige Sträucher (viele Tragantarten), auf Silikatgesteinen in Nordgriechenland Polsterheiden und artenreiche Matten.

Tierwelt

Säugetiere

Der Artenreichtum der griechischen Tierwelt ist mit der Pflanzenvielfalt nicht vergleichbar, besonders unter den Säugern ist von der ursprünglichen Fauna nur mehr wenig erhalten. Die meisten Großtiere, die dem Besucher begegnen, sind Esel, Schafe und Ziegen. In Rückzugsgebieten leben noch einige Bären (s. S. 73), Wölfe (s. S. 73), Wildkatzen, Gemsen und Wildschweine. Schakale und Fischotter (S. 107) dagegen gibt es in geeigneten Lebensräumen nicht selten. Durch ihre heimliche Lebensweise, die ihnen die Verfolgung durch den Menschen aufgezwungen hat, sind sie aber kaum zu beobachten. Eine Rarität ist die einem Steinbock ähnelnde Bezoarziege, die Stammform der Hausziege. Am häufigsten zu sehen bekommt man die zahlreichen Kleinsäuger, wie die Felsenmaus oder den Ostigel (mit weißer Kehle) und verschiedene Fledermäuse.

Vögel

Trotz intensiver Bejagung wird Griechenland von einer reichen Vogelwelt bewohnt, der über die Balkanhalbinsel führende Zug sorgt jedes Jahr für neues »Kanonenfutter«. Etwa 420 Arten wurden bisher beobachtet, von denen rund 250 im Land brüten, darunter einige, die im übrigen Europa selten geworden sind. Bemerkenswert sind die vielen Wasservögel der letzten Lagunengebiete und der Reichtum an Greifvogelarten. Da sich die Ausdehnung der Feuchtgebiete sehr vermindert hat, sieht man viele für diese Biotope typische Tiere nur mehr zur Zugzeit; im Land brüten noch 67 Arten, darunter gibt es einige Raritäten: Krauskopf- und Rosapelikan (s. S. 104), Spornkiebitz (S. 55, s. S. 59), Dünnschnabel- und Korallenmöwe. Die häufigste Großmöwe ist, wie überall in Europa, die Silbermöwe, deren Mittelmeerrasse vor kurzem eigenen Artstatus erhalten hat. Sie heißt jetzt Weißkopfmöwe (S. 43) und unterscheidet sich von den Tieren Westeuropas durch die gelben statt fleischfarbenen Beine.
Jedem Besucher fallen die Schwärme von Nebelkrähen auf, ebenso die zahlreichen Elstern, die entlang der Straßen auf überfahrene Insekten lauern, und die vielen Storchennester Nordostgriechenlands. Recht verbreitet sind schließlich auch eini-

Obwohl die meisten Feuchtwiesen trockengelegt wurden, ist der Storch in Nordgriechenland noch recht häufig.

ge besonders prächtig gefärbte Vögel: Bienenfresser (s. S. 136, S. 138), Blauracke (S. 98), Eisvogel (S. 155), Pirol (S. 74) und Wiedehopf (s. S. 212).
Der Reichtum an Greifvogelarten hat im wesentlichen folgende Gründe: Griechenland befindet sich in einer vorteilhaften Lage zwischen Europa, Afrika und Asien. Es weist eine große Vielfalt an Landschaftsräumen auf, die sich wiederum in kleinere Lebensräume teilen, was viele ökologische Einheiten entstehen läßt. Von den 39 Taggreifen Europas kommen nur 3 nicht in Griechenland vor, 27 brüten im Land. Obwohl die Artenvielfalt immer noch groß ist, hat die Anzahl der Tiere in den letzten Jahrzehnten rapide abgenommen. Vergleicht man etwa die Individuenzahlen mit jenen Spaniens, so wird der drastische Rückgang deutlich erkennbar. Schuld daran sind Intensivierung der Landwirtschaft, Trockenlegung von Feuchtgebieten, Rodung der Wälder, Auslegen von vergifteten Ködern (gedacht gegen Füchse oder Marder), die Erschließung auch abgelegener Gebiete durch unzählige Forststraßen und unkontrollierte Jagd (obwohl seit 1979 ausnahmslos alle Tag- und Nachtgreifvögel Griechenlands unter Schutz stehen).

Amphibien und Reptilien
Als trockenes Land mit nur wenig freien Süßwasserflächen ist Griechenland mit 13 Amphibienarten relativ lurcharm, in geeigneten Biotopen können die Tiere aber durchaus Massenvorkommen erreichen. Dagegen schaffen trockenes Buschwerk und starke Kammerung des Landes ein Reptilienparadies: Etwa 50 Kriechtierarten besiedeln Festland und Inseln, doch sind nur letztere genauer erforscht, am Festland bestehen noch viele »weiße Flecken«. Überall verbreitet ist die Griechische Landschildkröte (S. 123), die eine Vorliebe für offene Landschaften zeigt (Dünen, Garigue, kleine Felder). Im Süden wird sie von der wärmeliebenden Breitrandschildkröte (S. 169) begleitet, im Nordosten von der Maurischen Landschildkröte. Ihre größten Feinde sind die zahlreichen im Spätsommer gelegten Feuer. Raubtiere sind nur für Gelege und Jungtiere gefährlich, dagegen haben sich manche Greifvögel auf das Knacken von Schildkröten spezialisiert, indem sie sie von hoch oben auf Felsen herabfallen lassen.
In fast allen stehenden oder langsam fließenden Gewässern leben die Europäische Sumpfschildkröte (S. 89) und die Maurische Wasserschildkröte (S. 148). Man findet sie entlang der Ufervegetation, wo sie Wasserinsekten, Regenwürmer, Mollusken, Amphibien und tote Fische fressen. Gefährdet sind sie durch Fischreusen, in denen große Mengen ertrinken. Das Geschlecht der jungen Sumpfschildkröten ist im Ei noch nicht vorherbestimmt, sondern von der Bruttemperatur abhängig. Von 26–28° C schlüpfen lauter Männchen, bei 32–34°C dagegen nur

Der Griechische Frosch ist ein Vertreter der Lurche, die auch kleinste Gewässer als Lebensraum nützen.

Weibchen. Eine Temperatur von 30 °C ergibt ein Verhältnis Männchen : Weibchen von 4 : 6.
Die auffälligsten Echsen sind die großen, grünen Smaragd- (S.37) und Riesensmaragdeiechsen (S.195). Letztere können bis 60 cm lang werden; ihre braunen Jungen tragen am Rücken 3 helle Streifen, woher ihr wissenschaftlicher Artname *trilineata* stammt. An allen Steinmäuerchen und in Ruinengeländen findet man 3 Arten von Mauereidechsen und im Süden die hübsch gestreifte Peloponneseidechse (S.202). Mit den Eidechsen verwandt sind die Geckos (3 Arten), Schleichen und Skinke. Einer riesigen Blindschleiche gleicht der Scheltopusik, dessen Jungtiere ein auffallend gestreiftes Kleid tragen (S. 59). Er leidet ebenso wie die zahlreichen Nattern unter einer ausgeprägten Schlangenphobie der Bevölkerung. Dabei ist die einzige (in trockener Macchie) verbreitete Giftschlange, die Hornotter (Sandviper; S.120), durch ihr Zickzackband am Rücken und die aufgestülpte Nase unverwechselbar. Die häufigsten Schlangen der Feuchtgebiete sind Würfel- (S.107) und Ringelnatter. Weite, offene Lebensräume lieben die Pfeil- und die bissige Eidechsennatter (S.198), beides große, sehr schnelle Schlangen. Besonders schön gezeichnet sind die Vierstreifen- und die Leopardnatter (S.134).

Insekten

Seit mehr als 400 Mio. Jahren bevölkern Insekten die Erde – und haben dabei eine unermeßliche Artenfülle hervorgebracht, die nur von wenigen Spezialisten überblickt werden kann. Die meisten ihrer Vertreter spielen zwar eine wichtige Rolle im Ökosystem, sind aber klein und unscheinbar. Abgesehen von den lästigen Mücken und Fliegen bemerkt der Reisende vor allem die farbenprächtigen oder ausgefalle-

Der Rallenreiher wirkt im Sitzen bräunlich, im Flug dagegen durch weiße Flügel und Schwanz sehr hell.

nen Formen, die bereits im alten Ägypten in das Kunstschaffen der Menschheit Eingang gefunden haben.

Die Intensivierung der Landwirtschaft mit großflächigem Pestizideinsatz vom Flugzeug aus hat auch in Griechenland die Insektenfauna beeinträchtigt, trotzdem kann man noch viele Arten sehen. Besonders schöne Schmetterlinge sind die großen Ritter- und Edelfalter wie Segel- (S. 125) und Erdbeerbaumfalter (S. 179), Schwalbenschwanz, Trauermantel usw., die Bärspinner, die meist nachtaktiven Schwärmer und die bunten Widderchen (S. 114).

Die Libellen der Feuchtgebiete geben Auskunft über den Zustand der Gewässer. Jeder Gewässertyp verfügt je nach Struktur, Pflanzenbewuchs und Wasserqualität über ein typisches Inventar an Libellenarten. In Griechenland fliegen auch noch in Mitteleuropa durch Biotopzerstörung bereits ausgestorbene Arten.

Findet man Libellen vor allem in Wassernähe, besiedeln die Heuschrecken trockene Bereiche. Nasen- (S. 99), Säge- (S. 61) und Sattelschrecke (S. 81) erreichen mehr als 5 cm Körperlänge, ebenso manche der bizarr geformten Fangschrecken (S. 134). Auffallende Tiere sind ferner die borstigen Raubfliegen (S. 113) und die parasitischen Sand- (s. S. 190, S. 192) und Wegwespen, die andere Insekten und Spinnen lähmen und als Nahrung für ihre Larven eintragen, die bunten Pracht- und Bockkäfer und die Pillendreher, die im Frühling ihre Mistkugeln rollen.

In Holzkohlemeilern verschwindet ein erheblicher Anteil der griechischen Wälder. Nach dem Aufschichten wird der Meiler zum Verhindern der Luftzufuhr mit Erde abgedichtet.

Andere Wirbellose

Haben die Insekten wegen ihrer Schönheit viele Freunde gefunden, so gilt dies für alles Getier, welches mehr als sechs Beine aufweist, keineswegs. Mit Ausnahme der Krebse (da wohlschmeckend) fallen Spinnen, Skorpione und Tausendfüßer eher in die Rubrik »Ekeltiere«. Wer etwa Horst Sterns Film und Buch »Leben am seidenen Faden« kennt, wird diesen Gliederfüßern völlig neue Seiten abgewinnen können, ihren bizarren Formen, seltsamen Verhaltensweisen und den zarten Gespinsten, deren mechanische Konstruktion von keinem menschlichen Baumeister erreicht werden kann.

Die Rolle des Menschen

3000 Jahre Umweltprobleme

Das Mittelmeer-Klischee: Thymianduft und schrillende Zikaden (S. 205), leuchtend-gelb blühende Ginsterbüsche und weiße Kalkfelsen. Jedes Jahr zieht es die sonnenhungrigen Nordeuropäer ans Mittelmeer und nur wenige Touristen ahnen, daß sie dort das Ergebnis einer ökologischen Katastrophe besichtigen. Griechenland ist ein Musterbeispiel für die negativen Auswirkungen allzu intensiver und bedenkenloser Eingriffe des Menschen in die Natur seit der Antike.

Entwaldung

Bereits die Bibel berichtet von der Waldvernichtung zu Zeiten König Salomons, und Platon klagt über die Bodenabschwemmungen auf den ihres Waldkleides beraubten Griechischen Inseln. Der Schiffsbau der antiken Griechen, der Byzantiner und der Venezianer verschlang große Waldgebiete, denn die Holzschiffe hatten keine lange Lebensdauer. Ebenso wurden die Wälder für die Gewinnung von Brennholz genutzt – zum Heizen, für Herdfeuer oder für die Erzgewinnung. Bis heute dienen Meiler der Produktion von Grillkohle, der Bedarf daran ist durch den Tourismus zusätzlich angestiegen. Die geschundenen Mittelmeerwälder haben auf diese Weise mancherorts einer höchst erbärmlichen Szenerie Platz gemacht.
Weitere schwere Schäden verursachen **Waldbrände**, die in den trocken-heißen Sommern häufig vorkommen, wobei nur ein geringer Teil dieser Feuer natürliche Ursachen hat. Der überwiegende Teil entsteht aus Unachtsamkeit oder wird gezielt gelegt, rund um die Städte etwa zur Baulandgewinnung, denn in Waldgebieten darf nicht gebaut werden. Im Spätsommer ist es üblich, die Stoppelfelder großflächig abzubrennen; Feuerwände fressen sich dann durch das Land, greifen auf Wälder über, und der Rauch trübt die Fernsicht.
So sind heute nur noch zwischen 12 und 18% Griechenlands bewaldet, vor allem in den abgelegenen, grenznahen Regionen, wo noch ausgedehnte Wälder stehen, die selten gewordenen Großtieren Rückzugsgebiete bieten. Der Rest des Landes ist bis auf einige Gebirge völlig kahl (37% der gesamten Landesfläche), mit Ölbaum-»Ersatzwäldern« bestückt oder von einem mehr oder weniger schütteren Gebüsch bedeckt.

Weidevieh

Schaf- und Ziegenhaltung spielen eine wichtige Rolle, und da Futteranbau weitgehend fehlt, erfolgt der Weidegang auf Naturweiden. Insbesondere die Ziegenhaltung ist seit Jahrtausenden beliebt, da sich die Tiere in dem grasarmen Land vom Laub der Holzpflanzen ernähren. Im gesamten Mittelmeergebiet dient der Großteil der pflanzenbaulich nicht genutzten Fläche als Weideland. Während der Trockenzeit stehen zusätzlich die abgeernteten Felder zur Verfügung. Die Haustierzahlen sind in den meisten Mittelmeerländern so hoch, daß es Probleme bereitet, ausreichend Futter zu finden. Dementsprechend sind unberührte, naturnahe Flächen nur noch in Reservaten vorhanden. Die Produktion der Weiden ist in der Regel viel zu niedrig und Überweidung allerorten zu sehen.
Auch die meisten der abgeholzten oder abgebrannten Flächen dienen, soweit sie nicht bebaut werden, als Weiden. Theoretisch müßten die Gebiete wieder aufgeforstet werden, in der Praxis kaufen die Hirten noch Tiere hinzu, da es ja mehr Weidefläche gibt. Es lohnt sich, denn die Regierung subventioniert die Ziegenhaltung und zahlt pro Tier. Aus einem anderen Topf geförderte Setzlinge zur Aufforstung werden von den Ziegen auf mundgerechter Krüppelhöhe gehalten, und so frißt eine Subvention die andere auf.
Da die Viehaltung durch die Sommerdürre erschwert ist, war lange Zeit eine halbnomadische Weidewirtschaft, die Transhumanz, üblich. Bevölkerung und Tiere hielten sich im Winter im Tiefland auf und zogen im Frühling in Gebirgsregionen. Dabei legten sie mitunter beträchtliche Entfernungen zurück, so daß Sommer- und Winterdörfer weit voneinander entfernt waren. Heute haben LKW-Transporte die großen, wandernden Schafherden verdrängt. Im Mai fahren Lastwagenkolonnen, auf 2–3 Etagen mit Schafen vollgepfercht, in die Berge. Dort ist es erstaunlich, wieviele Tiere auf relativ kleine Weideflächen losgelassen werden – der Verlust der Gras- und Krautschicht ist damit vorprogrammiert.

Seit der Antike hat die Schafhaltung Tradition, wie vor Jahrhunderten ziehen die Schäfer mit ihren Tieren durchs Land.

Fischerei

Das Mittelmeer war nie besonders fischreich. Seine Bestände lassen sich weder mit denen der Doggerbank in der Nordsee noch mit jenen Neufundlands vergleichen. Trotzdem hatte seit prähistorischer Zeit eine Klein-Küstenfischerei Anteil am Nahrungskreislauf. Inzwischen wird die Fangbeute immer geringer, der Fischbestand der Ägäis ist drastisch zurückgegangen. Durch schwere Grundschleppnetze einerseits, durch Gewässerüberdüngung andererseits wurden die ausgedehnten Seegras- und Tangwiesen zerstört, die für die meisten Jungfische überlebensnotwendige Kinderstuben bilden. Raubfischerei mit Dynamit vernichtet neben den Erwachsenen auch die gesamte Brut und hat ebenfalls viel zur Fischarmut beigetragen. So kommt es zu der absurden Situation, daß ein großer Teil der in Griechenland angebotenen Speisefische aus dem Atlantik importiert werden muß. Die Fischerei aber wird zum aussterbenden Gewerbe, subventioniert von der Regierung, und die malerischen Fischerdörfer satteln um auf die Einnahmequelle »Tourismusidylle«.

Abfallbeseitigung

Kein Thema, das die Gemüter der Öffentlichkeit sonderlich bewegt. Abfälle werden weggeworfen, wo man die Produkte gerade benutzt hat – am Strand, im Wäldchen, entlang der Straße. Auch die Ortschaften lösen ihr Entsorgungsproblem, indem sie den Müll gleichmäßig über die Landschaft verteilen. Beliebt sind besonders Schluchten und Bäche, in der Erwartung, daß das nächste Hochwasser die Sache wieder »bereinigt«. Als ebenso »nützlich« erweisen sich die zahlreichen Höhlen. Was normalerweise erst mühsam gegraben werden muß, bietet der Karst im Überfluß: Löcher – und diese scheinen im Menschen den unwiderstehlichen Drang auszulösen, sie zu füllen. Diese Problematik beschränkt sich übrigens keineswegs auf den Mittelmeerraum. Lastwagenweise wurde bereits Müll in mitteleuropäischen Höhlen gesammelt, und würden nicht Naturschutzbund und Alpenverein jährlich zum großen »Abfall-Halali« blasen, sähen die beliebten Wanderrouten der Alpen nicht besser aus als die griechischen Strände im Oktober.

Kulturpflanzen

Der Regenfeldbau beschränkt sich auf das Winterhalbjahr; den kühlen Wintertemperaturen entsprechend werden Pflanzen des gemäßigten Klimas angebaut, z. B. Weizen, Mais und verschiedene Gemüse. Weitverbreitet sind Bewässerungskulturen, sie erlauben den Anbau kälteempfindlicher Feldfrüchte wie Reis und Baumwolle während der warmen Sommerzeit. Charakteristisch für den Mittelmeerraum sind Rebkulturen und Ölbaumhaine, Obstbau (Pfirsiche, Marillen, Zitrusfrüchte) sowie Pistazien, Mandel- und Feigenbäume. Orangen und Zitronen müssen, da sie aus dem feuchten Südostasien stammen, in der Trockenzeit bewässert werden, die übrigen Arten kommen mit den Wasservorräten im Boden, die aus den winterlichen Niederschlägen stammen, durch den Sommer.

Griechenland steht im Hinblick auf Olivenöl sowie Speiseoliven nach Spanien und Italien an 3. Stelle der Weltproduktion. Auch bei der Erzeugung von Rosinen nimmt es, mit 13%, nach der Türkei und den USA die 3. Stelle ein. Bei den Rosinen unterscheidet man die aus hellen, kernlosen Arten entstandenen Sultaninen und die aus kleinen, roten Trauben hergestellten Korinthen, benannt nach der Stadt Korinth. Einigen Weinen wird vor bzw. während der Gärung das Harz der Aleppokiefer zugesetzt (maximal 1 kg pro Hektoliter), so entsteht der bekannte Retsina.

Auf kargen Böden gedeiht der wärmebedürftige Johannisbrotbaum. Er blüht im Herbst und liefert im Frühjahr 2–3 cm breite, 20 cm lange Früchte, die Karuben. Die Samenkörner wiegen alle zwischen 190 und 200 Milligramm, daher benutzte man sie einst als Gewichtseinheit für Gewürze und Gold, das Karat. Die Früchte dienen als Futtermittel und werden zu Johannisbrotkernmehl (E 410) verarbeitet, das wegen seiner enormen Quellfähigkeit ein Dickungsmittel und Stabilisator ist.

Mandelkerne verbergen sich in einer harten Hülle, die wiederum von einer grünen Schale umgeben ist.

Die Baumwolle wird Anfang Oktober geerntet, heute meist mit großen Pflückmaschinen wie in Amerika.

Der Tabakanbau hat eine 400-jährige Tradition, denn Griechenland hat einen besonders hohen Zigarettenkonsum pro Kopf. Die wichtigsten Anbaugebiete liegen um Serres und Drama im Nordosten, die gesamte Produktionsfläche beträgt rund 90 000 ha; von Anbau und Verarbeitung leben mehr als eine halbe Million Menschen. Die Kultivierung der anspruchslosen Tabakpflanze wirft reichlich Gewinn ab, ist jedoch sehr arbeitsaufwendig. Aus Saatbeeten werden die Jungpflanzen im Frühjahr mit der Hand angepflanzt. Die Ernte der Blätter zieht sich von unten nach oben durch den ganzen Sommer. Für ihre Trocknung werden sie auf Schnüren aneinandergenäht und an Holzgestellen aufgehängt. Die Reste der Kulturen dienen als Phytopharmaka.

Der Leidensweg der Nationalparks und Schutzgebiete

Griechen aus den USA brachten den Nationalparkgedanken bei Besuchen in ihre alte Heimat mit. In Nordamerika war bereits 1872 im Yellowstone-Gebiet die erste derartige Einrichtung entstanden. Auch das Konzept der Naturparks, das 1953 der Hamburger Reeder Alfred Töpfer in der Lüneburger Heide zum ersten Mal verwirklichte, wurde in Griechenland bekannt. Schließlich steht den Hellenen drastisch vor Augen, was Naturzerstörung in ihrer eigenen Vergangenheit angerichtet hatte: Durch Abholzen der Wälder, übermäßige Beweidung und nachfolgende Erosion waren zahlreiche der Inseln zu vegetationsarmen Felsen-Eilanden verödet.
1961 beschloß die Regierung ein Gesetz über das Einrichten von **Nationalparks** mit dem Ziel des Schutzes von Flora und Fauna. Außer dem Anlegen von Wegen und Straßen, dem Einrichten von Feuerwachen und Kontrollpunkten bleiben alle menschlichen Eingriffe untersagt. Kein Weidevieh darf hinein, jegliches Abholzen, auch das Sammeln von Holz ist verboten, Pilze und Beeren dürfen nicht gepflückt werden – untersagt ist jede Aktivität, die zur Veränderung der Umwelt führt.
Nun klafft zwischen dem Gesetz und dem Alltag in Hellas stets eine ziemliche Lücke. Wer heute an den Stränden auf Plastikreste, Flaschen und anderen Müll stößt, neigt dazu, den Griechen ein unterentwickeltes oder gar gestörtes Verhältnis zu Umwelt und Natur zu unterstellen. Die Situation der ohnehin kleinen Nationalparks ist in kaum einem anderen Land Europas dermaßen schlecht wie in Griechenland, wo sich die meisten von ihnen in einem Zustand der »ökologischen Verwahrlosung« befinden.
Um nichts besser ergeht es der zweiten Gruppe von unter Schutz stehenden Landschaften, den letzten Resten der noch in diesem Jahrhundert ausgedehnten und inzwischen durch die **Ramsar-Konvention** geschützten Feuchtgebiete. Diese Konvention ist ein Übereinkommen über die Erhaltung von Feuchtgebieten von internationaler Bedeutung. Sie wurde 1971 in Ramsar im Iran unterzeichnet. Die dem Abkommen beigetretenen Staaten erkennen die Feuchtbiotope als wertvoll an und verpflichten sich, diese unangetastet zu lassen. Griechenland war eines der ersten Länder das beitrat, und es ließ eine eindrucksvolle Liste von Gebieten aufnehmen. Dies konnte leider die weitere Zerstörung der auf der Liste stehenden Zonen nicht aufhalten, die nur allzuoft zugelassen und manchmal sogar vom Staat gefördert wird. Noch immer fehlt diesen »Schutzgebieten« eine Grenze, niemand weiß wo sie anfangen, und die Bestimmungen ruhen weiter in den Schubladen der Athener Ministerien.
Allgemein mangelt es bisher an gedruckten Informationen aller Art über die Nationalparks. Das Kartenmaterial ist ebenso lückenhaft wie die Beschilderung der Wege. Bisher reisen die meisten Urlauber nach Griechenland, um entweder Badeferien mit Sonnengarantie zu genießen oder das klassische Altertum zu besichtigen. Noch kommen erst wenige, um Flora und Fauna zu studieren. Heimgesucht werden die Nationalparks freilich neuerdings von Campern, die als Zeltler zu Fuß, meist aber mit Geländewagen und Reisemobilen die weniger reglementierten Außenzonen für sich entdeckt haben. Manche der Besucher bestätigen dabei den Verdacht, daß nichts für die Natur schädlicher sei, als der mit Fernglas und Bestimmungsbuch aus-

gerüstete »Liebhaber«. Sie zünden Lagerfeuer an, rupfen geschützte Pflanzen, verscheuchen die brütenden Vögel aus ihren Kolonien und lassen zu guter Letzt auch noch ihre Abfälle offen liegen. Kein sehr überzeugendes Verhalten, käme doch dem Gast eine wichtige Rolle zu. Denn nur wenn er die Schönheit der Natur respektiert, lernt auch der Einheimische diese Wertschätzung kennen.

Feuer frei – die Sache mit der Jagd

Im Spätherbst, wenn die Touristen wieder zu Hause sind, beginnt die Jagdsaison. Die Dorfläden verwandeln sich in Munitionsdepots, denn nahezu eine Million Griechen greift zu den Waffen und schießt auf alles, was Fell oder Federn trägt. Einen Jagdschein bekommt jeder problemlos, denn die freie Jagd gilt als eine wichtige soziale Errungenschaft seit der Türkenzeit. Damals war Jagd ein Privileg weniger vornehmer Paschas, und für die Tierwelt herrschten friedlichere Zeiten.

Eine einflußreiche Jagdlobby setzt ihre Interessen soweit durch, daß sogar in manchen Nationalparks gejagt werden darf, und daß seltene Tiere zu »Schädlingen« erklärt werden. Mit diesem Trick umgeht das für die Jagd zuständige Landwirtschaftsministerium internationale Schutzbestimmungen. Neben dem Wolf dürfen aus diesem Grund auch so harmlose Vögel wie Pirol, Bienenfresser und Würger ohne jede Beschränkung abgeschossen werden. Gesetze zum Schutz gefährdeter Arten stehen außerdem bloß auf dem Papier, in der Praxis kümmert sich niemand darum. Geschossen wird, was angetroffen wird, ohne jegliche Kontrolle der Bestandsentwicklung.

Auf einen Aufseher kommen mehr als tausend Jäger, und sollte der einmal Wilderer anzeigen, so zuckt die Polizei bloß mit den Schultern. Der Ökologe Kostas Tsipiras, Präsident der griechischen Anti-Jagd-Initiative, wirft der Regierung seines Landes vor, jegliche Art von Naturzerstörung zu tolerieren, und so können weiterhin schießwütige Jäger hinter den letzten Gänsegeiern und Gemsen her sein, ohne daß eine Kontrollinstanz tätig wird.

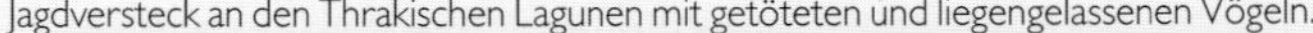
Jagdversteck an den Thrakischen Lagunen mit getöteten und liegengelassenen Vögeln.

1 Evros-Delta

Lagunen, ausgedehnte Salzmarschen mit Halophytenvegetation; eines der wichtigsten Rast- und Brutgebiete für Wasservögel; besonders reichhaltige Reptilienfauna und Greifvogelwelt im angrenzenden Hügelland.

Der Unterlauf des Evros (bulgarisch Maritza) bildet seit 1923 die Grenze zwischen Griechenland und der Türkei, liegt also im politischen Spannungsfeld der beiden Länder. Einst begleiteten den träge dahinströmenden Fluß weiträumige Feuchtgebiete südlich von Edirne. Entwässerung und Kultivierung von Überschwemmungsgebieten, Bau von Kanälen, Flußbegradigungen und Dammaufschüttungen haben den größten Teil des Gebietes degradiert, nur das eigentliche Delta widersteht in manchen Regionen bis heute jeder Kultivierung. Nach der Ramsar-Konvention müßten die noch erhaltenen naturnahen Reste unter Schutz gestellt werden. Trotzdem kommt es immer wieder zu meist illegalen Eingriffen. So wurde 1987 in einer Nacht- und Nebelaktion ein Großteil der Drana-Lagune von den Bauern der Umgebung trockengelegt und anschließend versucht auszusüßen. Dadurch hätte Schilf die Salzvegetation und die Seevögelkolonien verdrängt. Seit einigen Jahren ist die Lagune jedoch wieder geflutet, und im Winter ein gutbesuchter Vogelrastplatz.

Der Evros gabelt sich bei Feres, etwa 22 km (Luftlinie) vor seiner Mündung in den Golf von Enes in zwei Arme. Diese umfassen ein Delta von etwa 480 km², ein alluviales Schwemmland, das an seiner Basis etwa 20 km breit ist. Der geringe Höhenunterschied zum Meeresspiegel und die angeschwemmten Sedimente des Flusses trugen zur Bildung vieler Lagunen und kleiner Inseln bei. Demzufolge werden größere Teile des Gebietes vom salzigen Meerwasser ober- oder unterirdisch beeinflußt.

Das hügelige bis gebirgige Hinterland des Deltas ist nahezu unbesiedelt, die Bevölkerung verteilt sich auf Dörfer und einige Städtchen im Tiefland. Das Gelände zeigt daher nicht das sonst im Mittelmeerraum so bekannte Bild der Erschöpfung – erodierte, kahle und desolate Landschaften. Erst in den letzten Jahren wurden viele der alten Pinienwälder gefällt und durch Forstmonokulturen ersetzt.

Die schwerwiegendsten Probleme, denen das Gebiet ausgesetzt ist, werden durch Drainage, Überweidung und starke Bejagung hervorgerufen. Im Winter arbeiten viele Fischer als Jagdführer, und an manchen Wochenenden gibt es arrangierte Flüge von Athen, so daß sich gut 2000 Jäger gleichzeitig im Delta aufhalten können. Dadurch entsteht ein enormer Druck vor allem auf Wintergäste, der die Enten weit auf das offene Meer ausweichen läßt.

Der Braune Sichler, ein dunkler Stelzvogel mit langem Schnabel, ist durch die großflächigen Drainagen selten geworden.

Blick vom Fahrweg am Damm in das Evros-Delta. Im Herbst färbt sich der Queller leuchtend rot.

Daß manche Teile des Geländes als Schutzgebiet ausgewiesen sind, erweist sich so als Maßnahme auf dem Papier. Obwohl der urtümliche Auwald verschwunden ist und dadurch mehrere Vogelarten ausgestorben sind, ist das Evros-Delta immer noch eines der wichtigsten Feuchtgebiete für die Vogelwelt in Europa und wird von einer interessanten Flora besiedelt.

Pflanzen und Tiere

Kalte, feuchte Winter und heiße, trockene Sommer sowie die Salzhaltigkeit der Böden begünstigen die Entwicklung einer salztolerierenden Halophytenvegetation. Im Evros-Delta gibt es vier verschiedene Standorttypen mit deutlich unterschiedlichen ökologischen Verhältnissen und demzufolge mit unterschiedlicher Vegeta-

Das Männchen der Smaragdeidechse (Unterart *meridionalis*) trägt zur Brutzeit einen blau gefärbten Kopf.

tionstruktur. Ausschlaggebend für die Ausbildung der Pflanzengesellschaften sind dabei Feuchtigkeit und Salzgehalt im Boden:

□ **Sandküste** kommt nur im westlichen Teil des Gebietes in einem 30–60 m breiten Streifen vor. Im eigentlichen Delta gibt es keinen Sandstrand, weil die Wellenwirkung infolge des herabfließenden Flußwassers abnimmt. Im lockeren Substrat siedeln viele charakteristische Sanddünenbewohner (s. Reiseziel 24). Dabei ersetzt die Riesenstrandquecke *Elymus giganteus* den hier fehlenden Strandhafer, der sonst ein kennzeichnendes Gewächs der Mittelmeerdünen ist. Die Quecke ist an den Dünen des Schwarzen Meeres beheimatet und findet am Evros ihre südliche Verbreitungsgrenze.

□ Die **Salzböden** umfassen im Bereich des Evros-Deltas die größte Fläche. Ein Teil dieser Böden wird periodisch sehr oft, ein anderer Teil selten oder nie vom Meer überschwemmt. Letzteren beeinflußt der unterirdische Kapillaranstieg des Salzwassers während des trockenen und heißen Sommers. In der Nähe von Brackgewässern, die oft überschwemmt werden, wachsen Pionierpflanzen – in erster Linie Queller und Strandsode. Im Westen des Deltas, wo auch Süßwasser vom angrenzenden bebauten Gebiet zufließt, gesellen sich die Meerstrand- und die Salzbinse sowie der Queller *Salicornia radicans* dazu. Weiter im Inneren dominiert das Salzschwadengras, das im Frühling der Pflanzengesellschaft den grünen Schein einer Wiese verleiht. Von August bis Oktober setzt dann der violett blühende Strandflieder *Limonium gmelinii* Farbtupfer in die Landschaft. An Stellen die einerseits trocken sind und an denen sich andererseits besonders hohe Salzkonzentrationen im Boden angereichert haben, hat *Halo-*

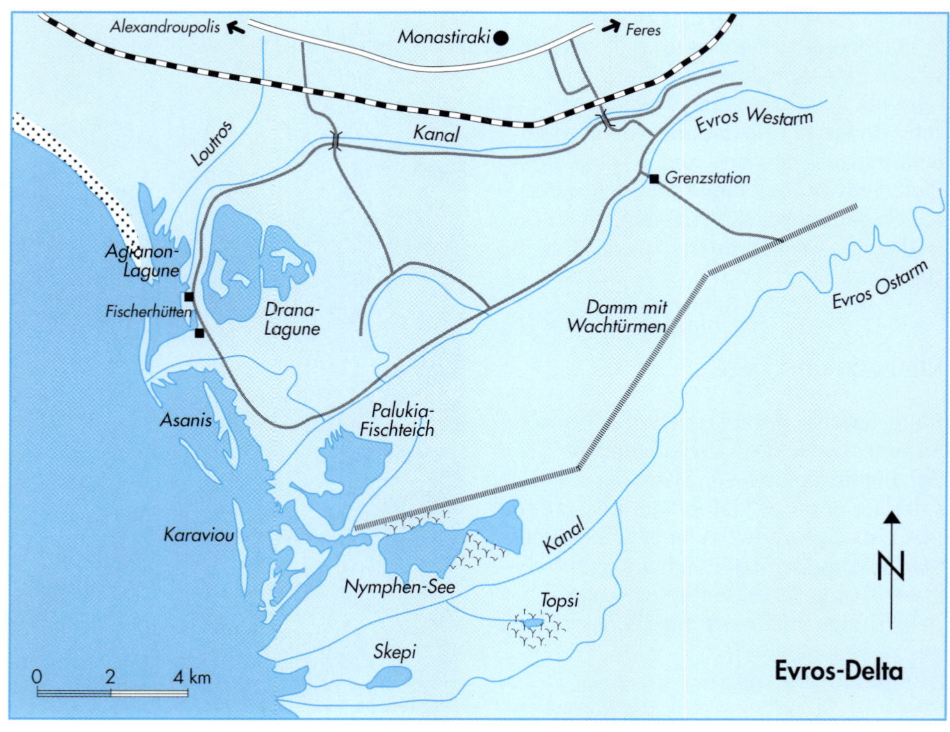

cnemum strobilaceum eine Nische gefunden. Dieses Gestrüpp kennzeichnet sonst die Salzsteppen Südrußlands.

□ Landeinwärts, in der Nähe der bebauten Flächen, gibt es eine nur **schwach salzhaltige Bodenzone**. Sie weist eine dichte, von Binsen dominierte Vegetation auf. Auf feuchtem Untergrund werden diese stacheligen Horste von Weiderich, Reitgras und Polei-Minze begleitet, im mittleren Bereich von der weißlich-gelb blühenden Schwertlilie *Iris orientalis*, die hier ihre westliche Verbreitungsgrenze erreicht. Ist der Boden trocken, sind Ruderalpflanzen die Begleiter. Auf dauerhaft nassen Böden, besonders in der Nähe von Sümpfen und an den Rändern von Gräben, wächst die Smyrna-Tamariske (S. 77), die dort strauchige Dickichte bildet.

□ An einigen Lagunen in Meeresnähe stehen **Röhrichte** aus Strandsimsen, einem Riedgras, das bis zu 1 m hoch wird. Im Delta und flußaufwärts sind große Wasserflächen von Schilf bedeckt. Ein charakteristisches Merkmal der Röhrichtgesellschaften im Evros-Gebiet ist das mosaikartige Wachstum der dominierenden Pflanzenarten Schilf, Strandsimse, Schwanenblume, Wasserfenchel oder Rohrkolben, zurückzuführen auf die verschiedenen mikroökologischen Ansprüchen der betreffenden Arten.

Der Vogelwelt bietet das Evros-Delta immer noch ein Rückzugsgebiet für Wintergäste, einen Rastplatz für Zugvögel und einen nahrungsreichen Lebensraum für seltene Arten. Verschwunden sind z.B. die großen Reiherkolonien in den Auwaldresten. Auch die einst größte Kolonie des Braunen Sichlers in Europa mit rund 1500 Paaren existiert nicht mehr, auf dem Durchzug kann man noch etwa 2000 Individuen sehen. Dagegen siedeln immer noch viele Watvögel-, Möwen- und Seeschwalbenarten dauerhaft.

Es gibt einige Paare Kormorane (S. 86), Dünnschnabelmöwen, Purpur-, Grau- (S. 85) und Rallenreiher (S. 29), Zwergdommeln, Stelzenläufer (S. 151), Austernfischer, Triele und Steinwälzer. Vom seltenen Spornkiebitz (S. 59) brüten wenige Paare, häufig sind Säbelschnäbler (S. 148; etwa 50–200 Paare), Fluß- (S. 53; 400 P.), Lach- (50 P.), Zwergseeschwalben (S. 150; 100 P.) und Rotflügel-Brachschwalben (S. 52; 200 P.). Außerdem liegen im Lagunengebiet die einzige Brandseeschwalbenkolonie in Griechenland und die einst größte Kolonie von Schwarzkopfmöwen im Mittelmeerraum.

Mit seinem namensgebenden Schnabel sucht der Löffler im flachen Wasser nach Insekten, Mollusken und Fischchen.

Im Herbst und im Winter findet man Watvögel, Reiher, Löffler, Sichler, Pelikane (s. S. 104), Enten, Gänse und andere Wasservögel in großer Zahl; die Schätzungen gehen bis zu 180 000 Vögel. Diese Zahl zeigt, wie attraktiv das Evros-Delta für Wintergäste sein könnte. Eine Besonderheit im Frühjahr ist der regelmäßige Durchzug eines der gefährdetsten Watvögel der Welt, des Dünnschnabelbrachvogels.

Wie in den meisten Lagunen und Brackwasserlebensräumen des Mittelmeeres ist auch am Evros der Flohkrebs *Gammarus aequicauda* häufig, der 2–3 cm groß werden kann. Diese Krebse sind wegen ihres zeitweiligen Massenvorkommens ein wichtiges Glied in der Nahrungskette bzw. dem Energietransport von den pflanzli-

Die Schwertlilie *Iris orientalis* ist ein Florenelement des Nahen Ostens und erreicht am Evros ihre Verbreitungsgrenze.

chen Primärproduzenten zu den Fischen und weiter zu den Reptilien und Vögeln. Noch soll es Schakale im Delta und im angrenzenden Tiefland geben, doch machen ihnen Lebensraumzerstörung, Jagd und vergiftete Köder zunehmend den Garaus. Auch das Ziesel (eine wichtige Beute für Bussarde und Adler) ist durch die Intensivierung der Landwirtschaft selten geworden. Der Fischotter (S.107) findet dagegen an den zahlreichen naturbelassenen Bächen im Hügelland noch gute Überlebensmöglichkeiten. Häufige Fledermäuse sind die Abendsegler, die in Felsritzen, unter Brücken oder in hohlen Bäumen leben. Die vielen kleinen Höhlen der Berge besiedeln Hufeisennasen (S.68), außerdem

Eine Besonderheit ist ein Seeadlerpärchen, das im Gebirge nistet und zur Nahrungssuche ins Delta fliegt.

Portulak und die ähnlich aussehende Sumpfquendelwolfsmilch passen sich in ihrer Wuchsform sandigen Böden an.

Die Schwanenblume ist ein typisches Element der Röhrichtgesellschaften im Evros-Delta.

kann man Breitflügel-, Rauhhaut- und Zwergfledermäuse beobachten.
Für die zahlreichen Greifvögel, von denen die meisten im umgebenden Hügelland und im Gebirge nisten, ist das Flußdelta das wichtigste Jagdgebiet, ebenso für die in den Dörfern der Umgebung lebenden Störche. Die Evros-Provinz (Delta und Gebirge) bildet einen der wichtigsten Lebensräume für Greifvögel in Europa. Mehr als 20 Arten brüten regelmäßig und 10 weitere kann man auf dem Zug oder als Wintergäste beobachten (s. Nebenreiseziel 1). Außerdem gibt es in der Evros-Provinz mehr Reptilienarten (die dazu noch in hoher Dichte vorkommen) als in irgend einem anderen Gebiet in Europa.

Das Ziesel bewohnt offene Landschaften. Es kommt außer am Evros noch am Langada-See und im Loudias-Delta vor.

Die häufigsten Lurche und Kriechtiere im Delta sind: Rotbauchunke, Östliche Syrische Schaufelkröte, Wechselkröte (S. 44), Laub- und Seefrosch, beide Wasserschildkröten (S.89, S.148) sowie Pfeil-, Ringel- und Würfelnatter (S. 107). Im angrenzenden Hügelgebiet findet man im Kulturland um die Dörfer und in den Weingärten Landschildkröten (S. 123), den Nacktfingergecko (S. 62) und den Scheltopusik (S. 59). In der Phrygana leben vor allem Schildkröten und Eidechsen (Schlangenauge, Smaragd-, S. 37, und Riesensmaragdeidechse, S. 195).

Im Gebiet unterwegs

Das Delta erreicht man von der Hauptstraße Alexandroupolis – Türkei. Ein Schotterweg zweigt im Osten des Loutros-Flusses, ein weiterer beim Weiler Monastiraki ab. Der vordere Teil des Deltas zwischen Kanal und Evros-Westarm ist frei zugänglich, der grenznahe hintere nur mit Genehmigung. Doch bietet auch ersterer einen guten Überblick. Er ist durch Fahrwege erschlossen, die meist auf den Hochwasserdämmen entlangführen. Sind der Kanal bzw. der Evros-Westarm vom Einfluß des Süßwassers geprägt (mit Schilf und Galeriewald) so läßt sich bei der Weiterfahrt der zunehmende Salzgehalt des Bodens erkennen. Das kultivierte Land wird abgelöst von Gräsern und Salzvegetation; im Inneren, um die Drana-Lagune, dominiert das besonders resistente *Halocnemum*-Gestrüpp. In Meeresnähe wachsen ebenfalls Halophyten, in denen sich zahlreiche Watvögel aufhalten, die man auch an den Kanälen und um die Drana-Lagune findet. Im Herbst, wenn sich Queller und Gliedermelde rot färben, wirken diese Landstriche wie eingefärbt.
Das Hügelland ist von der Hauptstraße Alexandroupolis – Edirne aus durch Stichstraßen und Forstwege erschlossen. Empfehlenswert ist ein Ausflug in die Schlucht von **Avandas** (im Norden von Alexandroupolis) und in das letze naturbelassene Waldgebiet zwischen Lefkimi und Dadia (s. Nebenreiseziel 1).

Praktische Tips

Anreise
Es ist zwar möglich, von Alexandroupolis aus die an das Delta grenzenden Dörfer mit Bussen zu erreichen, doch ist wegen der großen Entfernungen im Delta selbst ein Fahrzeug unumgänglich. Die Genehmigung zum Besuch des hinteren Deltagebietes ist bei Polizei und Militärkommando in Alexandroupolis erhältlich, sie wird jedoch restriktiv vergeben. Da sich die Bestimmungen für das Betreten der hinteren Teile ändern, sollte man sich vorher informieren.

Klima/Reisezeit
Das Evros-Delta weist ein gemäßigt-feuchtes, warmes, mediterranes Klima mit etwas kontinentalem Einfluß auf. Die Trockenperiode dauert von Mitte Mai bis Ende September. Beste Besuchszeiten sind während des Vogelzugs im Frühling und Herbst. Die meisten Wasservögel findet man Anfang November und im März (Zug) sowie im Winter, die meisten Watvögel Mitte April bis Mitte Mai sowie im Oktober und November. Hauptvegetationszeiten sind das Frühjahr (blühende Blumen, doch ist die Salzvegetation dann noch ein unansehnlich graues Gestrüpp) und der Herbst (roter Queller).

Unterkunft
Alexandroupolis bietet ein reichhaltiges Angebot an Übernachtungsmöglichkeiten sowie einen Campingplatz.

Blick in die Umgebung

In **Soufli** gibt es ein kleines Museum, das über die im Evros-Tal seit alters her traditionelle Seidenraupenzucht berichtet.

2 Mitrikou-See und Thrakische Lagunen

Letzter Steppensee Nordgriechenlands mit besonders reicher Vogelwelt; Marschland, Lagunen; Reiher, Löffler, Weißbartseeschwalbe, Flamingo; wichtiger Trittstein für den Vogelzug.

Der Mitrikou-See ist ein kleiner, flacher Süßwassersee (maximal 2 m tief) mit einer Oberfläche von etwa 4 km² und liegt etwa 3 km von der Küste entfernt im Landesinneren. Seine Entstehung verdankt er der Sedimentation der Flüsse Filourion und Bospos in geologisch jüngster Zeit. Der Mitrikou ist der letzte Flachwasser-Steppensee in Nordost-Griechenland, nachdem etwa 600 km² solcher Gewässer (z. B. die Artzan-Sümpfe bei Kilkis) in diesem Jahrhundert trockengelegt wurden. In einer waldfreien Landschaft gelegen, bietet der See hervorragende Bedingungen für Wat- und Wasservögel. Der im Jahreslauf stark schwankende Wasserstand gibt nach der winterlichen Regenzeit immer wieder neue Schlammbänke frei, so daß reichlich Nahrungsgründe vorhanden sind.
Im Westen des Mitrikou-Sees erstrecken sich entlang der Küste 5 Lagunen mit einer Fläche von etwa 15 km². Sie heißen Valthos, Karakatzeli (die aus den beiden Teilen Elos und Ptelea besteht), Alyki (oder Mesi), Karatza und Xirolimni (oder Fanari). An ihren Nordenden befinden sich meist Salzmarschen; die Küsten sind Sandstrände mit Dünengelände, das noch von natürlicher Vegetation (vornehmlich mit Süßgräsern wie dem Strandroggen) bedeckt ist. Alle Feuchtbiotope sind von intensiv genutzten landwirtschaftlichen Kulturen (vor allem Getreide und Baumwolle) umgeben. Südlich der Karakatzeli-Lagune liegen 2 Felsinseln, die Seevögeln Brutmöglichkeiten und zusätzlich Kormoranen sowie Möwen Winterrastplätze bieten.
Das gesamte Gelände ist seit 1975 auf dem Papier Ramsar-Schutzzone, doch existieren weder Gebietsgrenzen noch Verordnungen, so daß in der Praxis jedermann mehr oder weniger machen kann was er will. Besonders bedroht sind die Überschwemmungsbereiche auf der Ostseite des Mitrikou durch ständig fortschreitende Entwässerungen, sowie der See selbst und die Lagunen durch wasserbauliche Maßnahmen, um die Fischerei zu intensivieren. Der gesamte Küstenabschnitt steht unter dem Druck einer planlosen Verbauung mit Wochenendhäusern und touristischen Einrichtungen.
In den Mitrikou-See gelangt immer wieder Salzwasser durch einen im Süden gelegenen Kanal. Fischer wollten 1986 das Gewässer zur Ertragssteigerung verbracken – das führte zu einem Kollaps des See-Ökosystems, Süßwasserfische und Wasserpflanzen starben innerhalb weniger Tage. Auf den Blättern der in Griechenland geschützten Wassernuß (S. 57) brütete eine Kolonie Weißbartseeschwalben; die Jungvögel aller 200 Nester ertranken.

Die häufigste Möwe an allen Küsten Griechenlands ist die mit der Silbermöwe nah verwandte Weißkopfmöwe.

Der Mitrikou-See ist der letzte Steppensee Nordgriechenlands. Er ist von einem breiten Schilfgürtel umgeben.

Weiße Wangen kennzeichnen die Weißbartseeschwalbe.

Die Wechselkröte lebt auch in sehr trockenen Biotopen.

Flamingos

Flamingos haben eine höchst seltene Art der Nahrungsaufnahme entwickelt, wie sie nur bei wenigen anderen Wirbeltieren vorkommt. Viele dichte Reihen horniger Lamellen im Schnabel bilden einen Filter, der wie die verhornten Gaumenleisten der Bartenwale arbeitet. Ihren Lebensraum, salzige Seen, teilen Flamingos nur mit wenigen anderen Arten. Solche Salzseen liefern ideale Voraussetzungen zur Entwicklung einer Ernährungstechnik durch Filtration, denn es gibt in ihnen nur wenige Arten von Beuteorganismen, diese aber in großer Anzahl. *Phoenicopterus ruber*, der in Europa lebende Flamingo, verzehrt Schnecken, Muscheln, Krebschen und Insektenlarven bis etwa 2 cm Größe.

Beim Fressen stehen Flamingos im seichtem Wasser, bewegen die Köpfe hinunter zu den Füßen und verändern die Position des Kopfes, indem sie den Hals krümmen. Es resultiert eine »verkehrte« Kopfhaltung, bei der die Oberseite nach unten zu liegen kommt und auch die beiden Schnabelhälften ihre Rollen vertauschen. Die Vögel haben zwischen Ober- und Unterschnabel ein sehr bewegliches Kugelgelenk entwickelt, wodurch sie die beiden Hälften völlig unabhängig voneinander bewegen können. Beim Fressen hebt und senkt sich dann der Oberschnabel gegen einen unbeweglich bleibenden Unterschnabel – genau umgekehrt wie bei den übrigen Vögeln (oder auch beim Menschen). Das Filtrieren funktioniert entweder so, daß die Flamingos die Köpfe vor- und zurückschwingen lassen, wobei das Wasser einfach durch den Schnabel fließt, oder indem sie ihre kräftige Zunge wie eine Pumpe arbeiten lassen. Dieses höchst leistungsfähige Organ, einst bei reichen römischen Feinschmeckern beliebt (ein trauriges Beispiel menschlicher Gier), bewegt sich in einer Mulde im Unterschnabel bis zu viermal pro Sekunde schnell vor und zurück. Das Wasser wird dabei durch den Filter gepreßt. Die Zungenoberfläche ist mit zahlreichen Zähnchen versehen, die das gesammelte Futter dann vom Filter abkratzen.

In den Thrakischen Lagunen versammeln sich im Herbst große Flamingotrupps.

Die Tropfsteinhöhle bei Maronia zeigt eigentümliche Verwitterungen. Ihre Enstehung wird durch Gase verursacht, die beim Abbau der großen Fledermauskotmengen im feuchten Höhlenmilieu entstehen.

Die intensive Landwirtschaft der Umgebung entzieht den Feuchtgebieten durch Bewässerung das Wasser, durch Pumpen hat sich der Grundwasserspiegel bereits stark gesenkt. Die Jagd ist bis auf eine winzige Schutzzone um den See erlaubt. Weitere Störfaktoren sind Fischer, die Kormorane als Konkurrenten betrachten, und in zunehmendem Maße auch Naturbeobachter, die in den Kolonien brütender Löffler und Reiher umherspazieren.

Pflanzen und Tiere

Der Mitrikou-See befindet sich im natürlichen Prozeß der Verlandung, dadurch entstand ein großflächiger Schilfgürtel rund um den See. Östlich und südlich liegen große, aber durch Entwässerungsmaßnahmen bereits degradierte Salz- und Süßwassermarschen. Eine Ebene an der Ostseite des Sees mit stark salzhaltigem Boden ist von Halophyten bedeckt. Sie wird im Frühjahr regelmäßig überflutet und trocknet im Sommer vollständig aus. An der Einmündung des Bospos-Flusses im Norden hat sich ein kleiner Galeriewald aus Weiden entwickelt, auf mäßig salinem Untergrund wächst Tamariskengebüsch. Im Sommer bedecken Wassernuß (S. 52) und Seerosen den See; im Frühjahr fallen im Schilfgürtel die leuchtend gelben Blüten der Sumpfschwertlilien auf.

Berühmt ist der Mitrikou für seine Fülle von mehr als 100 Brutvogelarten, unter anderem Grau- (S. 85), Purpur-, und Rallenreiher (S. 29), 20 Paare Zwergdommeln, eine Löfflerkolonie (S. 39) von etwa 20 Paaren, Säbelschnäbler (S. 148), Rostgans, 60 Paare Schnatter- und Moorenten sowie die wiederzurückgekehrte Weißbartseeschwalbe. In den Marschen der Umgebung und an den Lagunen brüten Spornkiebitz (S. 55), Stelzenläufer (S. 151), Triel, Brachschwalbe (S. 52) und Zwergseeschwalbe (S. 150).

In den umliegenden Dörfern nisten etwa 50 Störche, die im Feuchtgebiet nach Nahrung suchen. Auffällige Singvögel sind unter anderem Neuntöter, Kappenammer (S. 171) und Braunkehlchen. Von den Neuntötern Europas ziehen nahezu alle über Griechenland und die Ägäis, nur wenige über Italien und Malta.

Auch zur Zugzeit und im Winter ist das Gebiet ein wichtiger Lebensraum für Vögel. Seit einigen Jahren finden sich im Herbst immer mehr Flamingos in den Lagunen ein: inzwischen wurden bereits über 3000 gezählt. Den Ringen nach stammen die Tiere aus Spanien oder der Camargue, scheinen Griechenland aber nicht direkt, sondern über Nordafrika zu erreichen. Kampfläufer, Rotschenkel und andere Watvögel rasten hier auf dem Zug, und das Gebiet gilt als einer der wichtigsten Überwinterungsplätze für Gänse in Griechenland. Ferner kann man Braune Sichler (S. 36), Pelikane (S. 104), Schwarzhals- und Haubentaucher, Spieß-, Krick- und andere Enten beobachten sowie Rohrweihen und Schwarzmilane.

Im Gebiet unterwegs

Der See und die Lagunen sind jeweils durch Schotterstraßen von den umliegenden Dörfern aus erschlossen. In Pagouria und Glifada gibt es zahlreiche Storchennester. Einen geradezu idealen Beobachtungsplatz bietet der **Mitrikou-See:** im Westen des Sees erheben sich zwei Hügel und bilden einen regelrechten Logensitz ①. Von dort ist es möglich, das Vogelleben sowohl im Schilfgürtel als auch in den Marschen im Süden des Gewässers zu beobachten. In der Hügelböschung nisten Bienenfresser (s. S. 138) und Blauracken (S. 98). Zur Fischerhütte am Kanal führt ein Feldweg; von dort kann man die überschwemmten Weiden im Osten einsehen. Zur Brutzeit nicht weiter in die Kolonien hineinzugehen, sollte eigentlich selbstverständlich sein.
Die Piste führt weiter bis zu einer illegalen Hüttensiedlung am Meeresstrand, vorbei an der 2 km langen **Elos-Lagune**. In deren Süden dehnen sich mehrere kleine Lagunen und Brackwassermarschen aus ②, in denen zahlreichen Limikolen auf Nahrungssuche gehen. Zwischen Elos- und Ptelea-Lagune ist ein Beobachtungsturm ③ geplant. Das Gebiet südwestlich der **Ptelea-Lagune** ist noch naturnah, d. h. mit Tümpeln, Sand- und Schlammbänken. Dort soll eine Schutzzone entstehen; dieses letzte Refugium sollte daher bereits jetzt nicht mehr betreten werden.
Da sich zwischen den einzelnen Gewässern jeweils niedrige Hügelketten entlangziehen, hat man auch über die nächsten beiden Lagunen einen guten Überblick.
Die 4 km lange **Alyki-Lagune** ④ erreicht man auf der Piste in Richtung »Mesi-beach«. Ihr Nordteil ist in Salinen umgewandelt, der Süden hat ein weitläufiges Schlammufer und Brackwassermarschen.
Zur **Karatza-Lagune** ⑤ führen Wege von der Straße Arogi – Mesi aus. Sie ist 2 km lang, mit ausgedehnten Schlammflächen im Norden und Osten.

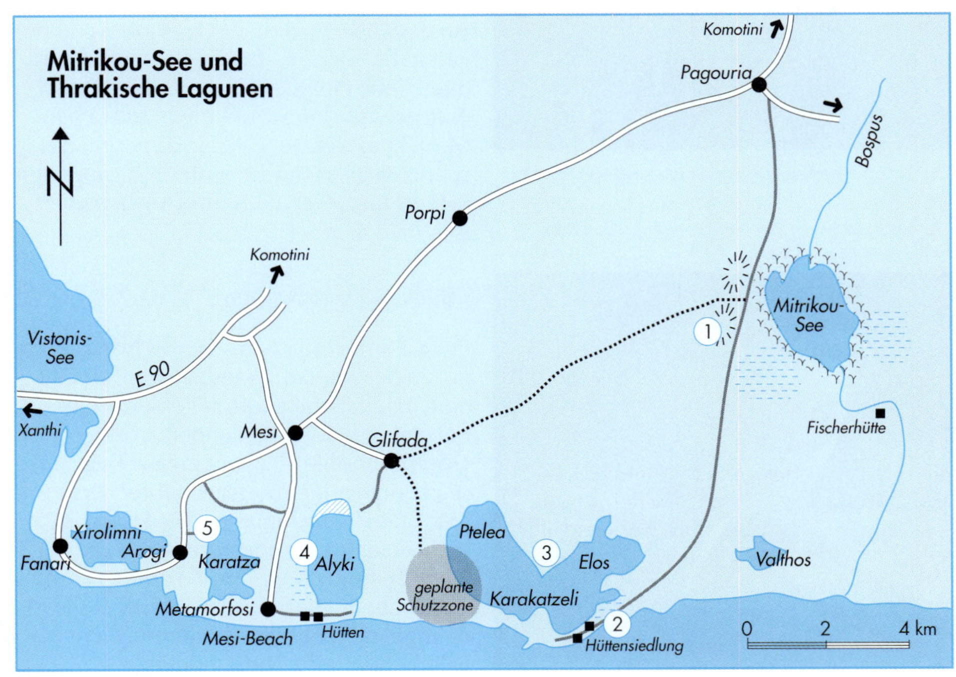

Die Sumpfschwertlilie ist ein dekoratives Element feuchter Standorte.

Der Neuntöter ist als Wartenjäger häufig im Buschland Griechenlands zu sehen.

Praktische Tips

Anreise

Die Dörfer der Umgebung sind von der E 90 Xanthi – Komotini aus zu erreichen. Während der Mitrikou-See eine Vielzahl von Eindrücken auf engstem Raum bietet (und Pagouria prinzipiell auch mit dem Bus erreichbar ist), erfordert die Weitläufigkeit des Lagunengebietes ein eigenes Fahrzeug.

Klima/Reisezeit

Das Klima ist mediterran; die beste Reisezeit sind Frühjahr und Herbst (Zugzeit). Der Mitrikou-See bietet vor allem im Frühling viel Abwechslung (Blüte und Vogelkolonien), die Lagunen können in diesem Zeitraum durch ihre Weitläufigkeit aber auch wie ausgestorben wirken und erfordern einige »detektivische Sucharbeit«. Im Herbst beleben Flamingoschwärme und andere Wasservögel das Gelände.

Unterkunft

An der Küste beginnt der Fremdenverkehr, Fanari hat einen Campingplatz und mehrere kleine Hotels. Privatunterkünfte und eine gewisse Infrastruktur gibt es auch in Mesi. Die nächste Stadt ist Komotini, das schon wegen seines orientalisch geprägten Lebens im Geschäftszentrum sehenswert ist.

Blick in die Umgebung

Etwa 2 km westlich des Dorfes **Maronia** (im Osten des Mitrikou-Sees gelegen) zweigt eine Asphaltstraße (die auf einem Hügel bei einem Mäuerchen endet) zu einer Tropfsteinhöhle ab. Der Eingang liegt versteckt unter einem Felsen halbrechts ein Stück den Hang hinunter. Die Höhle ist nicht erschlossen und von zahlreichen Fledermäusen bewohnt. Zu deren Schutz (s. Abschnitt »Karst und Höhlen«, S.16) ist es angeraten, nur den vorderen, leicht zugänglichen Teil zu besichtigen.

3 Vistonis-See und Porto Lagos

Seen- und Lagunenlandschaft mit vorgelagertem Watt, Salzmarschen, Dünen; reiche Vogelwelt, Reiherkolonie, Spornkiebitz, Pelikane, Stelzenläufer, Säbelschnäbler.

Das Gebiet ist vor allem durch seine großen offenen Wasserflächen gekennzeichnet und bietet einer besonders artenreichen Tier- und Pflanzenwelt eine große Anzahl verschiedener Lebensräume. Der flache Vistonis- oder Buru-See (maximal 3,5 m tief) mit einer Oberfläche von etwa 45 km^2 weist einen für Griechenland einmaligen Wasserhaushalt auf: Als Folge von Trockenheit und Bewässerungsmaßnahmen im Sommer wird er im südlichen Teil stark, im nördlichen etwas brackig. Durch sommerliche Südwinde noch verstärkt, dringt das Meerwasser durch die Ausflüsse in den See. Im Winter süßt der Vistonis fast vollständig durch die 3 einmündenden Flüsse Kosinthos, Kompsatos (der große Mengen an Sand und Ton transportiert) und Travos aus. Dabei steigt der Wasserspiegel um nahezu 1 m an.
Seine besondere ornitho-ökologische Bedeutung erhält der See durch die ausgedehnten Schilf-, Tamarisken- und Überschwemmungsbereiche im Norden und Osten. Auch die Einbindung in teilweise noch extensiv genutztes Umland erhöht die Biotopvielfalt. Die großen Weidegebiete, durch Gräben, Wasserläufe und Gebüsch vielfältig gegliedert, bieten Lebensräume für viele Arten der offenen Landschaft. Im Süden des Sees reihen sich parallel zur Küste mehrere größere Lagunen mit weiten Überschwemmungszonen aneinander. Die angrenzende Hügellandschaft mit mediterraner Buschvegetation stellt eine weitere Bereicherung dar. Einmalig für Griechenland sind die wattartigen Flächen, die den Lagunen im Westen

Das Kirchlein Agios Nikolaos steht auf einer Insel in der Lagos-Lagune im Osten von Porto Lagos.

von Porto Lagos vorgelagert sind. Bei Nordwind (speziell im Winter) entstehen von der Küstenlinie an bis zu 2 km begehbare Schlammflächen.
Beeinträchtigungen der natürlichen Lebensräume des Gebietes entstehen durch die Intensivierung der Landwirtschaft, der Lagunenfischerei sowie durch den Bau eines Dammes und eines Entwässerungskanals zur Landgewinnung auf der gesamten Nord- und Ostseite des Sees. Ferner stellen mehrere Intensiv-Fischfarmen inmitten des Feuchtgebietes, zunehmende Verbauung der Küste mit Wochenendhäusern, unkontrollierte Jagd und Holzentnahme für zahlreiche Arten eine akute Bedrohung dar. Eine enorme Verschmutzung des Gewässers durch das Einleiten der ungeklärten Abwässer von Xanthi mit seiner Lebensmittelindustrie und die stark durch Agrochemie beeinträchtigten Kanäle in den Feldern der Umgebung haben dazu geführt, daß der Vistonis als der am stärksten belastete See Griechenlands gilt. Die Fischerei, einst wichtiger Erwerbszweig der Bevölkerung, ist in den letzten 20 Jahren auf ein Fünftel zurückgegangen.

Pflanzen und Tiere

Im Norden und Osten ist der Vistonis umgeben von Röhrichtbeständen, Tamariskengebüsch (S. 77) und zeitweise überfluteten Salz- und Süßwassermarschen ähnlich denen des Evros-Deltas (s. S. 38). Das Westufer wird nur noch von einem schmalen Streifen naturbelassener Vegetation begleitet. Im Gebiet der Flußmündungen gedeihen Weichholzauen, die jedoch vom zahlreichen Weidevieh im unteren Bereich kahlgefressen werden (Unterwuchs und Jungpflanzen können so kaum überleben). Salzmarschen mit Halophytenvegetation umgeben auch die meisten Lagunen, die Küstenlinie bilden Sandstrände mit niedrigen Dünen. Die Salinen westlich von Porto Lagos sind von Getreidefeldern umgeben, aus denen im Frühling Kornblumen, Rittersporn und Gladiolen herausleuchten, ein Lebensraum für Kalander- und Haubenlerche (S. 153), Bach- und Schafstelze oder die Kappenammer (S. 171).
Das Gebiet von Porto Lagos ist ein gutes Beispiel für salztolerante Strandvegetation, denn es repräsentiert das Endstadium in der Entwicklung solcher Pflanzengemeinschaften in Nordgriechenland. Eine typische Sandstrandsukzession zwischen Porto Lagos und dem Nestos sieht ungefähr so aus: Der Strand besteht aus feinem Quarzsand und ist von vermodernden Seegrasblättern bedeckt. Nach einigen Metern kahlen Sandes folgen Pionierpflanzen wie Kali-Salzkraut, Strandsode, Meersenf, Tatarische Strandmelde und Sumpfquendelwolfsmilch (S. 41). Nach einem weiteren kahlen Sandstreifen festigen dann Strandhafer und Strandquecke die Dünen. Auf den Salzböden um die Lagunen siedeln die Spezialisten der Queller- und Gliedermeldengemeinschaft.
Von überregionaler Bedeutung ist die große Reiherkolonie hinter dem Hafen von Porto Lagos mit 500–600 Grau- (S. 85), Seiden- (S. 184) und Rallenreihern (S. 29).

Im Schilf des Vistonis-Sees brüten Löffler (S. 39) und die seltene Moorente. Stelzenläufer (S. 151), Säbelschnäbler (S. 148), Rotschenkel, und einige Spornkiebitzpaare (s. S. 59) vertreten die Watvögel. Auf den Inseln der Lagunen leben mehr als 1000 Paare Fluß- und Zwergseeschwalben (S. 150) sowie Rotflügel-Brachschwalben. Im Feuchtgebiet nisten Rohrweihen und in den angrenzenden Hügeln Gänsegeier ´ (S. 77), Schrei- (s. S. 63) und Steinadler. In den Dörfern der Umgebung horsten etwa 200 Störche.
Die ausgedehnten Feuchtgebiete und ganz besonders das »Watt« werden aber besonders wichtig als Rastplatz zur Zugzeit. Tausende Watvögel aller Arten legen hier eine Pause ein, ebenso Reiher, Störche, Sichler (S. 36), Flamingos (s. S. 45), Greifvögel und Rosapelikane (s. S. 106). Für den äußerst bedrohten Dünnschnabelbrachvogel ist es neben dem Evros-Delta der zweite wichtige Rastplatz. Im Oktober/November leben 7000–8000 Schwarzhalstaucher am See, dazu große Schwärme von Schwarzkopf- und Dünnschnabelmöwen. Am See befindet sich auch einer der größten Überwinterungsplätze für den Krauskopfpelikan (S. 106); bis zu 400 Vögel versammeln sich hier. Das macht den Vistonis für diese Art zusammen mit dem Kerkini-See zum wichtigsten Lebensraum in Europa. Insgesamt hat man die überwinternde Wasservögelpopulation bereits auf 170000 Individuen geschätzt, den größten Teil davon machen Enten, Gänse und Bläßrallen aus (darunter manchmal über 400 der seltenen Weißkopfruderenten).
Neben den Vögel finden auch Fischotter (S. 107) und Schakal um den Vistonis-See noch ausreichend Lebensraum. Im Winter verirren sich manchmal sogar einige Wölfe (s. S. 73) aus den Bergen in das Feuchtgebiet. Die Herpetofauna ist ähnlich reich wie im Evros-Bezirk. Die häufigsten Reptilien sind Sumpf- (S. 89) und Wasserschildkröte (S. 148), Ringel- und Würfelnatter (S. 107) sowie in den trockenen Bereichen Griechische und Maurische Landschildkröte (S. 123), Smaragd- (S. 37) und Taurische Mauereidechse, Scheltopusik (S. 59) und Pfeilnatter. In allen Gewässern ist wie immer der Seefrosch häufig, typisch für die Auwaldbereiche sind Spring- und Laubfrosch.

Der Schakal

Den (Gold)Schakal (*Canis aureus*) gibt es noch auf dem gesamten griechischen Festland. Wegen der Zerstörung geeigneter Lebensräume sind die Bestände jedoch stark ausgedünnt. Es fehlen vor allem ungestörte Rückzugsgebiete. Schakale leben bevorzugt in trockenen Auwäldern und an Lagunen, wo sie sich tagsüber im Schilf oder Dickicht gut verstecken können. Sie jagen meist zu zweit oder in Kleingruppen nach kleinen Säugetieren und Vögeln. Immer mehr ernähren sie sich von dem zunehmendem Müll in der Landschaft. Die Tiere schwimmen übrigens gut und ausdauernd. Dem Menschen werden Schakale nicht gefährlich, auch an Haustieren (außer freilaufenden Hühnern) vergreifen sie sich nur selten. Trotzdem ist die Verfolgung des »Schädlings« durch den Menschen immer noch üblich und wird von der Forstverwaltung mit Prämien belohnt.

Im Gebiet unterwegs

Die Weiträumigkeit und teilweise Unzugänglichkeit des Gebietes bietet der Tierwelt je nach Tages- und Jahreszeit verschiedenste Aufenthaltsmöglichkeiten. So beleben Wasservögel den See oft erst in den Abendstunden. Der beste Ausgangspunkt für Exkursionen zu den Lagunen ist **Porto Lagos**. Vom Hafen aus ist die große Seiden- und Graureiherkolonie ① im

Westlich von Porto Lagos wird eine der Lagunen zur Salzgewinnung genutzt.

Wäldchen auf der Halbinsel gut zu beobachten. Ein Stück weiter im Osten steht auf einer Insel in der **Lagos-Lagune** das Kirchlein **Agios Nikolaos** ②, durch einen Steg mit dem Ufer verbunden, ein guter Beobachtungsplatz für alle Arten, die zwischen See und Lagunen umherstreifen.
Am Ende der Lagos-Lagune hat man vom Parkplatz neben der Brücke ③ einen schönen Blick auf das Lagunensystem. Auf einer Insel im Südosten liegt im Herbst ein beliebter Rastplatz der Pelikane. Sie müssen ihre Schlafinseln von Zeit zu Zeit wechseln, denn das Umherwatscheln der schweren Tiere und ihr scharfer Kot zerstören die Salzvegetation. Daraufhin verschwindet das Inselchen durch rasche Erosion, und den Vögeln steht ein Umzug ins Haus.
An der Abzweigung nach **Fanari** stehen einige traditionelle Rundhütten. Die Straße führt an der **Daliani-Lagune** entlang und anschließend an einem Marschland ④, das zur Zugzeit großen Schwärmen zur Nahrungssuche dient.
Im Westen von Porto Lagos steht ein Pinienwald am Strand, der bei der Bevölkerung von Xanthi für Wochenendausflüge beliebt ist. Das hat ihn in eine Art beschattete Müllkippe verwandelt – ein weiteres Beispiel für den sorglosen Umgang mit der

Die Brachschwalbe hat lange, spitze Flügel und einen gegabelten Schwanz; sie lebt auch in trockenem Gelände.

Der Meersenf ist ein Pionier am Sandstrand. Er verträgt hohe Salz- und Stickstoffkonzentrationen.

Natur. Der Küste entlang schließen sich Salinen und die beiden Lagunen Lafri und Lafrouda an. Die beiden sind flach und schlammig, von Salzmarschen umgeben und haben je nach Wind einen deutlich schwankenden Wasserspiegel. Den besten Blick erhält man von einem Hügel im Nordosten der **Lafri-Lagune** ⑤. Er ist von der Hauptstraße aus auf einer Schotterpiste zu erreichen.
Während das Ostufer des Vistonis-Sees nicht erschlossen und nur durch lange Fußmärsche erreichbar ist, führt auf der Westseite ein Dammweg entlang. Einen Hügel ⑥ erreicht man über **Nea Kessani** und vorbei am Wasserturm des Ortes. Der Auwald im Norden ⑦ bietet keinen erhöhten Aussichtspunkt, am weitläufigen flachen Ufer gedeihen Tamarisken (S. 77) und Binsen. Zu erreichen ist das Nordufer von der direkten Landstraße Xanthi – Komotini (der ehemaligen Via Egnatia der Römer). Ein empfehlenswerter Abstecher zur Zugzeit der Greifvögel (ab Ende März) führt die Via Egnatia weiter nach Osten bis zur Brücke über den **Kompsatos** ⑧. Das Kompsatos-Tal in die Rhodopen ist eine beliebte Zugstrecke, an manchen Tagen können hunderte Tiere beobachtet werden.

Praktische Tips

Anreise
Porto Lagos liegt direkt an der E 90 Xanthi – Komotini und ist mit Bussen, aber nicht mit der Eisenbahn (die der Via Egnatia folgt) zu erreichen. Das umgebende Lagunengebiet läßt sich von dort aus mit etwas Kondition durchaus zu Fuß erschließen, für die abgelegeneren Gebiete ist ein eigenes Fahrzeug notwendig.

Klima/Reisezeit
Mittelmeerklima mit heißem Sommer; die besten Zeiträume sind Frühjahr (Blüte und Zug) sowie Herbst (Vogelzug).

Unterkunft
Porto Lagos bietet einfachere Hotels, Pensionen und Gaststätten; Campingplätze in Porto Lagos und Fanari.

Flußseeschwalben brüten an den Küsten bei Porto Lagos; gerne benützen sie dafür Muschelbänke.

4 Nestos-Delta

Eines der wichtigsten Feuchtgebiete Europas; naturbelassene Nestos-Schlucht, größter Galeriewald Griechenlands, Binnendünen, Lagunen und Süßwasserseen; Spornkiebitz, Schreiadler, Fischotter, viele Libellen; Trittstein für den Vogelzug; Ökologiemuseum.

Der Nestos entspringt in Bulgarien und durchfließt mehr als 250 km Urgesteingebirge. Südlich von Stavroupolis durchbricht er in einer vielfach gewundenen, eindrucksvollen Schlucht die den Rhodopen vorgelagerten Kalkriegel. Die tief eingeschnittenen Mäander zeigen, daß der Fluß in geologischer Vergangenheit denselben Lauf hatte, und daß das durchflossene Gebiet inzwischen beträchtlich gehoben worden ist. Im Mündungsgebiet schuf der Nestos ein etwa 550 km^2 großes Delta aus alluvialen Aufschüttungen, dessen natürliche Vielfalt auch heute noch, nach extrem starker menschlicher Beinflussung, größte Beachtung verdient. Das ineinandergreifende Wirkungsgefüge von fluviatiler Sedimentation und mariner Abrasion bestimmt das Aussehen der Landschaft, die Küste ist reichgegliedert in Nehrungen, Lagunen und Dünen.

Inzwischen besteht keine Verbindung mehr zwischen Küstengebiet und Flußsystem, die beiden mäandrierenden und ihre Lage oftmals verändernden Hauptarme wurden um 1950 von ihren zahlreichen Seitenästen abgeschnitten und in einen Damm gezwängt. Gleichzeitig errichtete man ein regulierendes Kanalsystem zur Bewässerung der Felder und ein Stauwehr bei der Nestos-Schlucht, um den natürlichen Geschiebetransport zu unterbinden. Vor diesen Maßnahmen war das Flußsystem von einem für Griechenland einzigartig großen Hartholzauwald von 72 km^2 begleitet. Innerhalb weniger Jahre wurde der Großteil des Waldes in Felder umgewandelt oder durch Pappelforste ersetzt. Nur ein winziger Rest von 60 ha blieb – eingezäunt – unter Naturschutz. In den letzten Jahren nimmt der Auwald wieder zu. Das Delta ist heute eine intensiv genutzte, fruchtbare Ebene, netzartig von Kanälen, Gräben und Dämmen durchzogen. Im Nestos-Delta werden 30% der gesamten griechischen Maisernte eingebracht. Dies brachte auch einen starken Einsatz von Dünge- und Pflanzenschutzmitteln mit sich und die bekannt negativen Folgen für die Gewässer. Der enorme Wasserbedarf der Intensivkulturen läßt den Fluß im Sommer nahezu austrocknen, nur über undichte Kanäle erhält er eine gewisse Restwassermenge. Wieviel davon übrigbleibt, sobald die großen Staudämme am Oberlauf des Flusses fertiggestellt sind, und welche Folgen dieser Eingriff nach sich zieht, kann niemand vorhersagen.

Noch aber zählt das Nestos-Delta zu den wichtigsten Naturräumen Europas. Nur selten trifft man auf so viele, eng beisammenliegende Ökosysteme, die alle miteinander verknüpft sind. Diese Reichhaltigkeit an verschiedenen Lebensräumen ist vor allem den starken Unterschieden in Feuchtigkeit und Salzgehalt sowie der Dynamik des Flusses und der Küste zu verdanken. Das Nebeneinander verschieden strukturierter Wälder und Offenland-Feuchtbiotope wirkt sich für mehrere Vogelarten günstig aus, ebenso die unmittelbare Nachbarschaft zu Gebirgen und zur tiefen Nestos-Schlucht. Insgesamt brüten im Deltabereich rund 110 Vogelarten, über 100 weitere ziehen durch.

Der flußbegleitende Galeriewald ist der größte des Landes, kein anderes Feuchtgebiet Griechenlands hat einen so langen

(50 km) Küstenbereich mit Sandküste und großen Lagunen. Östlich der Flußmündung erheben sich bis 5 m hohe Dünen, welche durch die vorherrschenden Winde aufgeweht wurden.
Das empfindliche Ökosystem ist zahlreichen Bedrohungen ausgesetzt: Verbauung durch Ferienhäuser und Campingplätze, Geländeumbau für die Fischerei, Ablagerung von Müll und Störung durch Beweidung. Das Weidevieh hält sich zunehmend im Dünengelände auf, da es durch die Anlage der Mais- oder Sojaäcker im Delta kaum noch Weideflächen gibt. Neben den dadurch hervorgerufenen Tritt- und Fraßschäden führen die Exkremente zu einer Düngung und als Folge zu einer Veränderung dieses äußerst nährstoffarmen Lebensraumes.
Ein charakteristisches Element für Flußdelten im Mittelmeerraum sind Süßwasserseen, ausgesüßte Reste prähistorischer Lagunen. Im Gebiet Aladjagola zwischen Chrisoupolis und der E 90 sind noch einige erhalten geblieben, denen es, bedroht von Entwässerung und Ausweitung der Ackerflächen, ergeht wie den 10 kleinen Negerlein.
In Chrisoupolis besteht seit 1990 ein Naturschutzzentrum und ein Museum zur Ökologie des Deltas. Schutzmaßnahmen werden hier koordiniert; es dient auch als Anlaufstelle für interessierte Besucher.

Pflanzen und Tiere

Flora und Fauna der Lagunen und Küstendünen sind ähnlich wie bei Porto Lagos (s. Hauptreiseziel 3). Eine Besonderheit der artenreichen Vogelwelt sind etwa 40 Spornkiebitzpaare. Weiter im Inland liegen **Binnendünen**, die durch das vorwärtswandernde Delta von der Kü-

Der Spornkiebitz ist **die** Rarität der Lagunen Nordostgriechenlands. Er stammt aus Afrika und Vorderasien.

Blick über die Lagunen von Agiasma zur Insel Thasos.

Der Weiße Diptam wird einen halben Meter hoch und wächst bei den Süßwasserseen von Aladjagula.

Frühe Heidelibelle in Obeliskenhaltung zum Schutz vor Überhitzung bei intensiver Sonneneinstrahlung.

Der Nestos wird an beiden Seiten von einem Galeriewald begleitet, Rest der einst ausgedehnten Auwälder.

stenlinie abgeschnitten wurden. Sie sind spärlich bewachsene, hoch über dem Grundwasserspiegel gelegene Sandsteppen. Dazwischen befinden sich Dünentälchen, die durch natürliche Verdichtung des lockeren Sandes unter den Grundwasserspiegel gesunken sein können. Je nach Salzgehalt treten hier Röhrichte, Brackwasserrieder, Tamarisken (S. 77) oder Erlendickicht auf. In diesem Biotopmosaik leben Griechische und Maurische Landschildkröte (S. 123), Pfeilnatter, Wechselkröte (S. 44) und die bizarre Gottesanbeterin *Empusa fasciata* (S. 134). Außerdem 26 Arten von Heuschrecken sowie viele Käfer- und mehrere Libellenarten.
Die sonnigen, offenen Bereiche werden von Ödlandschrecken besiedelt, tarnfarbige Feldheuschrecken der Sand- oder Steppengebiete. Diese in Ruhe nur schwer erkennbaren Insekten besitzen leuchtend bunte Hinterflügel – werden sie aufgestö-

Häufig in Gewässernähe sind die Blaupfeile, von denen in Griechenland mehrere Arten vorkommen.

Die Wassernuß hat ledrige Schwimmblätter, ihre Früchte sind mit großen Dornen versehen.

bert, können sie durch plötzliches Auffliegen einen Feind verwirren; im nächsten Moment sind sie wieder »verschwunden«. Interressant ist, daß der Artenreichtum des Binnendünenbereiches vom Menschen gefördert wurde, da regelmäßige Beweidung zu lückenhafter Vegetation führt und damit die morphologische Vielfalt des Geländes erhöht. Allerdings sind die verbliebenen Binnendünen nur noch ein kleiner Rest der ursprünglichen Fläche.
Besonders artenreich sind die Süßwasserbiotope. Innerhalb der Hochwasserdämme stehen teilweise ausgedehnte Weichholzgaleriewälder (vornehmlich mit Schwarzerlen und Silberpappeln). Im Frühjahr wird der **Auwald** regelmäßig überschwemmt und erhält durch die eingeschwemmte Schlickschicht viele notwendige Nährstoffe. Auffallend ist der Reichtum an Lianen, der dem Lebensraum einen urwaldähnlichen Charakter verleiht. Die häufigsten Lianenarten sind Wilder Wein, Wilder Hopfen und Waldrebe. Von ähnlichem Charakter sind die zahlreichen Altarmreste, die im Zuge der Eindeichung von der Hauptrinne getrennt wurden. Manche der Wasserpflanzen in den kleinen Seen, wie Wassernuß, Schwanenblume (S. 41) und Schwimmfarn (S. 87), sind in Europa selten geworden. Einige der umgebenden Hügel bedeckt Gebüsch mit Diptam, Salbei (S. 107) und verschiedenen Orchideen.

Die *Haberlea rhodopensis* kommt nur im Bereich Nestos-Schlucht – Pangäon – Rhodopen vor.

Die häufigsten Vögel des Auwaldes sind Nachtigall und Blaßspötter, an Böschungen haben Eisvögel (S. 155) ihre Brutröhren gegraben. Bemerkenswert sind Schreiadler, Kurzfangsperber und Maskenwürger (S. 139), zur offenen Landschaft hin leben Pirol (S. 74), Bienenfresser (s. S. 136) und Blauracke (S. 98). Im trockenen Auwaldbereich gibt es wilde Fasane, von denen nicht geklärt ist, ob sie zur Römerzeit eingeführt wurden oder hier ursprünglich sind. Der Fischotter (S. 107) hat hier am Nestos eine seiner größten Populationen in Griechenland. Die Kaspische Wasser-

Im Jugendkleid ist der sonst braune Scheltopusik silbern mit schwarzen Streifen.

schildkröte (S. 148) trifft man an sonnenexponierten Uferbereichen, die Europäische Sumpfschildkröte (S. 89) mehr an stillen Altarmen.
Wie wichtig die Auwaldgebiete für die Tierwelt sind, zeigt sich etwa daran, daß von 52 Schmetterlingsarten des Nestos-Gebietes 50 bevorzugt in diesem Bereich leben. Besonders prächtig sind Trauermantel und 2 Arten Osterluzeifalter. Der größte Falter Europas ist das Wiener Nachtpfauenauge, es fliegt wie der Osterluzeifalter im Mai und Juni.
Charakteristisch für nährstoffarme, langsam fließende Gewässer ist die Gebänderte Prachtlibelle, von der man ab Juni bis Oktober am Nestos-Cafe große Mengen beobachten kann. Eine schöne, schwarzgelb gezeichnete Großlibelle ist die Gewöhnliche Keiljungfer, die in Mitteleuropa durch Gewässerverschmutzung und -verbauung dem Aussterben nahe ist. Typisch mediterrane Arten sind die knallrote Feuerlibelle (S. 151), die an Gewässern jeder Art vorkommt und die Südliche Mosaikjungfer. Aus Afrika wandert alljährlich die Schabrackenlibelle ein; sie ist ungewöhnlich wanderfreudig und wurde bereits in Island gesichtet. Auffallend sind noch

Der Spornkiebitz

Nur in wenigen küstennahen Feuchtgebieten Nordostgriechenlands kommt Europas seltenster Watvogel, der Spornkiebitz (*Hoplopterus spinosus*) als Brutvogel vor. Seinen wichtigsten Bestand hat er am Nestos, etwa 40 Paare brüten im Mündungsgebiet an den Lagunen und Dünen. Sein Name stammt von einem kleinen Sporn am Flügelbug.
Der Spornkiebitz kommt recht früh im März aus seinen afrikanischen Winterquartieren zurück und beginnt bald darauf mit dem Brüten. Sein Nest baut er immer auf trockenem Untergrund. An den Lagunen bevorzugen die Vögel die Salzpflanze *Salicornia radicans* als Nestunterlage, in den Dünen bauen sie die Nester in den höher gelegenen Bereichen. Der Kiebitz tarnt dabei das Gelege oft mit allerlei kleinen Wurzeln, Stöckchen oder sogar mit Ziegenkot.
Die Jungen können als Nestflüchter schon am ersten Tag laufen; sie werden von den sehr wachsamen Eltern unmittelbar nach dem Schlüpfen in die Nähe des Wassers geführt. Bei Störungen während des Brutgeschäfts zeigen die Tiere ein auffälliges Verhalten: Die Altvögel umfliegen schon von weitem den Störenfried und rufen laut mit ihrem durchdringenden Warnruf: »pitt, pitt, pitt«.
Der Spornkiebitz in Griechenland ist stark bedroht; in allen Brutgebieten hat der Bestand in den letzten Jahren abgenommen und die Brutvorkommen an einigen Lagunen zwischen Nestos und Evros sind verwaist. Im Nahen Osten nehmen die Vögel dagegen deutlich zu.

Vom Gipfelbereich der Gamila läßt sich die Abfolge von Prall- und Gleithang in der Nestos-Schlucht erkennen.

mehrere Blaupfeilarten und die besonders große Königslibelle. Bei Hitze nehmen die Libellen manchmal »Obeliskenhaltung« ein, d.h. der Hinterleib wird senkrecht zur Sonne ausgerichtet, um zu große Einstrahlung zu vermeiden (S. 56).

Die ausgedehnten Kultursteppen der **Felder** werden aufgelockert durch Kanäle und vereinzelte Hecken. Im Gegensatz zu den betonierten Bewässerungskanälen übernimmt das oft mit dichter Vegetation bestandene, tiefliegende Entwässerungssystem eine gewisse ökologische Ausgleichsfunktion. Manche der Kanalböschungen sind dicht mit Mariendisteln und Zwergholunder bewachsen; Libellen jagen dort blütenbesuchende Insekten. In Weide- und Agrarland bzw. den verbliebenen Büschen leben nur wenige Arten, z. B. Kalanderlerche, Mittelmeer-Steinschmätzer und Schwarzkehlchen (S. 182). Auffallend sind im Frühjahr die häufigen Turteltaubenpärchen, die man allerorten sehen kann. In den Dörfern leben Nacktfingergeckos (s. S. 209) und rund 150 Storchenpaare.

In der **Nestos-Schlucht** wachsen naturnahe Auwälder am Fluß mit Platanen (S. 180), Erlen, Weiden, Pappeln und dem Zürgelbaum. Die steil abfallenden, bis 1000 m hohen Hänge zeigen je nach Höhenlage und Exposition eine reiche Gliederung verschiedener Vegetationseinheiten. Eine Ausrichtung nach Süden bedeutet Wärme und Trockenheit, eine Aus-

Der Osterluzeifalter lebt bevorzugt in Augebieten. Seine Raupen ernähren sich von Osterluzeigewächsen.

Blick in die Nestos-Schlucht. Im Felsen sind der Wanderweg und die Tunnelöffnung für die Eisenbahn zun erkennen.

richtung nach Norden kühlere Lebensbedingungen, in denen eine höhere Luftfeuchtigkeit infolge des nahen Wassers den Gewächsen zugute kommt.
Der Felspfad in der Nähe des Flusses führt durch stellenweise dichtes Gesträuch mit einer Mischung von immer- und sommergrünen Elementen. Nach oben zu schließen Hain- und Hopfenbuchen an. Charakteristische Elemente sind die zahlreichen genügsamen Felspflanzen, denen bereits die Anreicherung kleiner Bodenmengen in Kalkfelsritzen mit organischen Substanzen ein Dasein ermöglicht. Ähnlich den Wüsten- oder Sandstrandbewohnern haben auch am Fels manche Arten fleischige, wasserspeichernde Blätter entwickelt. Häufig sind Dunkler Mauerpfeffer und Steinkresse (mit kugeligen Früchten), mit silbrigen Polstern überzieht Rechingers Mauermiere die Steine. Besonderheiten schattiger Felsen sind Kleinblütiger Steinbrech und *Haberlea rhodopensis*, beides Relikte aus der Vorzeit, die nur noch in der Umgebung der Rhodopen wachsen.

Die Sägeschrecke zählt zu den größten Insekten Europas.

Der größte europäische Schmetterling, das Wiener Nachtpfauenauge, ist im Nestos-Delta zu beobachten.

Das alles war Auwald. 10 km führt der Hochwasserdamm am Nestos durch Pappelmonokulturen.

Die Felsen bieten mehreren Vogelarten Brutmöglichkeiten, wie etwa Felsenkleiber, Felsen- und Rötelschwalbe, Wanderfalke und Steinadler. Die vielen Höhlen werden von Fledermäusen besiedelt. Auffallend häufig ist im Gebüsch der Scheltopusik; er ist mit der Blindschleiche verwandt und kann über 1 m lang werden. Da ihm die aufstellbaren Bauchschilde der Schlangen fehlen, kommt er auf glattem Untergrund (etwa Asphalt) nur sehr langsam und unbeholfen vorwärts, man findet ihn daher oft überfahren. Zusätzlich hat das harmlose Tier unter einer regelrechten »Schlangenhysterie« der einheimischen Bevölkerung zu leiden, für die alle diese Reptilien unter die Rubrik »Beißwurm, tödlich« fallen und mit Ausrottungsmaßnahmen bekämpft werden.

Der Nacktfingergecko bewohnt trockene, steinige Gebiete und ist manchmal auch am Tag zu sehen.

Im Gebiet unterwegs

Als zentraler Ausgangspunkt eignet sich das Städtchen **Chrisoupolis** ①. Östlich davon existiert noch ein naturnaher Weichholzauwald ②. Vom Nestos-Cafe erhält man einen Ausblick auf den Fluß mit seinen vielen Inseln und kann eine reichhaltige Fauna beobachten. Zur Anfahrt biegt man nach dem Rondell in Chrisoupolis in die zweite Straße nach links und folgt dieser bis zu einer Neubausiedlung. Die asphaltierte Strecke führt um die Siedlung herum, überquert den Bewässerungskanal und führt bis zum Hochwasserdamm des Flusses in einen Pappelforst.

Der Schreiadler

Der Schreiadler (*Aquila pomarina*) ist ein charakteristischer Greifvogel der Auwälder. Mit deren Verschwinden hat sich der Bestand in Griechenland auf etwa 50 Paare reduziert, von denen etwa 10% am Nestos brüten. Der Adler ist ein Zugvogel, der im März aus Afrika zurückkehrt. Seine Nahrung besteht vorwiegend aus kleinen Wirbeltieren, wie Eidechsen, Fröschen und Mäusen, die er meist zu Fuß auf Auwaldlichtungen erbeutet. Im Gras ist er dabei nur schwer zu erkennen. Am besten lassen sich die Vögel am Morgen zwischen 8 und 10 Uhr beobachten, wenn sie aufsteigen und über ihren Revieren kreisen.

Ihren Namen verdankt die Art dem Verhalten des Jungvogels. Wenn das Junge das Nest verläßt, aber noch gefüttert wird, schreit es den Tag über laut und auffällig und macht so seine Eltern auf sich aufmerksam. Wie auch einige andere große Greifvögel ziehen Schreiadler pro Jahr immer nur ein Junges groß. Die anderen frisch geschlüpften Geschwister verhungern oder werden vom ältesten aus dem Nest gedrängt.

Dieses Verhalten hat man sich nun von Seiten des Naturschutzes für die Arterhaltung zunutze gemacht. Sobald die Jungvögel aus dem Ei schlüpfen, wird das stärkere Erstgeborene in das Nest eines in der Nähe brütenden Mäusebussards gesetzt, dessen Junge etwa gleich alt sind. Der Bussard füttert den Gast ohne zu zögern wie die eigene Brut durch, das Schreiadlerpaar aber zieht in seinem Nest den später geschlüpften Jungvogel auf. Nach ein paar Wochen kann man dann den jungen »Schreibussard« in sein eigentliches Nest zurücksetzen – er wird nun normal mit seinem jüngeren Geschwister von den Adlern aufgezogen. Auf diese Weise hat man in manchen Gebieten den stark geschwächten Bestand unterstützt.

Vordringlich wäre es aber, die Adler vor dem illegalen Abschuß zu bewahren und vorhandene Brutbiotope zu erhalten. Dies käme letzlich auch vielen anderen Tier- und Pflanzenarten zugute. So zeigen die eingezäunten Auwaldreste am Nestos deutlich, daß bei entsprechender Ruhe die empfindlichen Großvögel sofort wieder brüten.

Durch aufwendige Naturschutzmaßnahmen wird der seltene Schreiadler vor dem Aussterben bewahrt.

Die Süßwasserseen bei Chrisoupolis bilden naturnahe Lebensräume im landwirtschaftlich genutzten Gelände.

Von der Siedlung geradeaus nach Norden führt ein Schotterweg zu den **Seen von Aladjagola** ③. Der Weg verläuft am Kanal entlang über einen kleinen Hügel, danach liegt links der größte der Seen, rechts die kleineren. Die von Röhricht umstandenen Gewässer liegen wie ökologische Inseln inmitten einer durch Landwirtschaft geprägten Landschaft.

ACHTUNG: Um Störungen zu vermeiden, sollen die Wege im Auwaldbereich nicht verlassen werden.

Zu den **Lagunen von Agiasma** ④ zweigt nördlich von Agiasma bei einer Kanalbrücke eine 5 km lange Zufahrtsstraße ab. In diesem Gebiet lassen sich Dünen, Salzmarschen und ihre See- und Watvogelwelt betrachten, außerdem aktuelle Naturschutzprobleme wie intensive Landwirtschaft, Lagunenfischerei, Jagd und illegale Feriensiedlungen. Die Zufahrt endet in einem Kiefernforst bei einer solchen Siedlung. Bereits in den Kanälen entlang des

In der Nestos-Schlucht wächst das Blasensteinkraut; geringe Erdansammlungen genügen ihm zum Überleben.

Überall in Nordgriechenland sind im Frühjahr Turteltaubenpärchen häufig.

Weges sonnen sich zahlreiche Sumpf- und Wasserschildkröten. Den Hafenort **Keramoti** ⑤ umgeben Lagunen, Marschland und lichte Pinienbestände.
In die Nestos-Schlucht ⑥ führt von Toxotes ein Stück weit eine Straße, an die sich parallel zur Bahn ein Fußweg anschließt. Lohnend ist eine Bahnfahrt durch die Schlucht von Toxotes nach Stavroupoli; diesen Weg nahm einst auch der Orientexpress. Von Toxotes führt eine Piste unübersehbar im Zickzack beinahe auf den Gipfel der **Gamila** ⑦ zu einer Alm. Auf solch trockenen Bergsteppen gedeihen Rhodopenlotwurz sowie Thymian (S. 206) und eine Fülle anderer Lippenblütler. Beeindruckend ist von oben der Blick auf die Mäander der Nestos-Schlucht.

Praktische Tips

Anreise
Die E 90 Kavala–Xanthi berührt das Delta am Nordrand. Nach Chrisoupolis besteht eine häufige Busverbindung von Kavala aus und regelmäßige Flugverbindung mit Athen.

Klima/Reisezeit
Mediterranes Klima mit kontinentalem Einfluß im Winter; von Juni bis September heiß und trocken (s. Hauptreiseziel 2).

Unterkunft
In Chrisoupolis und Keramoti (Fähre nach Thassos) mehrere Hotels und Pensionen; Campingplatz am Strand von Keramoti.

Information
Auskünfte über das Gebiet und geführte Exkursionen erteilt das Naturschutzzentrum in Chrisoupolis, betreut von der »Griechischen Gesellschaft für Naturschutz« (Hans Jerrentrup, Eleni Daroglou). Das Museum steht an der Einfahrtstraße nach Chrisoupolis von der E 90 her, wenige Meter vor einem kleinen Rondell an der Abzweigung nach Keramoti. Um das Büro des Zentrums zu erreichen, biegt man von der Hauptstraße nach rechts in die zweite Gasse nach dem Stadtplatz.
Adresse:
▷ Naturschutzzentrum, Venizelou 117, GR-6420 Chrisoupolis, Tel. 0030-591-23144, Fax 24236.

Rechingers Mauermiere überzieht die Felsen der Nestos-Schlucht wie ein silbrig-seidiger Pelz.

5 Rhodopen

Naturbelassenes Waldökosystem, reiche Flora und Fauna an der Grenze zwischen Zentral-, Ost- und Südeuropa; Rhodopenlilie, Wildschwein, Bär, Zwerg- und Zweifarbfledermaus, Rosenstar, Auerhuhn, Sattelschrecke.

Der bis auf 2000 m ansteigende, langgestreckte Gebirgszug der Rhodopen trennt das nordöstliche Griechenland von Bulgarien. Das Gebirge entstand im Erdaltertum vor vermutlich etwa 500 Mio. Jahren und besteht größtenteils aus alten Urgesteinen (Schiefer, Gneisen, Graniten und Quarzporphyr, einem gealterten sauren Vulkanit). Im Süden schließen junge Bergketten aus tertiären Kalken an (z. B. Falakron, Gamila).

Das Klima der Rhodopen ist durch starke Temperaturgegensätze und Niederschläge bis 2000 mm pro Jahr gekennzeichnet. 50 km entfernt an der Küste fallen nur noch 500–600 mm. Im Winter können die Temperaturen bis unter –20°C absinken, erreichen im Sommer durch die starke Sonneneinstrahlung aber die für den Süden üblichen Hitzewerte. Die mediterrane Trockenperiode fällt dagegen nahezu aus; häufige Gewitter und Steigungsregen sorgen für hohe Feuchtigkeit und reichlich Schnee im Winter. Die natürliche Waldgrenze liegt bei etwa 2000 m, wurde aber an vielen Stellen durch Weidebetrieb, Brandrodung und Holznutzung heruntergedrückt und durch weite offene Matten ersetzt. Der vorherrschende Charakter der griechischen Rhodopen ist ein Waldgebirge mit gerundeten Höhen. Von hoher öko-

Der König-Boris-Tannenwald in Stravorema bietet im Morgennebel eine mitteleuropäisch anmutende Idylle.

logischer Bedeutung als Lebensstätte spezialisierter Tiere und Pflanzen ist ein Totholzanteil von ca. 20%, wie er sonst kaum noch angetroffen wird. Etwa 700 km² der Rhodopen sind ohne dauerhafte Besiedlung und werden gar nicht oder nur extensiv genutzt. Einzig die Holzwirtschaft treibt immer mehr Forstwege ins Gelände, auf denen dann Jäger und Ausflügler freie Fahrt genießen. Noch aber zählen die Rhodopen zu den bedeutendsten Ökosystemen Europas in dieser Waldstufe.
Zu dramatischen Veränderungen kommt es derzeit am Südrand des Gebirges, im oberen Nestos-Tal. Durch 3 riesige Staudammprojekte (der Thissavros-Damm soll 160 m Höhe erreichen) ertrinken 65 km einer einzigartigen Naturlandschaft, Lebensraum für Fischotter (S. 107), Eisvogel (S. 155) und Wasseramsel. Außerdem werden die Feuchtgebiete im Nestos-Delta vom lebenswichtigen Naß und den notwendigen Überschwemmungen abgeschnitten.

Pflanzen und Tiere

Mit dem Hauptkamm nur 30 – 60 km vom Meer entfernt, liegen die Rhodopen im Grenzbereich zwischen ozeanisch, kontinental sowie mediterran geprägten Klimaräumen. Sie enthalten eine Vielzahl äußerst unterschiedlicher Landschafts- und Waldtypen, wobei besonders das Auftreten vieler subozeanischer Florenelemente in deren hier am weitesten nach Südosten vorgeschobenem Areal auffällt (z. B. Rotbuche, Weißtanne). Zugleich sind die Rhodopen der südlichste Vorposten einiger kontinental-borealer Pflanzen wie Fichte, Waldkiefer und Sandbirke. Die großen Vegetationskontraste werden daran erkennbar, daß nur wenige hundert Meter tiefer wärmeliebende Traubeneichenwälder anschließen und suprameditерrane Waldgesellschaften unmittelbar folgen. Einige Arten nehmen hier wie in anderen nordgriechischen Gebirgen eine Vermittlerrolle zwischen Zentraleuropa und dem

Das obere Nestos-Tal begrenzt die Rhodopen zum Falakron und ertrinkt nun zum Teil in den neuen Stauseen.

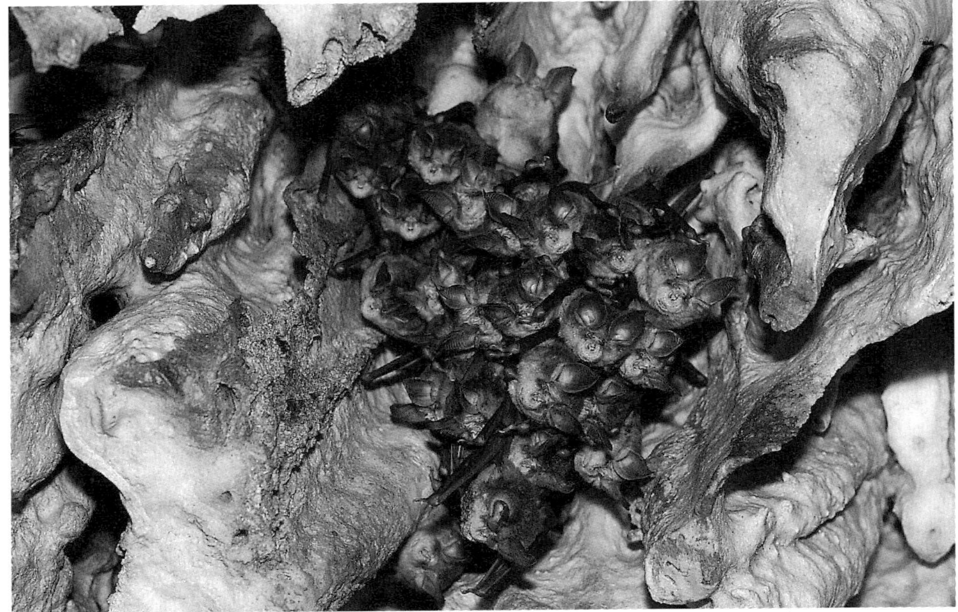

Einmalig in Europa ist der Fledermausreichtum der Rhodopen. Die Mittelmeer-Hufeisennase lebt in bewaldeten Hügeln.

Mittelmeerraum ein. Zum Beispiel die König-Boris- (oder Makedonische) Tanne, die im Aussehen zwischen der mitteleuropäischen Weißtanne und der griechischen Apollotanne steht. Ähnliches gilt auch für die Mösische Buche, ein Bindeglied zwischen der Rotbuche und der Orientbuche. Beispiel für den Reichtum der Pflanzenwelt sind die vielen Orchideenarten und die endemische Rhodopenlilie.
Eine Besonderheit ist der Kentriki-Urwald an der bulgarischen Grenze. Erst 1975 wurde dieses völlig unberührte Waldgebiet in unzugänglichen Tälern entdeckt (und unter Schutz gestellt). Urwälder, deren natürliches Gleichgewicht bis jetzt vom Menschen unbeeinflußt blieb, findet man in Europa sonst kaum mehr, und keine der anderen Reliktlandschaften hat den Reichtum dieses Tannen-Buchen-Fichten-Mischwaldes.
Infolge der weitgehenden Unzerstörtheit der Natur sind in den Rhodopen noch Großsäuger wie Braunbär, Wolf (s.S. 73), Wildschwein, Hirsch und Reh heimisch. Einzig der ebenfalls in solchen Lebensräumen zu erwartende (und immer wieder vermutete) Luchs kommt höchstwahrscheinlich doch nicht vor. Im Herbst können einzelne Bären bis in das geflutete Nestos-Tal herabkommen, um in den verlassenen Ortschaften Früchte von den Bäumen zu holen. Die Siedlungsdichte des Rehs erreicht unter diesen natürlichen Bedingungen nur 10 – 20% von der Mitteleuropas, der Rothirsch ist noch wesentlich seltener. Wie gesund das Verhältnis zwischen den beiden Geweihträgern und deren Biotop ist, zeigt die vitale Bodenvegetation (besonders der hohe Anteil an Jungpflanzen).
Neben dem Großwild ist hier auch eine beeindruckende Anzahl von Wald- und Gebirgsvögeln mitteleuropäischer Provenienz anzutreffen (Auer- und Haselhuhn, Sperlingskauz, Dreizehenspecht, Tannenhäher und Alpenbraunelle). Einmalig für ganz Europa ist der hohe Artenreichtum

Fledermäuse

Die einzigen, zu aktivem Flug befähigten Säuger sind die den Insektenfressern nahestehenden Fledertiere (Fledermäuse und Flughunde), deren Vordergliedmaßen sich zu Flügeln umgebildet haben. Stark verlängerte Unterarme und Finger stützen eine zähe und elastische Flughaut, die mit einem dichten Netz von Muskelfasern, Blutgefäßen und Nerven durchzogen ist. Die Fledermaus kann dadurch während des Fluges selbst kleinste Veränderungen der Strömungsverhältnisse registrieren und sich der neuen Situation sofort anpassen. In Ruhe wird der Flügel zusammengefaltet und eng an den Körper angelegt; manche Arten wickeln sich in ihre Flughaut wie in einen Regenmantel. Die meisten Fledermäuse hängen beim Schlaf mit dem Kopf nach unten und krallen sich mit den Hinterfüßen an der Decke einer Baum- oder Steinhöhle fest. Bei hereinbrechender Dämmerung lösen sie die Vögel ab. Sie sind die einzigen Massenvertilger von nächtlichen Fluginsekten, von denen viele Arten als landwirtschaftliche Schädlinge bekannt sind.
Außerordentlich interessant ist die Fähigkeit der Fledermäuse, sich mittels Ultraschall-Echopeilung auch im Dunkeln zurechtzufinden. Während ihre Augen meist kurzsichtig und klein sind, sehen die Tiere »mit den Ohren«. Das Bild, das sie dank ihres ausgefeilten Radarsystems von der Umwelt erhalten, kann nicht mit dem verglichen werden, was unser Auge vermittelt. Die Fledermaus erhält durch die Echos ihrer Ortungslaute jeweils nur einen kurzen Eindruck ihrer unmittelbaren Umgebung, von der sie nur einen schmalen Ausschnitt erfaßt. Ein umfassendes Bild ergibt sich so erst durch das sukzessive Abhören benachbarter Abschnitte, wobei die einzelnen Echobilder im Gedächtnis zu einem Gesamtbild zusammengesetzt werden müssen. Fledermäuse verfügen daher über ein langanhaltendes und präzises Ortsgedächtnis. Das erlaubt ihnen, bekannte Strecken »auswendig« zu fliegen – wo es dann zu Zusammenstößen kommen kann, wenn Erinnerung und Realität nicht mehr übereinstimmen, so wie wir über einen Sessel in einem wohlbekannten dunklen Flur stolpern, der doch »sonst nie dagewesen ist«.
Die beiden europäischen Fledermausfamilien der Glatt- und der Hufeisennasen kommen mit unterschiedlichen Ortungssystemen zum selben Erfolg. Die **Glattnasen** senden ihre Peillaute, kurze Schallstöße von wenigen Millisekunden, durch den geöffneten Mund aus. Jeder dieser Rufe sinkt etwa eine Oktave ab, die Echos empfangen die Tiere in den kurzen Sendepausen. Die **Hufeisennasen** sind nach ihren merkwürdigen Nasenaufsätzen benannt. Sie senden längere, gleichmäßige Töne durch die Nase, deren Aufsätze wie ein Megaphon wirken. Aus feinsten Intensitätsschwankungen des Echos erkennen die Tiere Größe, Form und Struktur des Objekts. Das System arbeitet so gut, daß Fledermäuse eine rauhe von einer glatten Felswand in einer Höhle unterscheiden können, oder schmackhafte von ungenießbaren Insekten.
Durch die fortschreitende Zivilisation, vor allem durch die Vernichtung ihrer natürlichen Schlafquartiere, sind diese für uns lautlosen Flugakrobaten (die in Wirklichkeit die Luft mit ihrem Ultraschall erfüllen) in jüngster Zeit ernstlich gefährdet und ihre Zahl ist merklich zurückgegangen.

Die Hundszahnlilie blüht bald nach der Schneeschmelze. Sie erreicht im Falakron ihre südliche Verbreitungsgrenze.

Nickender Milchstern mit Schwebfliege.

der Fledermäuse. 28 von 30 europäischen Arten leben in den Rhodopen. Die häufigste Fledermaus der Hochlagen ist die Zwergfledermaus, besonders auffällig durch ihre Balzrufe im Herbst ist die Zweifarbfledermaus. Die Tiere kreisen dann über den Baumwipfeln und rasseln laut scheppernd, vergleichbar einem lauten Wecker. Hörbar sind die Ortungsrufe der Bulldogfledermaus, da sie nur 11–15 khz betragen.

Wie für manche Pflanzen bilden die Gebirge Nordgriechenlands auch für zahlreiche Insekten die Südgrenze ihrer Verbreitung. Viele der für die Bergwiesen Nordgriechenlands charakteristischen Heuschrecken besiedeln bei uns in Mitteleuropa die warmen Trockenrasen und geben so ein Beispiel für die relative Standortkonstanz einer Tierart. Ein auffälliges Tier ist die oft grasgrüne, flugunfähige Steppensattelschrecke (S. 81).

Im Gebiet unterwegs

Die Rhodopen sind auf größtenteils geschotterten Stichstraßen vom Nestos-Tal aus zu erreichen. Zwei Rundfahrten seien hier erwähnt, die jeweils durch die Vegetations-Höhenstufen hindurchführen und einen schönen Eindruck von dem Gebiet vermitteln. Bereits im Tal von Xanthi nach Stavroupoli fällt eine dichte hohe Pseudomacchie auf, im scharfen Kontrast zu den kahlen Hängen auf der Südseite der Rhodopen-Vorberge. An den Nordhängen wachsen Eichen und die ersten Buchen, nicht selten ist der leuchtend-gelbe Pirol zu sehen. Entlang der Straße von Stavroupoli nach Westen leuchten im Frühjahr die weißen Blütenstände der Manna-Eschen auf.

Die kleine Runde beginnt östlich von **Stavroupoli** (Abzweigung in einer Straßenkehre) ①. Nach wenigen Metern biegt

Die Pontische Schachblume ist die charakteristische Schachblumenart Nordgriechenlands.

Die Manna-Esche bildet im Frühjahr große, traubige Blütenstände, die weiß aus dem Grün der Buschwälder leuchten.

eine Piste nach Likodromi ab, nach 3 km mündet ein anderer Forstweg, 1 km weiter überquert man einen Bach. 5 km weiter führt eine Abzweigung nach Kallithea. Nun geht es in vielen Kurven aufwärts, zuerst durch Eichen-, dann durch Buchenwälder. 3 km später passiert man eine Forstarbeitersiedlung und erreicht 3,5 km danach (vorbei an Erosionsgebieten) eine gefaßte Quelle. Die Piste wird nun relativ

Die Rhodopenlilie blüht im Frühsommer.

Der Tannenhäher besiedelt die höchstgelegenen Wälder.

eben, bei einem weiteren Camp mit Quelle ist die Gipfelregion erreicht. Der Weg windet sich um kahle oder bewaldete Hügel ② bis nach **Livaditis**, im Norden stehen noch naturbelassene Buchen- und Kiefernwälder, ein Lebensraum für die Zweifarbfledermaus. Von Livaditis führt die Piste wieder zurück zur Hauptstraße.
Für die **große Rhodopen-Rundfahrt**, muß man wegen der großen Entfernungen auf schlechten Pisten mindestens 2 Tage einplanen. Man fährt in **Paranesti** ③ nach Norden, an der Forstverwaltungsstelle Dassonomiou vorbei, passiert nach 5 km eine Fabrik und nach 6 km eine Brücke. Kurz danach zweigt eine Piste ab zur Forstarbeitersiedlung Erimanthos. Ein zweifelhaftes Vergnügen ist der Panoramablick auf die Druckstollenbaustelle des Nestos-Staudammes. Zum Staudamm führt eine neue Straße. Üblicherweise ist es dort möglich, den Damm zu queren, so daß man rascher die Piste Richtung Thermia erreicht. Diese folgt einem Bach entlang nach Norden, zuerst durch Eichenwälder (Balkan-, Zerr- und Traubeneichen mit Hopfenbuche, Orient-Hainbuche und Erle), später abgelöst von Buchen und Kiefern (Föhren). In der Nähe von Siedlungen sind die Eichenbestände in brennholzgenutzte Niederwälder umgewandelt, die zudem »geschneitelt«, das heißt deren junge, frischbelaubte Triebe als Viehfutter abgeschnitten werden, was den Bäumen ein gestutztes Aussehen verleiht. An lichten Stellen und auf Wiesen blühen Pontische Schachblume, Hundszahnlilie und viele Orchideen.
35 km nach Paranesti sprudeln heiße Quellen aus dem Boden ④, um die sich

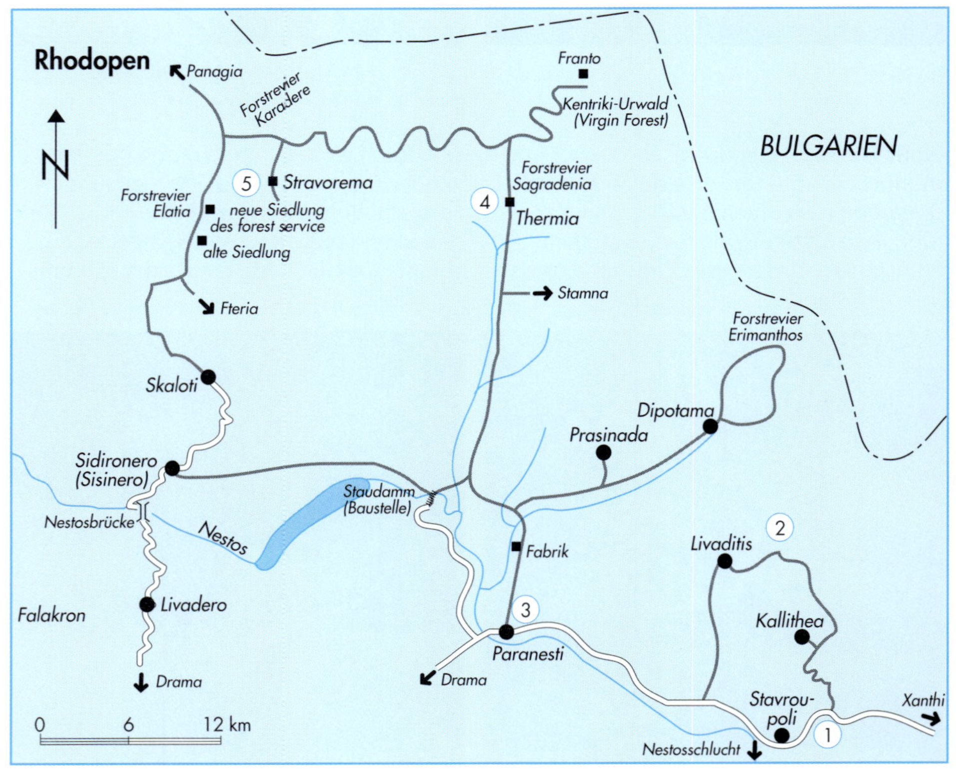

Bär und Wolf

Der **Braunbär** *(Ursus arctos)* ist sicherlich der spektakulärste Säuger Europas, der sich noch in unsere Zeit hinüberretten konnte. Eine bescheidene und zurückgezogene Lebensweise haben ihn hie und da überleben lassen, obwohl er als Räuber gemeinsam mit Wolf und Luchs ausgerottet werden sollte. Er ist ein gemütlicher Beeren- und Wurzelfresser, sehr selten wertet er seinen Speisezettel mit Proteinen aus freigrasenden Schafherden auf. Probleme mit ihm haben manchmal die Bienenzüchter, da der Bär als »süßes Schleckermaul« gerne Bienenstöcke plündert. So versucht man ihn neuerdings, mit Elektrozäunen von den Stöcken fernzuhalten, eine schadlose und wirksame Methode. Leider genehmigen die Behörden immer noch Abschüsse des eigentlich streng geschützten Großsäugers, wenn ein Tier Schafe gerissen haben soll. Auch wird von Wilderern weiterhin Jagd auf Bären gemacht, so daß der kleine Bestand von kaum mehr als 100 Individuen im nördlichen Pindos und in den Rhodopen ständig vom Aussterben bedroht ist.
Ein Räuber, den viele Bauern und Hirten am liebsten ausgestopft sehen, ist der **Wolf** *(Canis lupus)*. Einzeln oder in kleinen Rotten besiedelt er die Wälder in den Gebirgen Nordgriechenlands. Nur gelegentlich im Winter, wenn die Nahrung knapp wird, kommen einzelne Tiere in die Ebenen, wo sie dann rücksichtslos verfolgt werden. Obwohl der Wolf seit 1983 geschützt ist, wird er weiterhin abgeschossen oder vergiftet. Genauere Bestandsschätzungen sind wegen seiner versteckten Lebensweise kaum möglich. Ging man bisher von 3000 – 6000 Tieren für ganz Griechenland aus, so könnten es tatsächlich nur noch etwa 500 Überlebende sein.
Wie auch in Spanien und Italien haben die Wölfe ihr Verhalten und ihre Gewohnheiten den Lebensräumen angepaßt. Jagt der Wolf in Nordamerika oder Zentralasien die großen Pflanzenfresser, mußte er sich in Südeuropa (wo freilebendes Wild durch Bejagung stark dezimiert wurde) einen vielseitigeren Speisezettel angewöhnen, auf dem kleine Nager, Hasen, Früchte, Nahrungsmittelabfälle und ein paar Haustiere stehen. Damit ist der Konflikt mit Hirten und Bauern allerdings vorprogrammiert, obwohl der größere Teil der Schäden auf streunende oder verwilderte Hunde zurückzuführen ist. Dem Wolf schadet hier vor allem sein schlechtes Image.
Der durchschnittliche Wanderer wird einen Wolf wohl nie zu Gesicht bekommen, jedoch können seine Spuren erkennbar sein. Trottet ein Isegrim ruhig dahin, erscheinen seine Fußspuren wie an einer Schnur aufgefädelt, während jene von Hunden linke und rechte Pfotenabdrücke nebeneinander klar erkennen lassen.

Illegales Einfangen von Bären wird zunehmend unterbunden. Dieser lebt inzwischen im Zoo.

Der prächtige Pirol flötet melodisch. Besonders zur Zugzeit sind die gelben Tiere auffallend.

Blechhütten angesammelt haben. Dieses Phänomen des Restvulkanismus wird von den Einheimischen gerne zur Rheumakur verwendet.
5,5 km weiter ist die Piste im Forstrevier Sagradenia zu Ende. Nach Osten führt ein Forstweg in die Richtung des Kentriki-Urwaldes (Virgin-Forest), befahrbar bis Franto. Der Urwald selbst ist als Schutzgebiet nicht begehbar. Nach Westen schlängelt sich der Forstweg durch einen subalpin-montanen Buchen-Tannen-Fichten-Mischwald (Forstrevier Karadere) mit lärmenden Tannenhähern. Nach 24 km erreicht man die Abzweigung nach **Stravorema** ⑤, einer idyllischen Lichtung, die zu einer Exkursion in die Umgebung einlädt.
3,5 km weiter ergibt sich die Möglichkeit, durch das Forstrevier Elatia wieder zurückzukehren. Im Fichtenwald wird intensiv Holz gefällt; die neuerrichtete Siedlung des forest service gleicht bereits einem Dorf, mit Kirche und großen Steinhäusern. Unter natürlichen Bedingungen wäre die Fichte auf die Gebirgslagen zwischen 1600 – 2000 m beschränkt. Durch gelegte Waldbrände und Rodungen gefördert, nimmt sie heute große Flächen ehemaliger Mischwaldgebiete ein. In Skaloti beginnt die Asphaltstraße, die Eichen werden von Buschwald, Macchie und kahlen Weideflächen abgelöst. Von Sidironero führt eine neue Piste zum Staudamm.

Praktische Tips

Anreise

Von den Bezirkshauptstädten Drama und Xanthi aus sind die Ausgangsstationen Paranesti bzw. Stavroupoli mit Bussen wie mit der Eisenbahn zu erreichen. Das Bergland selbst ist nur mit dem eigenen Fahrzeug zu erkunden, außer man arrangiert mit den Forstarbeitern Transportmöglichkeiten.

Klima/Reisezeit

Je nach Höhenlage beginnt zwischen Mai und Juni das Frühjahr, kurze Kälteeinbrüche mit Schneefall sind aber auch mitten im Sommer möglich. Die Schotterpisten zu den Thermen, nach Elatia bzw. nach Livaditis sind normalerweise von Mai bis Oktober befahrbar, die unbefestigten Forstwege können hingegen schon durch einen heftigen Regenguß aufgeweicht und dadurch unpassierbar werden.

Unterkunft/Verpflegung

Paranesti und Stavroupoli bieten mit Geschäften und einfachen Hotels eine ausreichende Infrastruktur. Einen speziellen Hinweis ist die romantische Holztaverne an der Nestos-Brücke südlich von Sidironero wert.

Information

In Paranesti steht die lokale Forstverwaltung Dassonomiou. Wer griechisch spricht kann sich dort Hüttenschlüssel ausleihen (wenn man Glück hat funktioniert es auch mit Englisch) und Informationen über den Forstwegzustand einholen.

6 Falakron, Vrontous, Pangäon

Botanisch interessante Gebirge aus Marmor und Urgestein; Tropfsteinhöhle mit vielfältigem Sinter; orchideen- und veilchenreich, schöne Steinbrechgewächse, Pfingstrose, Läusekräuter, *Haberlea rhodopensis*; Gänsegeier, Mauerläufer, Purpurbär.

Dieses Reiseziel faßt die den Rhodopen im Südwesten vorgelagerten Gebirgsstöcke zusammen, die trotz aller Eingriffe des Menschen ein naturkundlich interessantes Gebiet bilden. Im Nordwesten liegt das **Vrontous**- (oder Lailas-) Gebirge (bis 1849 m), östlich davon das **Falakron-Gebirge** (oder Boz-Dagh; bis 2232 m). Zwischen den Becken von Drama und Serres setzen sich Vrontous und Falakron in das **Menikion-Gebirge** hinein fort, das sich nach Süden zum Angitis-Tal hin absenkt. Auf der anderen Talseite erhebt sich der breite Rücken des **Pangäon**. Dessen höchster Gipfel (Pilaf Tepe, 1956 m) liegt im Osten; von dort bricht das Gebirge steil zum Becken von Philippi hin ab. In diesem geologischen Senkungsgebiet liegt ein merkwürdiges, 5000 ha großes Moor. Seit dem Ende des Tertiärs konnte es sich ohne Störung durch die Eiszeiten entwickeln, so daß Torfmächtigkeiten von 200 m erreicht wurden. Die Torfe gehen nach unten in Weichkohlen über. Heute ist das Moor vollständig entwässert und wird landwirtschaftlich genutzt.

Im Gegensatz zu den eigentlichen Rhodopen, die aus alten Urgesteinen bestehen, sind die südlichen Vorgebirge zu Beginn der Erdneuzeit intensiv aufgefaltet und umgewandelt worden. Um diese Zeit begann auch die alpidische Gebirgsbildung,

Volakas liegt in einem Einbruchsbecken. Dahinter der Gipfelbereich des Falakron mit Marmorbrüchen.

Die Flockenblume *Centaurea napulifera* am Falakron ist weiß, eine seltene Färbung dieser Gattung.

jener Millionen von Jahren andauernde geologische Umbruch, der die Hochgebirge von den Pyrenäen bis zum Himalaya schuf. In der Phase der Faltung kam es zu Plutonitbildungen, das heißt, Magma drang in das Sedimentgestein ein. Dort wo Kalkschichten durch hohen Druck angeschmolzen wurden, ist durch Umkristallisation der begehrte Marmor entstanden. Heute sind die wie weiße Wunden in den Bergen leuchtenden Marmorsteinbrüche ein charakteristisches Landschaftselement.

Insgesamt lassen sich 3 Sedimentschichten unterscheiden: Die untere Schiefer-Gneis-Folge ist am Pangäon zu sehen, in dessen Gipfelbereich die Marmorschicht beginnt. Diese ist im **Falakron-Gebirge** besonders einheitlich ausgeprägt. Ein Teil des Falakron-Marmors stammt von mächtigen Riffen, die einst am Rand des Tethys-Meeres (das den Indischen mit dem Atlantischen Ozean verband) lagen. Im Norden des Falakron setzt dann die obere Gneis- und Schieferfolge ein, die sich über den Nestos fortsetzt.

Geschützt vor austrocknender Sonne können sich Schnirkelschnecken in großen Gruppen unter Steinen versammeln.

Das **Vrontous-Gebirge** im Norden der Stadt Serres wird von den Gesteinen eines sauren Plutonits aus dem Eozän gebildet, die sich vor allem aus Quarz, Orthoklas und Plagioklas zusammensetzen. Die Bodenerosion ist im unbewaldeten Teil sehr stark, so daß tief eingeschnittene Schluchten und Gießbachrinnen entstehen. Die graubraunen Waldböden können ihr dagegen recht gut widerstehen. Ähnlich dem Falakron besitzt auch der Vrontous ein echtes Gebirgsklima. Mit steigender Höhe entfernt es sich vom charakteristischen Klimabereich des Mittelmeerraumes und gleicht sich demjenigen Mitteleuropas an. So sinkt z. B. die Jahresmitteltemperatur, die Niederschläge nehmen zu, verteilen sich mehr auf das ganze Jahr und zeigen nicht mehr die mediterrane Periodik. Die Bewölkung nimmt zu und somit die Sonnenscheindauer ab, und die Anzahl der Tage mit Schneefall bzw. Schneebedeckung erhöht sich beträchtlich. Im Sommer treten mit großer Regelmäßigkeit Wärmegewitter auf. Der Vrontous, der sich wie eine Insel im Meer aus der Ebene erhebt, erhält beinahe doppelt so viele Niederschläge wie die umliegenden Gebiete (etwa 1100 mm/Jahr) und bildet so ein sommerliches Wasserreservoir für die Umgebung.

Zwischen Menikion und Falakron fließt der Fluß **Maara** für 11 km durch eine unterirdische Höhle. Die ersten 500 m von der »Quelle« westlich des Dorfs Pige nach in-

Kleine Gänsegeierkolonien gibt es an mehreren Stellen, etwa im Evros-Bergland, am Menikion und im Tempe-Tal.

nen waren als Schauhöhle erschlossen, doch ist sie bis auf weiteres wegen Einsturzgefahr gesperrt – die Sprengungen in den Marmorbrüchen verursachten breite Risse in der Höhlenwand.
Genau in der Mitte zwischen Menikion und Pangäon liegt Griechenlands »Feenpalast« – die Tropfsteinhöhle von **Alistrati**. Südöstlich des Dorfes hat der Angitis den Untergrund ausgehöhlt; jetzt fließt er durch einen etwa 80 m tiefen Canyon neben der Eisenbahn. Übriggeblieben ist ein 3 km langes Höhlensystem mit außerordentlich reichhaltiger Sinterpracht.

Pflanzen und Tiere

Das Interessante am **Falakron** ist die Vielfalt an unterschiedlichen Eindrücken auf relativ engem Raum. Über die kahlen Hänge am Fuß des Gebirges, an denen Schneerosen (eine Nieswurzverwandte) und Schlüsselblumen zwischen niedrigen Wacholderbüschen und Rutensträuchern blühen, ziehen große Ziegenherden. Im felsigen Gelände oberhalb der Straße blühen Anfang Mai Zwergschwertlilien, Purpurknabenkraut , Drenkovskis Schachblume, mehrere Salbeiarten und der Günsel *Ajuga laxmanni*, mit cremefarbenen, purpurgetupften Blüten. Ein Endemit Nordostgriechenlands ist *Haberlea rhodopensis* (S. 58), wie *Jankea heldreichii* (S. 132) vom Olymp ein Relikt aus dem Tertiär. Ein charakteristischer Lippenblütler ist der Tragant *Astragalus chlorocarpus* mit rötlichblauen Blüten.
Oberhalb ausgedehnter Buchen- und Schwarzkiefernwälder breiten sich steinige Wiesen aus, auf denen Panzerkiefern ihr Dasein fristen. Im Schutz von Mulden steht das Läusekraut *Pedicularis friderici-augusti*. Läusekräuter sind halbparasitische Braunwurzgewächse mit stark gefiederten Blättern. Außerdem wachsen an der Waldgrenze der Zweiblättrige Blaustern (S. 179), der Festknollige Lerchensporn (S. 163) mit seinen schlanken rosa Blüten, die weiße Flockenblume *Centaurea napulifera*, die Küchenschelle *Pulsatilla halleri* und Veilchen, von denen es mehr als 40 Arten in den griechischen Bergen gibt. Das häufigste ist hier *Viola perinensis* (S. 84), das die kargen Gebirgsmatten wie ein blauer Teppich überzieht. Zahlreiche Orchideen blühen im Mai und Juni, z.B. Manns-, Holunder- (S. 98) und Vierpunkt-Knabenkraut.
In der Nähe der höchsten Erhebung liegt ein etwas niedrigerer zweiter Gipfel,

Blühende Tamariske: Tamarisken sind vor allem in Brackwasserbereichen und in Überschwemmungsgebieten häufig.

Das Schmetterlingsknabenkraut ist sehr formenreich und in Griechenland weit verbreitet.

Das Purpurknabenkraut wächst wie viele Orchideen auf magerem Untergrund in Garigues oder an Waldsäumen.

der Chionotrypa. Seinen Namen, der »Schneeloch« bedeutet, erhielt er nach einer Doline im Gipfelbereich, einem Hohlraum, dessen Boden ganzjährig mit Eis bedeckt ist. Unter den beiden Gipfeln gähnt ein 900 m tiefer Abgrund aus Kalkfelsen. Er hat die Form eines Hufeisens und ist etwa 2 km lang. An seinen Rändern und auf hervorragenden Felsen wächst eine reichhaltige bunte Flora.

Am Südabhang des Falakron liegt zwischen 1300 und 1600 m das Tal Lasko-Dol. In den lockeren Kiefernwäldchen ist als Besonderheit eine dunkelrote Varietät

Der Ferdinand-Coburg-Steinbrech bedeckt die Felsen im Mai und Juni mit blühenden Polstern.

Die wilden Pfingstrosen gelten manchen als Nationalblumen Griechenlands

Das Kuckucks- oder Mannsknabenkraut bildet eine vielgestaltige Gruppe und blüht von hellrosa bis dunkelrot.

Eine Besonderheit des Falakron-Gebietes ist das pelzige Friedrich-August-Läusekraut.

der Türkenbundlilie zu finden. Die unzugänglichen Nordhänge des Gebirges sind noch großflächig mit Buchen, Fichten und Birken bewaldet.
Am Bergfuß des **Pangäon** gedeiht eine Pseudomacchie aus immergrünen und laubwerfenden Büschen. Bis in den Sommer hinein blühen Spanische Golddistel (S. 157), Feldmannstreu und Natternkopf (S. 211). Zwischen 400 und 700 m wird die Macchie durch Eichenniederwald ersetzt, höher oben gesellen sich Buchen dazu. Im Unterwuchs gedeiht Adlerfarn, auf Lichtungen Gelbe Asphodeline (S. 93)

Die Glockenblume *Campanula lingulata* bildet einen auffälligen Blütenstern.

Der Hauswurz-Steinbrech blüht entlang des Fahrweges zum Pangäon-Gipfel.

Marmor in Griechenland

Die griechische Marmorindustrie hat schon seit dem Altertum einen guten Namen: Pentelischer, Parischer oder Lakonischer Marmor waren in der Antike allseits geschätzte Markennamen. Bis heute wird eine Fülle verschiedenartiger Marmore und polierbarer Kalksteine gebrochen. Echte Marmore, die eine große Palette an Farben und Strukturen von schneeweiß bis grau und von schlicht bis zu extrem gemasert aufweisen, treten in den Kristallingebieten des Landes verbreitet auf. In Attika liegen die Vorkommen Pendeli, Marathon und Hymettos, am Peloponnes die der Halbinsel Mani und des Taigetos-Gebirges. Marmor gibt es auf den Kykladen-Inseln Paros, Naxos und Tinos, auf Süd-Euböa, auf der Halbinsel Pelion und in Nordostgriechenland bei Kavala, Drama (Pangäon), Philippi und auf der Insel Thasos. In allen Vorkommen dominieren helle bis graue Calcitmarmore, intensiv gefärbt sind der Marmor der Mani (Handelsname »Rosso Antico«), der rosa Marmor aus Vlochos in Thessalien und der rotviolette aus Erithrea auf Euböa. Beliebt sind auch polierbare Kalke vor allem wenn sie geädert oder intensiv gefärbt sind. So gibt es beige und rosa Kalksteine bei Ioannina, schwarze Kalke mit weißen Muschelschalen bei Vitina am Peleponnes, dunkelgraues, weißgeädertes Gestein bei Farsala oder den grünen thessalischen »Marmor« von Larisa (eine Serpentin-Brekzie).

und die Pfingstrose *Paeonia peregrina*. Die höheren Zonen sind subalpine Almmatten, durchsetzt mit steinigen Abhängen und Kalkklippen. An Stellen, wo Schafe weiden, bleibt die Distel *Carduus tmoleus armatus* in großer Anzahl übrig. Sanft geneigte Hänge sind mit Schwingelrasen und Seggen bewachsen. Zu den auffallenderen Kräutern zählt dort die Bergesparsette (mit schönen roten Schmetterlingsblütenständen). Auf trockenen, felsigen Abhängen gedeihen ein Dutzend Arten Glockenblumen, Dorntragant und 7 Veilchenarten, am häufigsten wie am Falakron *Viola perinensis.*

Einen Lebensraum für Spezialisten bilden Felsspalten, deren Besiedler man Chasmophyten nennt. Unter ihnen gibt es einige schöne und interessante Gewächse: Zwei gelbblühende Steinbrecharten bilden dichte Rosetten; der »Heilige« Steinbrech wurde am Athos entdeckt, der Ferdinand-Coburg-Steinbrech ist nach einem ehemaligen König von Bulgarien, der Amateurbotaniker war, benannt. Nickende rote Köpfchen tragen der Hauswurz- und der Stribrny-Steinbrech.

Im Gegensatz zu Menikion und Falakron trägt der **Vrontous** in den mittleren Lagen noch eine ausgedehnte Walddecke, und wenn die Täler in sengender Sonnenhitze braun und dürr unter der Trockenheit leiden, findet man am Berg noch üppig grünende Vegetation. Pflanzen aus 3 Arealen sind verbreitet: supramediterrane Arten, solche des Ostens und balkanische Endemiten. Das mediterrane Florenelement fehlt zwar nicht ganz, beschränkt sich aber auf den Gebirgsfuß. An unbebauten Stellen finden sich reichlich sekundäre Gebüsche (die ein abgeholztes Gelände wiederbesiedelt haben) mit einer Mischung aus sommer- und immergrünen Arten.

Das Waldgebiet oberhalb von 1000 m besteht nahezu ausschließlich aus Rotbuche, Mösischer Buche und Waldkiefer. Je nach Standortbedingungen überwiegt die Buche (tiefgründige, gut mit Wasser versorgte Böden) bzw. die Waldkiefer (an trockeneren Stellen). Die Arten stehen in ständiger Konkurrenz zueinander, und nur an extremen Stellen gibt es Alleinvorkommen. Der sehr kleinräumige Wechsel der Bodenbeschaffenheit bringt es mit sich, daß beide

Die tieferen Lagen des Vrontous sind von großen Erosionsgebieten zerfurcht.

recht gut auf Dauer nebeneinander bestehen können.
Reich ist der Buchenwald an Frühjahrs-Geophyten. Diese Pflanzen blühen unmittelbar nach der Schneeschmelze auf wassergesättigten Böden. Hier erwärmt sich die Bodenoberfläche in der Sonne besonders rasch, Temperaturen von 20 – 30°C und mehr locken die Gewächse heraus. Nach dem Laubaustrieb der Bäume findet sich die Zone der Maximaltemperaturen dann an der Oberfläche des Laubdaches, im Inneren der Bestände herrschen dagegen recht ausgeglichene Klimaverhältnisse. Zeugnis einer hohen und gleichmäßigen Luftfeuchtigkeit im Buchenwald geben die häufigen epiphytischen Flechten. Bartflechten hängen wie Lumpen von den Ästen und die Stämme sind bedeckt mit Lungen- und Färberflechten.
Ein nördliches Element und selten für Griechenland ist das Vorkommen einiger Sumpfwiesen. Den Grundstock des Bewuchses bilden dort das Breitblättrige Wollgras sowie andere Sauergräser und Binsen. Orchideen solcher Standorte sind Herz-, Geflecktes und Breitblättriges Knabenkraut. Einer näheren Betrachtung Wert sind die wegen ihrer Kleinheit normalerweise nur wenig beachteten Moose wie das hübsche Sternmoos.
Steigt man in die Gipfelbereiche über 1600 m, so hört der Wald langsam auf. Der Boden ist trocken und arm an Feinerde, an den Ost- und Südosthängen herrscht reiner Granitfels vor. Diese Zone ist mit einem Teppich von kleinen Sträuchern, Gräsern und Kräutern bedeckt. Die Gipfelfluren haben eine ähnliche Zusam-

Die Steppen-Sattelschrecke ist durch das sattelartig hochgewölbte Halsschild gekennzeichnet.

Glänzende Aragonitkristalle geben mehreren Stellen der Alistrati-Höhle ein märchenhaftes Erscheinungsbild.

mensetzung wie die anderer Granitberge Nordgriechenlands. (Eine ganz andere Flora dagegen tragen Kalkgipfel wie Falakron und Pangäon.) Besonders reichlich wachsen mehrere Arten von wilden Rosen und Beeren. Außerdem finden sich in dieser Zone z. B. Zwergginster, Türkenbundlilie (S.163), Storchschnabel, Zwergmispel und Goldrute. An felsigeren Orten gibt es Braunwurzarten, Seidelbast und Fetthennen.

Eine charakteristische Vogelart niedriger und mit Steinen durchsetzter Macchie ist der Mittelmeer-Steinschmätzer. Dichtes, undurchdringliches Gebüsch ist der Lebensraum der Weißbartgrasmücke. Außerdem kommen vor: Adlerbussard, Sperber, Baum- und Turmfalke, Neuntöter (S.48) und Nachtigall. Die Vogelarten der Waldgebiete sind im Prinzip dieselben wie im heimischen Buchenwald (z. B. Grün- und Schwarzspecht oder Kuckuck). In den Gipfelbereichen sind Alpenvögel anzutreffen, etwa Steinrötel, Alpenbraunelle und in der Doline Mauerläufer, sowie Arten wie die Ohrenlerche, die ihren Verbreitungsschwerpunkt in Skandinavien haben. Am westlichen Gipfel des Menikion, dem etwa 1600 m hohen Kouskouras, lebt eine Kolonie Gänsegeier.

Häufige Schmetterlinge sind Distelfalter, Kaisermantel, Großer Perlmutterfalter und Kleiner Fuchs. Eine Besonderheit des Vrontous ist das Vorkommen des Grünblauen Bläulings, ein Falter den es nur an wenigen Stellen in Europa und in Asien bis zur Mongolei hin gibt. Am Bergfuß nördlich von Drama kann man den Großen Fuchs (in ganz Nordgriechenland nicht selten), den Schwarzbraunen Trauerfalter oder den Graublauen Bläuling beobachten. Im Juni fliegt zwischen 900 und 1000 m der farbenprächtige Purpurbär.

Im Gebiet unterwegs

Alle 3 Gebirge sind bis in den Gipfelbereich durch Straßen erschlossen und besitzen unbewirtschaftete Schutzhütten. Dadurch können sie trotz der relativ großen Entfernungen problemlos besucht werden. Die Zufahrt zum **Falakron** erfolgt von Drama aus. Die rotgedeckten Häuser von

Volakas ① stehen inmitten eines Einbruchbeckens, das ein Hochtal bildet. Oberhalb des Dorfes steigen terrassenförmige Felder auf, die sich blaßgrün oder ocker in Halbkreisen den Hang hinaufziehen. Die Fahrt zum Schigebiet (Hinweisschild) und der **Pneuma-Schutzhütte** (1720 m) ② bietet immer wieder eine weite Aussicht auf die Steilwände der Südflanke. Von der Hütte ist es kaum mehr 1 Stunde bis auf den Gipfel ③. Das Lasko-Dol-Gebiet ④ erreicht man auf einer Piste von Pirgi aus.

Der Kalk- und Marmorriegel des **Pangäon** wird durch eine Schotterstraße erschlossen, die von Südosten her bis zu Hütte und Fernsehsender am Gipfel (1956 m) führt ⑤ und dadurch eine angenehme Betrachtung der sehr schön sichtbaren Höhenzonen (Macchie, Eichen, Buchen, Almgebiet) erlaubt. Vom Gipfel gehen viele, steile Seitenrippen aus, die den Blick hinab auf die Schuttkegel am Rande der Ebene reizvoll machen. Auf den **Vrontous** fährt man von der Stadt Serres nach **Chrisopigi** (610 m) ⑥, einem kleinen Dorf an der Südflanke. Bis dorthin bleibt man noch völlig in der Zone des Getreidebaues, das Gelände ist von tiefen Erosionsrinnen zerfurcht. Die Vegetation zeigt deutlich supramediterrane Züge mit mediterranem Einschlag. Hinter dem Dorf führt die Straße vorerst auf der Höhe eines ansteigenden Bergrückens entlang. Bald hören sowohl Getreidefelder wie Büsche auf den Ödlandstellen auf, der Boden zwischen 650 und 1000 m ist steinig-felsig und vegetationsarm. Ackerbau ist unmöglich, doch wird der ganze Bereich beweidet und der Hunger der Schafe läßt nur Gewächse übrig, die sichtlich schlecht schmecken oder unverträglich sind, wie Königskerzen und Zypressenwolfsmilch. In etwa 1000 m mündet die Straße in das Waldgebiet und führt bis zur Schutzhütte (1500 m) und in das Schigebiet ⑦. Um die Feuchtwiesen ⑧ zu erreichen, biegt man 700 m unterhalb der Schihütte auf die Schotterstraße ab und folgt dieser für etwa 2 km.

Zur **Tropfsteinhöhle von Alistrati** ⑨ führt eine Straße vom westlichen Ortsende in

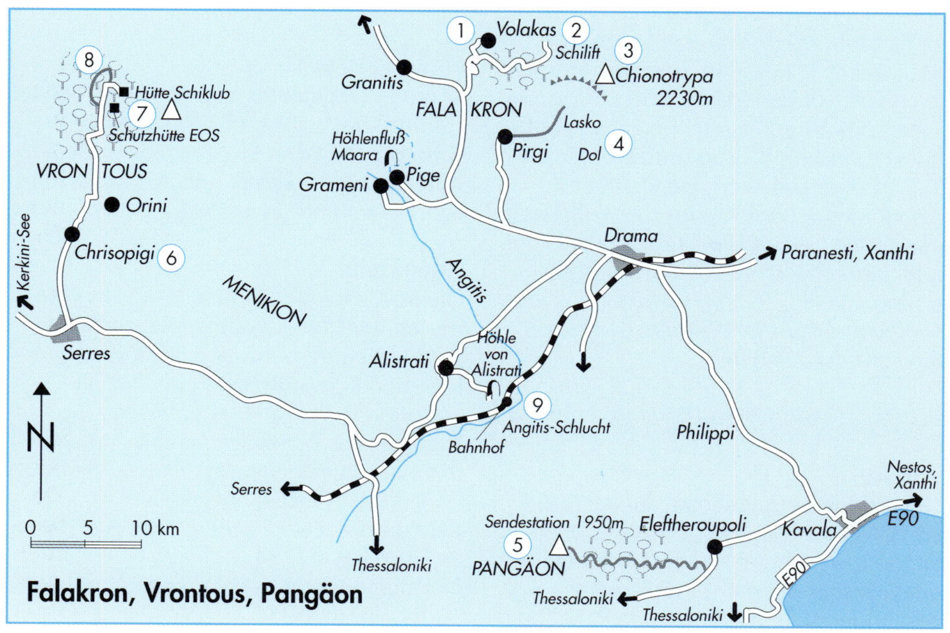

Falakron, Vrontous, Pangäon

Das Veilchen *Viola perinensis* bildet im Gipfelbereich des Falakron einen violetten Rasen.

Alistrati bis zur Eisenbahn. Seit 1998 ist die Höhle offiziell in Betrieb, was zur Folge hat, daß die Öffnungszeiten außer in der Hauptsaison noch zufälliger sind als vorher; an Wochenenden wird das Restaurant am Eingang gewöhnlich vom Speleologischen Verein betreut. 1 km ist als Schauhöhle erschlossen; neben Blumenkohl-, Korallen- und den »normalen« Sinterformen ist besonders die große Menge an Aragonitsinter und an Excentriques (s. Abschnitt »Karst und Höhlen«, S. 16) bemerkenswert. Einzigartig ist der »Raum der Aphrodite«, der vollständig aus diesen beiden Tropfsteinarten besteht und dadurch glitzert wie ein Märchenschloß. Da die Elektro-Höhlenbahn diese Stellen nicht erreichen kann, ist ein Fußmarsch vorzuziehen.

Praktische Tips

Anreise

Den **Falakron** erreicht man auf der SS 57 von Drama aus. Kurz vor Volakas biegt die Straße zum Schigebiet ab. Das Schigebiet am **Vrontous** ist bereits in Serres ausgeschildert. Die Straße auf den Pangäon biegt ein Stück westlich von Eleftheroupoli ab. Alistrati liegt an der SS 12 Serres–Drama. Für alle Gebirge ist wegen weiter Zufahrtswege ein eigenes Fahrzeug empfehlenswert. Volakas wird auch von Bussen angefahren; die Alistrati-Höhle hat eine eigene Eisenbahnhaltestelle.

Klima/Reisezeit

Kontinental getöntes, supramediterranes Gebirgsklima, zum Teil schneereich. Schönste Reisezeit Mitte Mai bis Ende Juni. Aber auch im Sommer und im Herbst lohnend. Nachmittags häufig Gewitter.

Unterkunft

Die Städte Kavala, Drama und Serres bieten jegliche Infrastruktur, dort erhält man auch die Hüttenschlüssel. Nähergelegene Übernachtungsmöglichkeiten in Eleftheroupoli, Alistrati und Volakas.

Adressen der Bergsteigervereine

- ▷ Falakron: EOS Drama, Smyrnis Str. 2, Tel. 0521-33054 oder 33049;
- ▷ Vrontous: EOS Serres, Ravine Str. 19, Fax 0321-23724;
- ▷ Pangäon: EOS Kavala, Omonias Str. 62, Tel. 051-835952.

7 Kerkini-See

Stausee mit überaus reicher Vogelwelt durch Flachwasserzonen; Pelikane, Reiher, Löffler, Sichler, Zwergscharbenkolonie, Pirol; Schwimmfarn.

Der Kerkini-See liegt am Nordrand des großen Beckens von Serres, welches das Serbo-Mazedonische Massiv von den Rhodopen trennt. Das Serbo-Mazedonische Massiv ist ein Kristallinstreifen, nie breiter als 85 km, der sich von Belgrad in Süd-Südost-Richtung bis zur Chalkidike hinzieht. In Griechenland bildet es die Gebirge **Beles** (das wie ein Riegel am Nordrand des Kerkini steht), **Mavrovouni** (oder Krousia), **Vertiskos**, **Kerdilio**, und das Bergland der **Chalkidike**. Im Herbst können den Beles Fallwinde wie aus einer Düse mit solcher Wucht herunterblasen, daß sämtliche Stromleitungen ausgerissen werden, und Pappeln wie riesige Streichhölzer kreuz und quer über die Straßen liegen. Insgesamt gibt es aber relativ wenig Wind, da der Beles-Riegel als Schutz dient.

Der See ist ein künstliches Reservoir, das 1932 in einem ehemaligen Sumpfgelände durch Aufstau des **Strimon** angelegt wurde, um das weite Tal zu bewässern. 80% der Bevölkerung der umliegenden Dörfer sind auch heute noch in der Landwirtschaft tätig. Am Nordufer des Stausees entstand ein Flachwasser- und Überschwemmungsgelände, in dem sich einer der reichhaltigsten Wasservögel-Lebensräume Griechenlands entwickeln konnte – eine kleine Kompensation für die weiträumigen Trockenlegungen ehemaliger Feuchtgebiete.

Auf den Inseln im Strimon halten sich gerne große Vogelgruppen auf, hier u.a. Löffler, Graureiher und Kormorane.

Kormorane bewohnen alle Feuchtgebiete Nordgriechenlands und fischen gern gemeinsam mit Pelikanen.

West- und Ostufer sind durch Dämme von der intensiv kultivierten Umgebung abgetrennt. Durch eine Erhöhung der Staumauer 1982 liegt der Wasserstand bei gefülltem See jetzt etwa 5 m höher. Das hat zur Folge, daß die meisten Inseln, Schlammtümpel und mit Wasserpflanzen bedeckten flachen Bereiche periodisch überflutet werden und sich die für die Tierwelt nutzbare Fläche von etwa 20 km² auf etwa 5 km² verringert hat. Trotzdem ist der Kerkini-See immer noch ein Feuchtgebiet von internationaler Bedeutung und eines der ertragreichsten Fischgewässer Griechenlands. Die Aalfischerei allerdings ist nahezu zusammengebrochen: Durch den höheren Damm können die Tiere nicht mehr in das Gewässer einwandern.

Von allen Wasservögeln, die an diesem vom Menschen angelegten See leben oder ihn besuchen, ist der Krauskopfpelikan (s.S.104) der seltenste. Die Plätze an denen er brüten oder fischen kann, werden zusehends weniger. Ständige Konflikte zwischen Fischern und fischfressenden Vögeln, die z. B. am Kerkini vom »gedeckten Tisch« einer Karpfenfarm angezogen werden, sind vorprogrammiert. Die Fischer verteidigen ihre Lebensgrundlage mit dem Gewehr, andere schießen die streng geschützten Pelikane zum reinen Vergnügen. Besonders Veränderungen des Wasserspiegels reduzieren die Anzahl der Vögel. Brutmöglichkeiten oder Nahrungsgründe verschwinden – der Entzug der Lebensräume ist für den Rückgang der meisten Tierarten in erster Linie verantwortlich. Bejagung oder Sammeln können geschwächte und bedrohte Populationen dann endgültig vernichten.

Pflanzen und Tiere

Der Flachwasserbereich im Nordosten des Sees ist durchsetzt von unzähligen Inselchen mit Tamarisken (S.77) und Weiden. Die Dämme sind mit Pappeln bepflanzt, auf etwas feuchtem Untergrund ist die Silberlinde häufig, und an der Einmündung des Strimon erstreckt sich ein Galeriewald. Größere Wasserfächen am Nordufer sind mit Seerosen, Wassernuß (S. 57), der seltenen Seekanne, Wasserknöterich, Laichkraut und dem Schwimmfarn bedeckt. Die Seekanne, die nährstoffreiche Gewässer liebt, deutet auf einen erhöhten Eutrophierungsgrad des Wassers hin. Der Strimon führt bereits von Bulgarien größere Schadstoffmengen mit sich, dazu gelangen Pesti-

Der Schwimmfarn findet am warmen Kerkini-See ideale Lebensbedingungen.

zide und Düngemittel von den umgebenden Intensivkulturen in das Grundwasser. Der **Schwimmfarn** ist der einzige europäische Vertreter einer tropischen Pflanzengattung und gedeiht in geringen Mengen auch noch am Kleinen Prespa-See, im Nestos-Delta, am Volvi- und am Kastoria-See. Hohe Wassertemperaturen von 25 – 30° C im Sommer, reichlich und leicht verfügbare Nährstoffe sowie windgeschütztes Flachwasser bieten dem Farn ideale Voraussetzungen für eine explosive Vermehrung in der Nordostecke des Kerkini, wo er zwischen Juli und September eine dichte Pflanzendecke auf dem Wasser bildet. Die Blätter sind an das Wasserleben ausgezeichnet angepaßt: Dank ihrer steifen Behaarung sind sie unbenetzbar und im Inneren befinden sich Luftkammern, wodurch die Blätter sehr leicht werden.

Ellenlang ist die Artenliste der am See lebenden Vögel. Vom kleinen Zwergtaucher bis zum großen Pelikan findet man nahezu alles, was sich ein Ornithologe an europäischer Sumpf- und Wasservogelwelt nur wünschen kann. Auffallende Arten sind z. B: Rosa- und Krauskopfpelikan (s. S. 104; im Winter bis zu 600), Löffler (S. 39), Braune Sichler (S. 36; von denen nur noch wenige im Gebiet brüten, da die Marschen der Umgebung der Landwirtschaft zum Opfer gefallen sind), Fluß- (S. 53), Weißbart- (S. 44) und Trauerseeschwalbe, Weißkopf- (S. 43) und Lachmöwen (auf dem Durchzug bis zu 10 000), Stelzenläufer (S. 151), Schnatter- und Moorente, Seiden- (S. 184), Rallen- (S. 29) und Nachtreiher.

Im Winter übernachten bis zu 1000 Silberreiher im Auwald. Eine Zwergscharbenkolonie von 50 – 200 Paaren ist die zweitgrößte in Griechenland; im Spätherbst versammeln sich bis zu 4000 dieser Vögel. Sie rasten gerne in großen Schwärmen von einigen hundert Individuen in hohen Bäumen. In der Umgebung des Kerkini leben seit Jahren ein Seeadlerpaar (S. 40), außerdem Schrei- (S. 63), Schlangen- (S. 204) und Zwergadler, Schwarzer Milan und Wanderfalke. Die Wälder des Beles-Gebirges bieten dem Weißrückenspecht, der größten Buntspechtart Europas, Lebensraum. In den umliegenden Dörfern nisten etwa 200 Paar Störche.

Im Gebiet unterwegs

Die ergiebigsten Beobachtungsmöglichkeiten hat man im Überschwemmungsgebiet im Nordosten des Sees ①. Vom Dorf **Megalochori** führen Hinweisschilder »Kerkini Wetland« zu einem Altarm und zum befahrbaren Damm. Zwischen dem Altarm und dem Fluß ist ein Pappelforst gepflanzt. Dort leben Wiedehopf (S. 212), Bienenfresser (s. S. 136, S. 138) und Pirole

Wasserbüffel im Überschwemmungsgebiet des Kerkini.

Blick vom Damm westlich Megalochori über das Kerkini-Überschwemmungsgebiet zum Beles-Gebirge.

(S.74), welche im Mai auffällig flöten. Auf den Inseln im Strimon halten sich Löffler und Scharben auf. In stillen Ecken sonnen sich die scheuen Wasserschildkröten (S.148) am Treibholz; auf die Weide geführte Wasserbüffel platschen bis zum Bauch im Sumpf.

Der **Uferdamm** ist aus großen Steinen errichtet, deren Lücken ein Paradies für zahlreiche Eidechsen und Nattern (besonders die wasserliebenden Ringel- und Würfelnattern, S.107) bilden. Etwa 5 km zieht sich der Damm am Überschwemmungsgebiet entlang; Reiher stehen alle

Die Seekanne bevorzugt nährstoffreiche Gewässer und weist auf die Belastung des Kerkini hin.

Amorpha fruticosa ist ein aus Nordamerika stammendender Auenstrauch und häufig eingebürgert, z.B. am Kerkini.

Der Nachtreiher ist am Kerkini-See besonders gut zu beobachten.

paar Meter wie Wächter am Ufer. Häufige Großlibellen im Frühjahr sind Blaupfeile (S. 57). Im Herbst bei Niedrigwasser kommt das Hauptproblem des Kerkini-Sees, die Wasserverschmutzung zu Tage; die Steine am Ufer sind teilweise blaugefärbt vom Kupfervitriol, und der Gestank von abgestorbenen Wasserpflanzen hängt in der Luft.
Ein empfehlenswerter Ausflug führt den Hang des **Beles** hinauf. An der Kaserne von Vironia vorbei windet sich ein Forstweg bis in eine Höhe von über 1000 m und erlaubt einen eindrucksvollen Blick auf den See ②. Am Gebirgsfuß stehen Buschwälder aus Eichen, Christdorn, Weißdorn und Schlehen, höher oben ausgedehnte Eichenwälder mit Manna-Esche (S. 71), Hainbuche, Feldahorn, Terebinthe usw. Oberhalb von 800 m ist die Mösische Buche die dominierende Art. Eine zweite Möglichkeit, ein Stück den Berghang hinaufzugelangen, hat man auf einem steilen Weg von Mandraki aus ③.
Das Nordufer des Sees ④ erreicht man von Kerkini oder von Mandraki (von der Kirche in Richtung auf den See zu halten). Der mit Eichenbuschwald bedeckte Abhang des Mavrovouni (Krousia) bietet dann wiederum eine erhöhte Aussichtsgelegenheit ⑤.

Praktische Tips

Anreise
Die gut ausgebaute SS 65 Thessaloniki – Kilkis – Serres führt nördlich des Sees vorbei. Da die Eisenbahnlinie nach Nordostgriechenland derselben Strecke folgt, ist der See außer mit Bussen auch mit der Lokalbahn zu erreichen (Bahnhof in Vironia).

Reisezeit
Ornithologisch ist das ganze Jahr interessant; die spektakulärsten Eindrücke erhält man zur Zugzeit im Oktober/November und im Frühjahr.

Unterkunft
Wenig Tourismus, daher nur einfache Infrastruktur. In Vironia Privatzimmer nördlich der Hauptkreuzung. Ganz passables Hotel (mit kuriosen Besitzern) in Neo Petritsi, Hotel Olympic in Sidirokastro. Bei der Staumauer stehen Tavernen.

Die Europäische Sumpfschildkröte ist vom kleinsten Bach bis zum großen See allenthalben verbreitet.

8 Langada- und Volvi-See

Bemerkenswerte Reiherkolonie, Hardunagame, Langfuß- und Bulldoggfledermaus, Süßwasserschleimfisch; Platanenauwald, Salzbodenvegetation; verwitterte Felskegel.

Der **Langada**- oder **Koronia-See** ist etwa 10 km lang, 4 km breit und 7–8 m tief. Seine Westseite wird von einer etwa 200 m breiten Flachwasserzone mit lehmigem Grund gebildet. Der See geht in eine Uferzone mit Binsenbulten und Sauergräsern über. Teile des Sees sind noch von einem dichten Röhrichtgürtel umgeben, doch dringen Kultivierungsmaßnahmen in diesen bedrohlich vor. Im Südwesten grenzen die Felder bereits an das Wasser, das durch landwirtschaftliche Abwässer eutrophiert wurde. Im Nordwesten des Sees befinden sich Thermalquellen.

Der nährstoffreiche **Volvi-See** ist 21 km lang, 3 km breit und bis 23 m tief. Sein Nordufer ist steiler als jenes des Koronia. An seinem Südufer gibt es noch lockere Schilfstreifen, außerdem einige überweidete Auwaldreste bei Nea Apollonia. Etwas weiter im Westen gibt es ein »Binnendelta«, das durch einen vielfältigen Wechsel zwischen amphibischen und trocken-sandigen Lebensräumen eine reichhaltige Flora und Fauna enthält.
Die beiden Gewässer sind Relikte des pleistozänen Mygdonia-Sees, der etwa 120 m tief war und durch die zwischen der Mindel- und Würmeiszeit entstandene Rendina-Schlucht abgeflossen ist. Das Wasser der beiden Seen ist warm, im Sommer werden an der Oberfläche bis zu 29°C gemessen. Im Winter sind sie durch einen Kanal verbunden. Zwischen ihnen befindet sich auf 2 großen Platanen die Reiherkolonie von Scholari. Ein urtümlicher

Die verwitterten Konglomeratfelsen bei Nimfopetra sind im Volksmund versteinerte Nymphen.

Der Ziegenmelker ist ein nachtaktiver Insektenjäger, wofür er mit großen Augen ausgestattet ist.

Platanenwald steht noch in der **Rendina-Schlucht** im Osten des Volvi, am Abfluß der Seen. Er wird hart bedrängt von der E 90 auf der einen Seite und sich ausdehnenden landwirtschaftlichen Feldern auf der anderen. Beim Ort Rendina erfolgt der Neubau eines regulierbaren Durchlasses zum Fang wandernder Aale.

Nördlich des Volvi-Sees liegt zwischen Vertisko- und Kerdilio-Bergen das Becken des ehemaligen **Lantza-Sees**. Die Ebene auf 340 m Seehöhe bildet eine tektonische Mulde, die durch eine Verwerfung in der Nähe entstanden ist. Der flache See wurde in den 60er Jahren entwässert. Zurück blieben Böden, die wegen ihres hohen Salzgehaltes nicht bebaut werden und eine einmalige Pflanzengemeinschaft aufweisen. Das Salz stammt möglicherweise von einem Meereseinbruch vor 800000 bis 1 Mio. Jahren.

Im Süden der beiden Seen erstreckt sich die **Halbinsel Chalkidike** mit ihren 3 Fingern, deren Zentrum vom 1165 m hohen **Cholomon-Gebirge** gebildet wird. Diesem ist im Nordosten das Bergland von **Stratoniki** vorgelagert. Die Berge bestehen aus Granit und kristallinem Schiefer mit Hornstein- und Kalkeinlagerungen. Der einst dichte Baumbestand aus Eichen und Buchen ist durch Abholzung, Brand und Beweidung stark ausgedünnt. Unter anderem werden von der Bevölkerung junge Triebe als Einstreu für Viehstallungen verwendet.

Pflanzen und Tiere

Die Wasserpflanzenvegetation der beiden Seen besteht aus Hornblatt, Laichkraut, Sumpf-Teichfaden, Tausendblatt und Wasserlinsen, das Röhricht aus Schilf, Rohrkolben und Seebinsen, die Wasservogelwelt u.a. aus Haubentauchern, Zwergdommeln, der seltenen Rostgans und Nachtreihern (S. 89). Letztere brüten im Schilf, da die großen, alten Bäume, die dem Kulturland früher ein typische Gepräge gaben, inzwischen gefällt worden sind. In den Dörfern der Umgebung horsten noch über 100 Storchenpaare, relativ häufig ist die Beutelmeise. Die Graureiher, die in den Platanen vor Scholari nisten, sind tagsüber auch an Wassergräben oder am Seeufer auf Nahrungssuche. Als geschwätzige Untermieter haben sich Dohlen und Spatzen in den äußeren Zweigen der Reiherhorste angesiedelt, außerdem Abendsegler, Zwerg- und Rauhhautfledermäuse.

In den Abbruchwänden des Baches von **Scholari** leben Bienenfresser (S. 138), Mittelmeer-Steinschmätzer und der Hardun (oder Schleuderschwanz). Diese große, stachelige Agame stammt aus dem Nahen Osten und hat in Griechenland einige isolierte Vorkommen. Die Echsen sind sehr wärmeliebend und fallen oft dadurch auf, daß sie sich kopfnickend auf erhöhten Warten zeigen. An allen größeren Gewässern Nordostgriechenlands trifft man die Langfußfledermaus. Die Bulldoggfledermaus ist im gesamten Land weit verbreitet und leicht an ihren auffälligen Ortungsrufen zu erkennen, die mit 11–15 khz im Bereich des menschlichen Hörvermögens liegen.

Im **Volvi-See** lebt ein Vertreter der drolligen

Schleimfische, dessen Verwandte an felsigen Meeresküsten zu Hause sind. Süßwasserkrabben besiedeln den Abfluß des Gewässers, welcher in der Rendina-Schlucht von alten Platanen begleitet wird. Solche Krabben bewohnen viele mediterrane und tropische Regionen. Sie stammen wohl von Brackwasserformen ab. In Griechenland bilden sie eine wichtige Nahrungsgrundlage für Fischotter (S. 107).
Die Hänge der **Rendina-Schlucht** sind mit dichter, artenreicher Macchie bedeckt, die verschiedenen Greifvogelarten Lebensraum bietet. Warten im Buschland nützen die Würger, die unter den Singvögeln die ökologische Nische des Beutegreifers besetzen. Neben dem Neuntöter (S. 48) lassen sich hier auch Schwarzstirn-, Rotkopf- und Maskenwürger (S. 139) beobachten. Ein seltsames Tier der Nacht ist der tarnfarbige Ziegenmelker. In der Abenddämmerung werden diese insektenjagenden Vögel aktiv und man kann ihr Schnurren hören.
Den Fuß des **Cholomon** und der **Stratoniki-Berge** besiedeln Hartlaubgehölze, unterbrochen durch Schluchten, Bäche und steppenartig kahle Landstriche. An trockenen Hängen herrscht die Kermeseiche (S. 137) vor, während die schluchtartigen Einschnitte auf lockeren Schieferböden von der feuchtigkeitsbedürftigeren Steineiche eingenommen werden. Besonders dicht, artenreich und prächtig ist diese Macchie an der Ostflanke der Chalkidike-Halbinsel ausgebildet. Darüber stehen ge-

◁ Blick auf den Langada-See. Nur wenige der solitären Bäume, die einst die Landschaft prägten, sind erhalten geblieben.

schlossene, lockere Wälder aus Balkaneichen und bei Stavros, oberhalb der Rendina-Schlucht, auf Gneisboden Edelkastanien. Beide werden als Niederwald genutzt. Die offenen Kahlschlagflächen sind ein bevorzugtes Jagdgebiet für Greifvögel. Findet man Eichen auch an der Süd- und Westseite der Gebirge, beschränkt sich die Buche ganz auf die feuchteren Ostseiten.

▽ Reiherkolonie von Scholari.

◁ Die Gelbe Asphodeline ist eine Verwandte des Affodills.

Der Hardun lebt am griechischen Festland nur bei Saloniki.

Bemerkenswerte Vogelarten sind Mittelspecht und Waldschnepfe, außerdem sieht man Blauracke (S. 98) und Grauortolan. Überall im Gebirge sind in Bachnähe Feuersalamander (S. 134), Kleine Zangenlibelle (S. 147) und Weißer Waldportier verbreitet.
Die Vegetationszusammensetzung der Salzwiesen des **Lantza-Beckens** unterscheidet sich durch dessen Höhenlage von 340 m und der eigenständigen Entwicklung von den entsprechenden Halophytengemeinschaften der Küsten. Als Relikte einer ehemaligen Meeresküstenvegetation sind Arten wie Salzschwadengras, Queller und Strandsode zu betrachten. Häufig sind dann noch Salz-Schuppenmiere, Krähenfußwegerich sowie Strandgerste. Der Versuch, dieses Gebiet landwirtschaftlich zu nutzen, wurde wegen Mißerfolges wieder aufgegeben. Mittlerweile haben sich dort Schuttpioniere, wie Spießmelde und Schuttkresse, angesiedelt.

Im Gebiet unterwegs

Das zeitige Frühjahr ist die beste Gelegenheit, das Treiben der bis zu 200 Reiher in den zu dieser Zeit noch kahlen Bäumen der Kolonie zu beobachten ①. Der Boden ist bedeckt mit Gelber Asphodeline. Die wassergefüllten Drainagegräben in der Nähe sind voller Blutegel, Ringelnattern jagen Frösche, und Sumpfschildkröten (S. 89) sonnen sich am Ufer. Den Hardun kann man außer bei Scholari auch im Hügelland nördlich des Langada-Sees finden.
In der Nähe des Volvi-Sees, 2 km westlich von **Nimfopetra**, stehen nördlich der Straße angeschwemmte Konglomeratfelsen wie bizarre Hinkelsteine ②. Der Name Nimfopetra bedeutet »versteinerte Nymphen« und hat seinen Ursprung in diesen eigenartigen Gebilden. Die Straße von Nimfopetra nach Rendina gibt einen guten Überblick über den Volvi-See; an schilffreien Plätzen des Nordufers kann der Süßwasserschleimfisch beobachtet werden.
Ein lohnender Ausflugspunkt ist die Feuerbeobachtungsstelle oberhalb von **Mikra Volvi**. Man erhält einen schönen Blick auf den See und kann Heidelerchen und Steinhühner sehen. Die Zufahrt erfolgt entweder von Mikra Volvi aus oder von Rendina über Vamvakia. Wenige Kilometer nach Vamvakia führt ein Fahrweg in die Volvi-Berge.
Ein großer Teil der Macchie an der Nordseite der **Rendina-Schlucht** ③ ist 1992 abgebrannt. An solchen Stellen ist zu sehen, wie sich die auch unter natürlichen Bedingungen häufigen Waldbrände auf Flora und Fauna auswirken, und wie Brand-

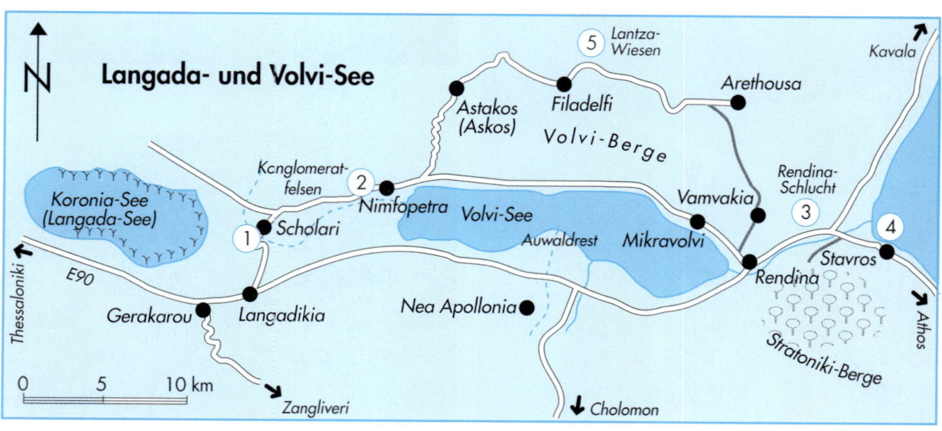

flächen wiederbesiedelt werden. In den Auwald biegt hinter der Brücke an der Abzweigung nach Stavros von der E 90 ein Fahrweg ab, der in die Stratoniki-Berge weiterführt. Von den Hängen bietet sich eine weite Aussicht auf den Volvi-See und das Meer.

Die Bucht von **Stavros** ④ ist eine interessante Vogelbeobachtungsstelle für Zwerg-, Dünnschnabel-, Korallen- und Schwarzkopfmöwen, Sturmtaucher und Brandseeschwalben.

Die **Lantza-Wiesen** ⑤ sind vom Nordufer des Volvi-Sees über Askos zu erreichen. Im Osten von Filadelfi führt eine neue Straße am Südrand des Beckens entlang, das durch Feldwege an den Entwässerungskanälen erschlossen ist.

Die Beutelmeise baut kunstvoll gewebte Nester an die Enden der Zweige.

Praktische Hinweise

Anreise

Die beiden Seen liegen an der E 90 nur wenige Kilometer im Osten von Thessaloniki und können auf Asphaltstraßen umrundet werden. Die Reiherkolonie ist mit Hinweistafeln angekündigt. An der E 90 gibt es häufige Busverbindungen, eine E rkundung der Stratoniki-Berge oder des Lantza-Beckens ist ohne eigenes Fahrzeug aber sehr umständlich.

Klima/Reisezeit

Das Gebiet hat Mittelmeerklima mit mitteleuropäischem Einfluß im Gebirge. Die besten Reisezeiten sind das Frühjahr und der Herbst (zur Zugzeit).

Unterkunft

Die Meeresküste am Golf von Orfanou im Osten ist touristisch erschlossen, von Stavros bis Asprovolta gibt es zahlreiche Unterkünfte aller Art inklusive mehrerer Campingplätze. Einfache Hotels stehen in Langada und Nea Apollonia. Erstaunlich unberührt – verglichen mit dem Rummel an der Küste – ist das Innere der Chalkidike.

Blick in die Umgebung

Hardunagamen leben auch im Süden der Halbinsel Chalkidike. Bei **Metamorfosi**, zwischen den Halbinseln Kassandra und Sithonia, sitzen sie gerne auf Bäumen in Meeresnähe.

Süßwasserkrabben können weit ins Inland wandern und erbeuten dort auch Fische.

9 Vegoritis-See und Umgebung

3 Seen in teilweise kahler Hügellandschaft mit Binnendünen und Röhrichtbeständen; wald- und wasserreiches Gebirge mit 15 Orchideengattungen; Reiherkolonie, Moorente, Wiesenweihe, Nasenschrecke, Wespenspinne.

In einem Becken im Norden Makedoniens liegen der Vegoritis-, der Petro- und der Chimaditis-See, umgeben von den im Namen ähnlichen Gebirgen Voras (im Norden), Vernon (im Westen) und Vermion (im Osten). Die 3 Gewässer sind durch Kanäle verbunden und füllen den Stausee von Agras im Westen von Edessa.

Der **Vegoritis**- oder **Ostrovou-See** ist mit 48 – 72 km² (die Angaben differieren stark) nach dem Großen Prespa der zweitgrößte See Makedoniens und gilt von seiner Lage her als eines der markantesten Gewässer Griechenlands. Der Karstsee enthält unterirdische Zu- und Abflüsse (die den Wasserspiegel beträchtlich schwanken lassen können), aber keinen natürlichen oberirdischen Abfluß. Vor dem Kanalbau lag sein Wasserspiegel etwa 10 m höher. Über die derzeitige Meereshöhe ist man sich anscheinend nicht einig – die Angaben reichen von 500 – 540 m. Der See hat kaum Ufervegetation, ist geologisch sicher jung und hat als natürlicher alpiner »Stausee« einen ähnlichen Charakter wie der benachbarte Petro-See. Er ist bis 50 m tief und für seinen Fischreichtum bekannt. Der südliche und südwestliche Teil des See-Einzugsgebietes sind industrialisiert, die größte Fabrik ist ein Düngemittelhersteller, dessen Abwässer ungeklärt in den See gelangen.

Der 1160 ha große **Petro-See** ist ein Flachsee von 4 m Tiefe. Die nördliche Hälfte ist von trockenen, kahlen Hügeln umgeben,

Der auffallend grüne Petro-See ist von kahlen Bergen umgeben.

Im September hängen am Zickzack- und am Christusdorn deren gelbe, scheibenförmige Früchte.

Röhricht wächst am nordöstlichen Ufer, steppenartige Trockenflächen grenzen im Süden an. Das Wasser ist nährstoffreich und dient zur Bewässerung.
Der **Chimaditis-See** liegt 573 m hoch und ist ein Flachsee umgeben von Agrarland. Das Kanalsystem hat auch seinen Wasserspiegel abgesenkt; im Nordosten erstrekken sich von der Drainage noch nicht erreichtes Sumpfland, Schilf- und Pfahlrohrbestände. Da unter dem Gelände Braunkohleflöze entdeckt wurden, besteht die ernste Gefahr, daß der ganze See binnen kurzem trockengelegt wird.
Im Norden der 3 Gewässer erhebt sich der **Kajmakčalan**, mit 2524 m der höchste Gipfel des **Voras-Gebirges**. Dieses liegt an der griechischen Nordgrenze, gilt als das wald- und wasserreichste Gebirge Makedoniens und ist wegen seiner speziellen Tektonik und aufgrund der starken Erosion durch die Wasserläufe sehr zerklüftet und schwer zugänglich. Relief-, Klima- und Expositionsgegensätze auf engem Raum schaffen vielerlei unterschiedliche Kleinbiotope. Auf diese Besonderheit lassen sich wohl der Reichtum und die spezifische Zusammensetzung der Flora des Voras-Gebirges zurückführen, deren Gesamtartenzahl auf mehr als 1400 Gefäßpflanzen geschätzt wird.
Geologisch liegt der Voras am Westrand der **Vardar-Zone**, die die Kristallingebirge im Nordwesten Griechenlands vom Grundgebirge der Rhodopen im Osten trennt. Die Vardar-Zone ist eine komplexe geotektonische Großstruktur aus Gebirgen und Becken, die sich bis in die Nähe Belgrads bzw. bis zu den östlichen Vorhügeln des Olymp verfolgen läßt und durch Ophiolithe, das sind basische Magmatite, entstanden aus dünnflüssiger Lava mit wenig Silizium, sowie jungmesozoische Flyschgesteine gekennzeichnet wird.

Pflanzen und Tiere

Der **Vegoritis-See** wird an den Längsseiten von kahlen Hügeln eingerahmt, am Nord- und Südende grenzt Kulturland an. Bei Arnissa haben sich am Nordufer kleine Reste eines naturnahen Schwemmlandgeländes erhalten, schwer bedrängt von ausgeweiteten Obstbaumkulturen: Einige Binnendünen und ein in den Sandboden tief eingesenktes Trockenbachbett bieten Lebensraum für Bienenfresser (S. 136), Uferschwalbe, Wechselkröte (S.44), Eidechsen, Nattern und Wiesel. Seltsame Insekten sind die im ganzen Mittelmeergebiet häufigen Nasenschrecken, abgeflachte Feldheuschreckenarten, die ihren Kopf und die geraden Fühler zur Tarnung schräg nach oben halten. Regelmäßig ist ein Edelfalter zu sehen, der Blauschwarze Eisvogel (S. 109). Er ist wärmeliebend und fliegt von Mai bis Oktober.
Sonniges Ödland liebt die schwarz-gelb gestreifte Zebra- oder Wespenspinne, Brombeerhecken sind voll mit ihren kunstvollen Radnetzen. Anders als die Kreuzspinnen (*Araneus*) bauen die Tiere der Gattung *Argyope* ein Stabiliment in das Netz ein – ein Zickzackband zwischen zwei Speichen, das vielleicht der Versteifung, eher aber der Tarnung dient.
Auf den Dünen haben sich Pioniere und trockenheitsangepaßte Pflanzen angesiedelt, wie der Stechapfel (S. 101) mit seinen trompetenförmigen, weißen Blüten, Ge-

Wo kleine Binnendünen früher troc<ene Lebensräume bildeten, breitet sich zunehmend Kulturland aus.

wöhnliche und Dornige Spitzkletten mit ihren bestachelten Früchten, Tamarisken (S. 77) und Binsen.

Die Westseite des Sees, an der die Eisenbahn entlangführt, ist ein steiniger, kahler Abhang. Der Bahndamm dagegen ist auch im Herbst noch grün und bewachsen mit Manna-Esche (S. 71), Blasenstrauch, Hartriegel oder wilden Feigen, immer wieder überwuchert von der Waldrebe mit ihren im Spätsommer und Herbst auffallenden wuscheligen Fruchtständen.

Die Blauracke ist durch ihr blaues Gefieder ein unverwechselbares Tier.

Das Holunderknabenkraut gibt es in einer gelben und einer roten Farbvariante.

Die Gewöhnliche Spitzklette besiedelt allenthalben Ödland und Wegränder.

Eine Wespenspinne hat eine Libelle der Gattung *Trithemis* erbeutet.

Im Schilf auf der Nordostseite des **Petro-Sees** existiert eine kleine Reiherkolonie. Ebenfalls von Bedeutung für die Vögel ist der **Chimaditis-See**, der zu den Nahrungsgründen der Pelikane (s. S. 104) aus Prespa zählt. In den Pfahlrohr- und Schilfgürteln herrscht ein reiches Vogelleben, u. a. gibt es hier die größte griechische Population der Moorente und mehrere Paare der seltenen Wiesenweihe. Häufige Sumpfpflanzen am Chimaditis sind Ästiger Igelkolben, Froschlöffel und Teichsimse.

Das **Voras-Gebirge** gehört wegen der Höhenstufenverteilung der Vegetation und im Hinblick auf die Artenzusammensetzung pflanzengeographisch zum süd-zentralbalkanischen Untertyp des zentraleuropäischen Gebirgstypes. Zahlreiche boreale und alpine Arten finden in Nordgriechenland ihre südliche Verbreitungsgrenze. Im Gegensatz dazu verläuft im Gebiet die Nordgrenze vieler mediterraner Florenelemente südlich des Voras durch das Vermion-Gebirge.

Die Vegetationsstufung erlaubt am Voras dort, wo sie noch zu erkennen ist, die Unterscheidung von 4 Zonen. Die unterste Stufe beginnt mit **winterkahlen Laubwäldern** und Büschen; das Gebüsch ist mit Waldreben und Brombeeren durchzogen – einem

Die Nasenschrecke verläßt sich in der Vegetation auf ihre Tarnung und hält still – was ihr am Sandboden wenig nützt.

undurchdringlichem Gestrüpp. Ab etwa 600 m folgt eine Stufe mit **sommergrünen Trockenwäldern**, gelichtet durch Holzwirtschaft und Beweidung. Vorherrschend sind 7 verschiedene Eichen (Flaum-, Zerr-, Balkan-, Trauben-, Makedonische, Dalechamps und Haas-Eiche). In Europa kennt man derzeit 24 Eichenarten, die ihre Verbreitungsschwerpunkte einerseits auf der Iberischen, andererseits auf der südlichen Balkanhalbinsel haben. Die ungewöhnliche Artenvielfalt ist aller Wahrscheinlichkeit nach mit den Eiszeiten, in denen es hier ideale Refugien und eichenfreundliche Biotope gab, zu erklären. Über der Eichenzone umgibt den Voras ein geschlossener Ring **montaner Bergwälder** aus Buchen, Tannen und, an exponierten Stellen, Kiefern. Kieferwälder ziehen sich an der Westflanke oberhalb des Vegoritis-Sees hinauf bis in subalpine Bereiche von etwa 1900 m.

Oberhalb der Waldgrenze dehnen sich artenreiche **subalpine Matten** aus. Sie haben eine geschlossene Grasnarbe und sind üppige Hochweiden für die Schafzucht, wovon sich der türkische Name des Gipfels ableitet: »Kaimak« = Fett, »Tschalan« = Platz, Ort. Der Voras war schon in früher geschichtlicher Zeit ein Zentrum der Wanderviehzucht. Ganz offensichtlich ist die natürliche Waldgrenze durch die jahrhundertelang andauernde Viehhaltung herabgedrückt worden. Eine besondere Zierde der Matten sind das Schwarze Kohlröschen und das Holunder-Knabenkraut mit gelben und roten Blüten. Der Voras ist insgesamt sehr orchideenreich, 15 Gattungen sind hier vertreten. Die meisten wachsen an feuchten, kühlen Stellen, an Bachufern oder in Schluchten (z.B. Platsa- und Kali-Pediada-Hochebene, Therma-Schlucht), sowie sekundär an Waldsäumen und -lichtungen. Die Vogelnestwurz ist der Laubstreu-Saprophyt der Buchenzone.

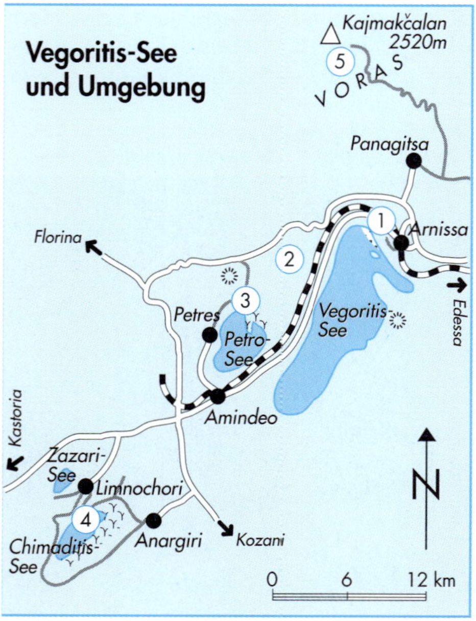

Im Gebiet unterwegs

Das Nordufer des **Vegoritis-Sees** ① erreicht man von der E 86 Edessa – Florina. Um zu den Dünenresten zu gelangen, biegt man vor der Kirche von Arnissa zum Seeufer hin ab und folgt dort dem Weg nach rechts. Das Dorf ist ein Zentrum der Pfirsichproduktion. Viele ehemalige Gastarbeiter in Deutschland sind hierher zurückgekommen und haben sich in die Obstwirtschaft eingekauft.

Parallel zur Eisenbahnstrecke ② führt eine gebüschbegleitete Straße am westlichen Seeufer entlang nach Amindeo (das man auch von der E 65 aus erreicht). Von dort gelangt man nach Petres, wo eine Piste am **Petro-See** entlangführt ③. Linkerhand erhebt sich eine etwa 10 m hohe Terra-Rossa-Wand mit einer Uferschwalbenkolonie und mit Kugeldisteln *Echinops ritro* (S. 139), die im Spätsommer leuchtend blau blühen. Später steigt der Weg an und ermöglicht einen guten Überblick über den See und die Reiherkolonie am nordöstlichen Ufer. Er führt schließlich weiter ins Hügelland hinauf nach Kela an der E 86.

Zum Sumpfgebiet am **Chimaditis-See** ④ biegt man in Limnochori nach Süden auf einen Damm mit Feldweg und fährt zwischen den Drainagegräben hindurch; der westliche Weg hinter dem Graben am Fuß der Hügel führt dagegen in der Nähe des Nordufers entlang und umrundet das Gewässer. Vor Erreichen des Röhrichtgürtels biegt man nach links und bei der nächsten Abzweigung nach rechts. Wo der Weg einen Graben passiert, liegen rechterhand einige Teiche. Im Frühjahr kann das Gelände nach Regenfällen völlig unpassierbar werden, dann muß man sich mit einem Blick von den umliegenden Hügeln begnügen.
Die Westflanke des **Voras-Gebirges** ist von Panagista nördlich des Vegoritis-Sees aus erschlossen ⑤; ein Forstweg führt bis in die Gipfelhöhe des Kaimakčalan. In den übrigen Teil des Gebirges gelangt man von Edessa aus über Aridea (s. Nebenreiseziel 9). Die Therma-Schlucht liegt etwa 13 km westlich von Aridea.

Im Röhrichtgürtel um den Chimaditis-See ist der Ästige Igelkolben verbreitet.

Praktische Tips

Anfahrt
Das Seengebiet erreicht man von Kozani im Süden, Edessa im Osten oder von Kastoria bzw. Florina im Westen. Arnissa und Amindeo liegen an der Lokalbahnstrecke Thessaloniki – Bitola und werden regelmäßig von Bussen angefahren.

Klima/Reisezeit
Klima gemäßigt mediterran, durch die erhöhte Lage beginnt das Frühjahr spät. Beste Reisezeiten sind Frühsommer und Herbst.

Unterkunft/Verpflegung
Arnissa und Amindeo haben einige Lokale, Privatzimmer und je ein kleines Hotel. Eine Taverne mit Zimmern gibt es in Nimfeo nördlich des Zazari-Sees. Eine gute Infrastruktur bieten die Städte Edessa und Florina.

Der giftige Stechapfel öffnet seine großen weißen Trichterblüten in der Dunkelheit und wächst auf Ödland.

10 Nationalpark Kleiner Prespa-See

Abgeschiedene Hochlandseen mit einem außergewöhnlichen Reichtum an verschiedenartigen Biotopen; vielfältige Wasservogelwelt, Pelikankolonien, Kormorane, Greifvögel, Fischotter; Wacholderwäldchen.

Der Kleine Prespa-See (Mikri oder Mikra Prespa) liegt zusammen mit seinem großen »Bruder« Megali Prespa in einer unzugänglichen Gebirgsgegend in der Nordwestecke Griechenlands an der albanischen und slawisch-mazedonischen Grenze. Jahrhundertelang war dieser Winkel des Balkans in Vergessenheit geraten und von der Außenwelt abgeschlossen, wozu politische Wirren und Zufahrts»straßen«, die diesen Namen nicht verdienten, das ihrige beitrugen. Im Mittelalter war das Gebiet um den Ochrid-See ein Zentrum orthodoxer Kultur gewesen. Ruinen einer Kirche, die im 10. Jh. zu den großen Basiliken Griechenlands gezählt hatte, zeugen auf dem Inselchen Agios Achillos von einstigem Reichtum und späterem Verfall.

Die Prespen sind Hochlandseen tertiären Ursprungs in einer Senke auf etwa 850 m Seehöhe, die von über 2000 m hohen Gebirgen (Triklarion, Kalo Nero und Varnous) umgeben ist. Mikra Prespa ist ein mesotropher Flachwassersee, etwa 48 km² groß und 8 m tief, der oligotrophe Megali Prespa ist 275 km² groß und 55 m tief. Zwischen den beiden Gewässern besteht ein kleiner Höhenunterschied und dadurch bedingt ein leichter Abfluß vom Mikra zum Megali Prespa. Getrennt werden die beiden Seen durch einen maximal 1 km breiten Sediment-Isthmus, die »Koula«. Die Hochebene entwässert unterirdisch, wie es in Karstgebieten häufig der Fall ist, zum 160 m tiefer gelegenen **Ochrid-See**.

Blick auf den Prespa-See und die Insel Agios Achillos. Links im Bild die Reste der großen, mittelalterlichen Basilika.

Die Schmalblättrige Lupine ist eine Brachlandpflanze mit dekorativen Blütenständen.

Während der Große Prespa-See an seinem griechischen Ufer hauptsächlich Steilküste aufweist, umgeben den Kleinen an mehreren Stellen dichte Röhrichtwälder. Zusammen mit dem beim Isthmus gelegenen, von Sümpfen und Schilffeldern umgebenen Teich, dem Viro- oder Vromolimni (Stinksee), bildet dieses Gebiet ein einzigartiges Paradies für Wasservögel. Von ebenso großem ökologischen Wert sind die anderen Feuchtwiesen und Sümpfe in den Gebieten Koula, Opaia und beim Dorf Mikrolimni als Nahrungsquellen für die Vogelwelt.

Klimatisch weist die Region sowohl mediterrane als auch kontinentale Merkmale auf. Regen fällt nicht nur im Winter, und es gibt regelmäßig auch Schnee. Der kleine Prespa-See friert während Kälteperioden manchmal sogar zu. Im relativ trockenen, warmen Sommer sinkt sein Wasserspiegel und gleicht sich dem des Megali Prespa an.

Die Bedeutung des Prespa-Sees wurde erst in den 60er Jahren entdeckt, seit 1967 erkundeten Ornithologen die Brutkolonien von Krauskopf- und Rosapelikan. Sie gehören zu den letzten, die es in Europa noch gibt. Zu dieser Zeit wurde auch festgestellt, daß das empfindliche Gleichgewicht unter wahlloser Fischerei und Jagd, dem Gebrauch von Kunstdüngern und Pestiziden sowie den Abwässern einer Konservenfabrik litt. Außerdem waren auf der schmalen Landbrücke Touristikprojekte geplant.

Durch den Schutz des 1974 gegründeten Nationalparks konnte die Naturnähe zumindest im unmittelbaren Uferbereich bewahrt werden. Der Park umfaßt eine Fläche von etwa 26 000 Hektar, 4900 davon bilden die Kernzone. Zu ihr gehören der Mikri Prespa, die schilfbewachsene Uferzone und ein kleines Wacholderwäldchen beim Dorf Psarades. Es werden allerdings keine Parkgrenzen angezeigt, es gibt weder eine Betreuung noch eine Überwachung.

Innerhalb des Parks liegen 11 Dörfer und Weiler mit einer Bevölkerung von etwas mehr als 1000 Menschen. Bemühungen der Regierung, die Abwanderung zu stoppen, hatten keinen bleibenden Erfolg. Derzeit wird versucht, dieses Ziel durch Förderung von Landwirtschaft, Fischzucht, Bewässerungsanlagen, Bauxitabbau und Tourismus zu erreichen. Solche Programme lassen sich allerdings nicht immer mit den Aufgaben des Naturschutzes in Einklang bringen. Eine erst 1985 veranlaßte Melioration mit Zusammenfassen der meisten in die Seen mündenden Gewässer schädigte die letzten Auwaldreste schwer; 25% der Feuchtwiesen wurden in den letzten Jahren durch Drainage in Felder umgewandelt. Einsickerndes Abwasser von den Feldern eutrophiert den Mikri Prespa zunehmend und schwemmt durch Erosion freigesetzte Sinkstoffe in das Gewässer.

Pelikane

Pelikane zählen mit Kormoranen, Tölpeln, Fregatt- und Tropikvögeln zur diffusen Ordnung der Ruderfüßer. Deren Zehen sind durch mehr oder weniger stark entwickelte Schwimmhäute verbunden, die auch (anders als bei Enten und Gänsen) die nach vorne gerichtete »Hinterzehe« einschließen. Die Pelikane sind die größten Vertreter dieser Ordnung mit einer Körpergesamtlänge bis 180 cm und einer Spannweite von nahezu 3 m. Zwischen ihren Unterschnabelhälften liegt ein stark dehnbarer Kehlsack, in Ruhe ist er eingezogen und fällt erst beim Schnabelöffnen auf. Im Flug wird der Hals gekrümmt und der Kopf bis auf die Schultern zurückgezogen. Als Nahrung dienen den Pelikanen ausschließlich Fische, die mit dem Schnabel wie mit einem Käscher aus dem Wasser geschöpft werden.

Pelikane sind gesellige Vögel, fliegen truppweise, suchen gemeinsam Nahrung und nisten in Kolonien. Sie brüten auf Schilf- oder Reisigunterlage. Überschwemmungen und kaltes Wetter verursachen hohe Verluste unter Eiern und Jungvögeln, so daß selten mehr als ein Junges groß wird. Junge Pelikane sind Nesthocker mit einer langen Nestlingszeit. Mit 10 Wochen beginnen sie zu fliegen und selbst zu fischen, nach 3 – 4 Monaten sind sie selbständig.

Der **Rosapelikan** (*Pelecanus onocrotalus;* S. 106) besitzt weißes Gefieder, das zur Brutzeit leicht rosa erscheint. Die Brust trägt einen gelben Fleck, gelb ist auch der Kehlsack, Füße und Schnabel sind fleischfarben. Im Flug ist er durch die teilweise schwarze Flügelunterseite leicht zu identifizieren. Der Rosapelikan brütet bevorzugt in Niederungssümpfen, seine Nahrungsgründe liegen fast immer weit vom Brutgebiet entfernt. Die europäische Population brütet heute nur noch im Donaudelta (etwa 1700 Paare) und am Kleinen Prespa-See (etwa 120 Paare).

Der **Krauskopfpelikan** *(Pelecanus crispus;* S. 1) zeigt silbergrauen Gefiederton, hat graue Füße und einen orangen Kehlsack. Bei ihm sind nur die äußersten Flügelspitzen schwarz. Die langen, gekräuselten Federn an Kopf und Hals sowie ein längerer Federschopf als beim Rosapelikan gaben ihm seinen Namen. Die seltene und weltweit gefährdete Art bevorzugt als Brutgebiete kleine geschützte Seen. Der Krauskopfpelikan brütet in Griechenland außer am Mikri Prepa noch am Amvrakikos (s. Hauptreiseziel 17). Die bevorzugten Überwinterungsplätze der Pelikane sind Kerkini- und Vistonis-See, die sie ab September aufsuchen (s. Hauptreiseziele 3 und 7).

Als Mitgift der Zivilisation enthalten die Pelikaneier hohe Konzentrationen an DDE, einem Abbauprodukt des zu trauriger Berühmtheit gelangten DDT. Erstaunlicherweise fand man sogar in Fischen aus den Prespa-Seen beträchtliche Mengen dieses anscheinend allgegenwärtigen Schadstoffes. Vor allem aber in Herbst und Winter erhalten die Vögel eine hohe Dosis durch belastete Fische aus dem mit halogenierten Kohlenwasserstoffen (wie DDT), Polychlorierten Biphenylen (PCB) und Schwermetallen kräftig »verseuchten« Vistonis-See. Die Dicke der Eierschalen wird über einen noch ungeklärten Mechanismus durch DDT und DDE reduziert, in Prespa derzeit um 15 – 20%. Das hat bisher noch keine Auswirkungen auf den Bruterfolg, doch mögen die Sicherheitsreserven nur mehr gering sein. Schalenbruch ist auch einer der Gründe für den Rückgang vieler Greifvogelarten.

Pflanzen und Tiere

Die Hauptbedeutung des Nationalparks liegt im Schutz der Pelikankolonien. Bis zu 300 Paare nisten im Schilfrohr oder auf kleinen Inseln aus schwimmendem Schilf, auf denen sie ihre großen Nester bauen. In den Nahrungsgewohnheiten unterscheiden sich die beiden Arten. Die Krauskopfpelikane fischen morgens und abends zusammen mit Kormoranen (S. 86) in kleinen Gruppen zumeist in einiger Entfernung vom Ufer im Mikri Prespa (vor allem Lauben und Südeuropäische Rotaugen). Die Rosapelikane legen dagegen überwiegend große Strecken zu weiter entfernten Seen (Kastoria, Chimaditis, Ochrid) zurück.
Die Pelikane sind nicht die einzige ornithologische Attraktion am See, viele andere Vögel nutzen ebenfalls dessen optimale Lebensmöglichkeiten. Von 28 gesamteuropäisch vom Aussterben bedrohten Vogelarten brüten 13 im Nationalpark. Insgesamt nisten oder besuchen 200 Arten die Prespa-Seen. Unter den Wasservögeln sind die verschiedenen Reiher, Kormoran und Zwergscharbe, Löffler (S. 39) und Haubentaucher am auffallendsten, der Gänsesäger hat am Mikri Prespa sein einziges Brutvorkommen in Griechenland. Die Trockenlegung mehrerer umgebender Feuchtwiesen hat anscheinend die Sichler und Löffler am stärksten getroffen. Erstere sind vom See verschwunden, die Löfflerkolonie, 1969 noch 100 Paare stark, war 15 Jahre später auf 4 Paare dezimiert. Für eine geringe Anzahl scheint die Nahrung aber zu genügen, eine kleine Gruppe kehrt jedes Jahr wieder hierher zurück.
Von den Greifvögeln sind der seltene Seeadler (S. 40), Stein- und Kaiseradler sowie Bussarde regelmäßig an den Seen anzutreffen. In der weiteren Umgebung leben Gänse- (S. 77) und Schmutzgeier (S. 124), Zwergadler, Rötelfalke und Wespenbussard. Die typische Singvogelgesellschaft im Schilfgebiet besteht aus Bartmeise, Rohrammer, Teich- und Drosselrohrsänger. Sumpf- und Drosselrohrsänger besiedeln das Röhricht entlang der Bewässerungsgräben. Im landwirtschaftlich genutzten Gebiet der Umgebung sind Neuntöter (S. 48), Grau- und Kappenammer (S. 171) am häufigsten. Im Sommer ist im trockenen, dornigen Gestrüpp am Isthmus entlang des Ufers des Megali Prespa nahezu jeder Busch mit einem lärmenden Würgerpärchen besetzt, und Gruppen von Ortolanen suchen nach Samen.
Stark an aquatische Lebensräume gebunden ist die Würfelnatter, die als ausdauernde Schwimmerin im Flachwasserbereich von Seen und langsam fließenden Flüssen Fische und Amphibien fängt. Sie kann stundenlang am Gewässergrund umherkriechen und streckt dabei nur von Zeit zu Zeit den Kopf über die Wasseroberfläche, um Luft zu schöpfen. Wärmeliebend wie die meisten Reptilien sonnt sie sich gerne in unmittelbarer Wassernähe. Während es die Würfelnatter in ganz Griechenland gibt, beschränkt sich das Vorkommen der Pfeilnatter auf den Norden und einige Inseln. Sie ist eine große (bis 2 m lange), tagaktive, sehr schnelle Schlange, die trockene, offene Biotope liebt. Ihr Lebensraum sind landwirtschaftlich genutzte Gebiete und die Hügel der Umgebung.
Ein auffallendes Insekt ist die Steppen-Sattelschrecke (S. 81). Diese großen Vertreter der Laubheuschrecken sind durch die Form ihres Halsschildes gekennzeichnet, das im hinteren Teil sattelartig hochgewölbt ist. Ihre Flügel sind reduziert und liegen als runde Schuppen unter dem Halsschild verborgen. Schöne blütenbesuchende Schmetterlinge sind Segelfalter (S. 125), Schwarzer Apollo (S. 164), Kaisermantel, Taubenschwanz (S. 113) und verschiedene Widderchen (S. 114).
Das umliegende Bergland bietet dank seiner Abgeschiedenheit auch einigen Großsäugern Lebensraum. Noch immer kommen einzelne Braunbären (s. S. 73), Wölfe und möglicherweise Luchse vor. Es gibt Wildschweine, Schakale (s. S. 51),

Griechenlands Pelikane brüten vor allem am Prespa-See. Im Herbst sieht man sie dagegen eher am Kerkini oder Vistonis.

Füchse, Dachse sowie im Seeuferbereich Fischotter und eingeschleppte Nutrias.
Im Mikri Prespa wurden 13 Fischarten beobachtet, unter ihnen die endemische Prespa-Barbe. Raubfische wie Hecht oder Barsch fehlen, die Rolle des Jägers haben die Pelikane und Otter inne. Da die Otter die Netze der lokal ansässigen Fischer zerreißen und ausplündern, werden sie weiterhin verfolgt und getötet. Hierzu ist zu bemerken, daß Tiere wie Dachs, Fischotter, Wolf oder Bär nicht einmal im Nationalpark wirklich geschützt sind.
Das gebirgige Gebiet des Prespa-Parks im Übergangsbereich zwischen mediterranem und kontinentalem Klima bedingt

Der Nashornkäfer wird bis zu 4 cm groß; das Männchen trägt ein gekrümmtes Kopfhorn.

Die Übersehene Traubenhyzinthe wächst meist in kleinen Büscheln am Wegesrand oder auf Kulturland.

Der Fischotter ist in geeigneten Lebensräumen nicht selten.

Die Würfelnatter ist von allen europäischenSchlangen am stärksten ans Wasser gebunden.

eine interessante Flora, sklerophylle Elemente mischen sich mit mitteleuropäischen. Eine Fülle von 1200 Pflanzenarten ist beschrieben, darunter (vornehmlich auf Kalk) 21 Orchideen. Besonderheiten sind das Wäldchen aus baumförmigem Stinkwacholder bei Psarades und die endemische Flockenblume *Centaurea prespana*. Der Schilfgürtel wird von Teichsimse, Schmalblättrigem Rohrkolben und der Sumpfschwertlilie (S. 48) begleitet. An geschützten Stellen im Wasser gedeihen 6 Laichkrautarten, See- und Teichrose, Seekanne (S. 88) sowie unter Wasser Nixenkraut, Horn- und Tausendblatt. Um die Dörfer wurden oft Schwarzpappeln und Walnußbäume angepflanzt.
In den unteren Regionen des Berglandes sind Hopfenbuche, Kornelkirsche und Orient-Hainbuche häufig, höher hinauf folgen verschiedene Eichenarten. Zwischen 1200 und 1800 m gibt es auf tief-

Der Salbei *Salvia verticillata* aus Nordgriechenland bildet dichte, dekorative Blütenstände.

Der flugunfähige Trauerbock sonnt sich gerne an Baumstämmen.

gründigen silikatischen Verwitterungsböden dichte Rotbuchenwälder und Weißtannen. In solchen ursprünglichen Biotopen leben der Trauerbockkäfer und die Johannisechse (S. 138), ein zarter Skink mit winzigen Beinchen.

Die Singvogelgesellschaften passen sich recht genau den Vegetationsverhältnissen an. In offenen oder Buschgebieten leben Mittelmeerarten wie Samtkopf- (S. 177) und Weißbartgrasmücke. Im dichteren Wald findet man eine mitteleuropäische Vogelwelt.

Großer Prespa-See
Ag. Germanos
Lemos
4
Psarades
Kapelle
Landzunge Koula
2
Kalo Nero
7
Virolimni
Lefko
3
1
Pili
Agios Achillos
Kleiner Prespa-See
Karies
Mikrolimni
Oxia
Florina
Kastoria
0 2,5 5 km
5
6
Sfeca
Triklario
Albanien

Nationalpark Kleiner Prespa-See

Im Gebiet unterwegs

Bereits bei der Anfahrt bietet sich beim Überqueren der Paßhöhe ein weiter Blick über das Seengebiet. Der beste Beobachtungsposten befindet sich an der Oststeite des Kleinen Prespa-Sees. Dort erhebt sich unmittelbar am Ufer ein etwa 50 m hoher »Feldherrnhügel« ①, von dem aus sich die Pelikankolonien störungsfrei einsehen lassen. Ein Feldweg führt am Südostende direkt an den sonst von einem Wassergraben umgebenen Hügel heran. Den Mangel an Aussichtshöhe macht auf der Koula-Landzunge ein Hochsitz ein wenig wett ②. Im Frühling, wenn das Gelände großflächig überschwemmt ist, halten sich viele Tiere auch in unmittelbarer Straßennähe auf. Ab Sommer sind die Sümpfe ausgetrocknet, doch herrscht weiterhin ein reger »Luftverkehr« zwischen den beiden Gewässern. Einen weiteren Aussichtspunkt bietet ein kleiner Hügel im Nordwesten des Sees ③. Hier lassen sich Pelikane beobachten, die ihren Jungen das Fischen beibringen (je nach Brutbeginn meist Ende August / Anfang September).

Am höchsten Punkt der Straße von Koula nach Psarades liegt im Wacholderwäldchen mit bis zu 300 Jahre alten Bäumen die Kapelle Ag. Georgios. Das Dorf **Psarades** ④ mit seinen reizvollen Steinhäusern ist Ausgangspunkt zu mehreren kleinen Seehöhlen, die im umgebenden Steilufer verborgen sind und mit Booten besichtigt werden können. Empfehlenswert ist ein Spaziergang von Mikrolimni aus an der biologischen Station vorbei zur nächsten Bucht ⑤. Bis zu diesem Dorf reicht der flache Strand aus Quarzsand von Norden her; nach Südwesten zu bilden harte

Kreidekalke das Ufer und stürzen meist mehrere Meter zu diesem ab. Im schmalen Schilfgürtel leben neben zahlreichen Vögeln Frösche, Wechselkröten (S. 44), Posthorn- und Schlammschnecken. Würfel-nattern lauern zwischen den Steinen auf Fische. Der Weg führt ein Stück weit durch macchieartigen Buschwald bis zum verfallenen Dorf Kranies.

Der schmale »Schwanz« des Prespa-Sees bietet an der albanischen Grenze noch besonders attraktive Lebensräume für die Vogelwelt. Da die Kolonien dort auf engem Raum konzentriert liegen, sind sie für jede Störung sehr anfällig, besonders durch Besucher in Booten. Dieses Schutzgebiet sollte daher nicht aufgesucht werden.

Zwei Forststraßen führen ins Gebirge: Von Oxia aus erreicht man nach 2 Stunden Fußmarsch das verlassene Dorf Sfeca in 1300 m Höhe ⑥ und nach einer weiteren Stunde die Gipfelregion des **Triklario**. Von Agios Germanos führt ein Fahrweg auf den **Varnous** ⑦, dessen zweithöchster Gipfel der **Kalo Nero** mit 2156 m ist.

Praktische Tips

Anreise

Die nächsten Städte sind Florina und Kastoria, 47 bzw. 53 km entfernt. Von deren Verbindung, der E 86, zweigt eine Zufahrtstraße zu den Seen ab. Der Bus aus Florina fährt zweimal täglich bis nach Ag. Germanos (am Sonntag einmal). Die Entfernungen im Park können notfalls zu Fuß zurückgelegt werden.

Unterkunft

Die Infrastruktur ist bescheiden, aber inzwischen vorhanden. Kleine Hotels in Psarades und traditionelle Guest-Houses in Ag. Germanos, betrieben von der Kooperative der Dörflerinnen. Die Tavernen in Ag. Germanos haben auch in der Nebensaison geöffnet.

Klima/Reisezeit

Durch das kontinental-mediterrane Mischklima kann es bis weit in den April hinein sehr naß und kalt sein. Die günstigste Zeit für einen Parkbesuch ist das späte Frühjahr, doch bietet das Gebiet das ganze Jahr über sehenswerte Aspekte.

Das abgestorbene Röhricht des Prespa-Sees wird geerntet und in Mikrolimni gelagert.

Information

Ein Informationshaus des Nationalparks steht am Ortsbeginn von Ag. Germanos, geöffnet 9.30–14 Uhr. Die Ausstellungstexte sind bisher nur griechisch, Literatur zum Prespa-See gibt es auch in Englisch. Info-Zentrum Tel: 0385-51452.

Der Blauschwarze Eisvogel ist ein häufiger und auffälliger Schmetterling Nordgriechenlands.

11 Smolikas

Zweithöchster Berg Griechenlands mit spezifischer Serpentinvegetation; auffallende Schichtungen und Erosionsgebiete; »Serpentin-«Glockenblume *Campanula hawkinsiana*, Fettkraut, Schwalbenwurzenzian, *Bornmuellera*; Widderchen, Taubenschwanz.

Der mächtige Smolikas-Gebirgsstock im nördlichen Pindos ist mit 2637 m der zweithöchste Berg Griechenlands. Er erhebt sich nordöstlich des Städtchens Konitsa, ist durch das Tal des Aoos vom Timfi-Gebirge (Hauptreiseziel 12) getrennt und liegt inmitten eines ausgedehnten Serpentingürtels, der sich von Albanien schräg durch Nordwestgriechenland bis zum Katara-Paß (s. Nebenreiseziel 13) zieht.

Serpentinit ist ein dunkles, ultrabasisches Gestein mit einer sonderbaren chemischen Zusammensetzung. Das Mineral Serpentin entsteht durch Wasseraufnahme aus Olivin und Augit und findet sich vor allem im Inneren der Erde, von wo es durch Vulkanismus gelegentlich an die Oberfläche gelangt. Serpentingestein verwittert leicht (an frischen Bruchstellen sind die Felsen dunkelgrün oder schwarz getönt und entwickeln später eine rötliche Patina), an Abhängen bilden sich bald größere Schutthalden. Der Smolikas zeigt daher sanfte Formen, nur unterbrochen durch einige Felspartien, ganz im Gegensatz zu den schroffen Kalktürmen des Timfi. Obwohl Serpentinuntergrund ähnlich wie Granit nur wenig wasserdurchlässig ist und Quellen am Smolikas das ganze Jahr sprudeln, ist durch die Bodenchemie für

Im weichen Flysch haben Regengüsse tiefe Erosionstäler ausgewaschen, so wie hier am Südwesthang des Smolikas.

Durch den Straßenbau angeschnittene, mehrere Meter hohe, senkrechte Schichtungen bei Armata.

Pflanzen ein Grenzstandort entstanden. Serpentinit ist ein chemisch schwer lösliches Gestein, in der Regel reich an Magnesium, Eisen sowie an den giftigen Schwermetallen Nickel, Chrom und Kobalt. Diese Elemente bilden mit dem in den Serpentinböden niedrigem Kalzium-, Phosphor-, Kalium-, Stickstoff- und Molybdängehalt (z. T. grundlegende Nährstoffe für die Vegetation) extreme Verhältnisse für die Pflanzenentwicklung. Daher gedeiht hier eine spezielle »Serpentinvegetation«, nahezu 50 Arten haben sich ganz auf diesen Untergrund eingestellt. Für die übrige Flora ist er giftig, sie reagiert meist mit Kümmerwuchs. Die Gründe dafür sind immer noch nicht vollständig geklärt; bisher fehlt eine befriedigende Übersicht über die Giftwirkung von Chrom oder Nickel, vielleicht machen auch der Stickstoff- und Molybdänmangel wesentlich mehr aus. Einige Pflanzen sind jedenfalls in der Lage, große Mengen an Kalzium aufzunehmen und so die Wirkung verschiedener toxischer Ionen zu kompensieren.
Der Name Smolikas könnte, rein spekulativ, von slawischen Hirtenvölkern stammen, die vor nahezu 1000 Jahren in die nordgriechischen Gebirge einwanderten, wovon heute noch zahlreiche Ortsnamen, die auf »-itsa« und »-ovo« enden, zeugen. Im Gebiet ließen sich vielleicht Köhler nieder – Smolik heißt auf tschechisch »Teer- und Pechhersteller«. Für diese Aufgabe waren die slawischen Köhler so bekannt, daß sie im 19. Jh. speziell für den großen Eisenbahnbau quer durch die USA nach Amerika eingeladen wurden. Die Köhlerei (S. 30) ist in Griechenland bis heute verbreitet: Abertausende von Souvlaki-Grillöfen für Einheimische und Touristen wollen mit Holzkohle befeuert werden. Ihr Verbrauch stellt daher eine weitere Bedrohung für die letzten Waldgebiete dar.

Pflanzen und Tiere

Die Hänge des Smolikas sind auf mittlerer Höhe bewaldet mit Buchen, Schwarzkiefern und König-Boris-Tannen; im Unterwuchs gedeihen Fingerhut, Nesselblättrige Glockenblume und Goldrute. An Hängen und Felsen, die von Sickerwasser regelmäßig benetzt werden, sind Sumpfherzblatt, Schwalbenwurzenzian (S. 130) und Fettkräuter typisch. Letztere sind insektenverdauende Stauden mit drüsig-klebrigen Blättern. Oberhalb von etwa 1700 m besteht ein offenes Waldland mit Panzerkiefern, stark beweidet und vielerorts zu Buchsbaum- und Wacholdergestrüpp reduziert. Die typische Serpentinpflanze dieser Biotope ist der Kreuzblütler *Peltaria emarginata*. Außerdem gibt es Gelben Enzian, Rundblätterige Nieswurz (S. 163), Blaugrüne Wolfsmilch, Ritro-Kugeldistel (S. 139) und die Akanthusblättrige Eberwurz. Viele der Gewächse blühen den ganzen Sommer über bis weit in den Herbst hinein.
Über der Waldgrenze beginnt subalpines Weideland. Auf Felsen im Gipfelbereich wachsen mehrere Steinbrecharten, Herzblättrige Gemswurz und Felsenedelraute (eine Wermutverwandte). Charakterpflanze des Serpentinitgerölls ist die Glockenblume *Campanula hawkinsiana*. Sie blüht im September und ist im gesamten Serpentingebiet Nordwestgriechenlands verbreitet. Eine andere interessante Art ist die Sommerwurz (S. 197) *Orobanche rechingeri*, die auf Wurzeln verschiedener im Serpentin endemischer Arten der Kreuzblütlerfamilie parasitiert, z. B. der *Bornmuellera tymphaea*. Diese beiden Pflanzen sind nach zwei Botanikern benannt, die viel zur Erforschung der Flora des Balkans und des Nahen Ostens beigetragen haben: Joseph Bornmüller aus Weimar und Karl-Heinz Rechinger aus Wien.
Die Fauna ähnelt grundsätzlich derjenigen im benachbarten Vikos-Nationalpark. Blumen werden vom Taubenschwanz besucht, einem kleinen tagaktiven Schwärmer. Im Schwirrflug senkt er seinen Rüssel wie ein Kolibri den Schnabel in die Blütenkelche. Unterhalb von Paraskevi kommen auf Hochstaudenfluren mehrere Arten von Widderchen vor, mit Übergängen zwischen roten und schwarzen Formen. Häufig zu sehen sind die bizarren Raubfliegen, borstige, räuberische Fliegen, die andere Insekten im Flug jagen.

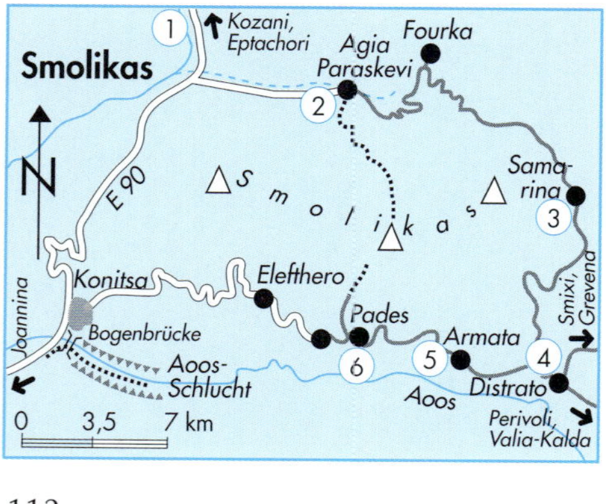

Im Gebiet unterwegs

Durch eine bemerkenswerte Landschaft führt die E 90 Kozani – Ioannina im Bereich des nördlichen Pindos-Gebirges, das sie auf einem niedrigen Paß überquert. Westlich von Neapolis fallen Schichtungen an den Hängen auf; in fotogener Lage duckt sich das Dorf Pentalofos rechts unterhalb der Straße. Am Paß (Provinzgrenze Kozani/Kastoria) beginnt das Serpentingestein, Felsen verwittern in grünlichen Schichten. Ein Blick auf eine Mondlandschaft ergibt sich beim Dorf **Eptachori** ①, wo Tonschiefer zu vegetationslosen, schrundigen Badlands erodiert ist.
Der Smolikas läßt sich auf (größtenteils Schotter-) Straßen umrunden. 18 km nördlich von Konitsa befindet sich die Abzweigung nach Agia Paraskevi ②. Die Hänge sind dicht bewaldet, aber immer wieder trifft man am Straßenrand auf Serpentinitschutthalden mit schütterer Vegetation.

Agia Paraskevi ist der übliche Ausgangspunkt zur Besteigung des Smolikas. Hier endet der Asphalt; der Weg führt auf der nördlichen Talseite in Serpentinen bergan, man hat einen weiten Blick auf das Tal und Paraskevi. Hier gibt es Kalkboden mit Kiefern. An der Abzweigung nach Fourka ändert sich das schlagartig. Das Gebiet ist feucht, in dichtem Buchenwald überqueren auch im Sommer kleine Bäche die Straße. Kurz vor **Samarina** ③ erreicht der Weg etwa 1700 m Höhe; knorrige Kiefern trotzen den Unbilden der Witterung. Im Gebiet sind einige Bäche zu durchfurten, und Muren zeigen an, daß der Weg nach der Schneeschmelze im Frühjahr teilweise unpassierbar ist. Entlang des Forstwegs nach **Distrato** blühen im September recht häufig Glockenblumen der Art *Campanula hawkinsiana*. Von Distrato ④ bis Elefthero schlängelt sich die Straße 30 km lang in weiten Kurven hoch am Hang dahin; im Tal verschwindet der Fluß weit vorne im Dunst der Aoos-Schlucht. Vor **Armata** ⑤ sind durch den Wegbau leuchtend rote und braune Schichtungen freigelegt, die zeigen, wie stark der Untergrund im Zuge der Gebirgsbildung gefaltet wurde.

Anstieg zum Smolikas

Außer von **Paraskevi** ② ist der Anstieg zum Gipfel noch von **Samarina** ③ oder Pades ⑥ möglich. Von Paraskevi führt der Weg in südlicher Richtung zu einem markanten Felsgipfel, dann links in vielen Serpentinen zu einem Sattel (etwa 2200 m), von dort weiter zum Gipfel (Anstiegsdauer 3 – 4 Stunden). Im Westen von Pades führt ein steiler Fahrweg zu einigen Hirtenhütten, von dort ein Pfad weiter. Durch ein Hochtal erreicht man weglos den Gipfel.

Praktische Tips

Anreise

Von der E 90 in Konitsa nach Elefthero (20 km) oder 18 km nördlich von Konitsa nach Agia Paraskevi. Busverbindungen

Die Smolikas-Steinkresse bildet auf dem Serpentinschutt am Straßenrand gelbblühende Polster.

Der »Schwanz« aus verlängerten Schuppen dient dem Taubenschwänzchen als Steuerhilfe im Schwirrflug.

Die meisten Raubfliegen lauern sitzend bis ein Beuteinsekt vorüberfliegt; ihr Gesichts»bart« schützt die Augen.

Staehelina uniflasculosa besiedelt Schutt und Gebirgsfelsen am Balkan und kommt auch mit Serpentin zurecht.

Ochsenzungen sind wärmeliebende Ruderalpflanzen, im Foto die Art *Anchusa serpentinicola.*

von Konitsa zu den beiden Orten unregelmäßig, im Sommer einmal täglich. Die Verbindung Samarina – Distrato kann bis in den Juni unpassierbar sein. Von Distrato führen Forstwege weiter zum Valia Kalda (Pindos-Nationalpark) und über Smixi nach Grevena (Europawanderweg E 6).

Klima/Reisezeit

Gemäßigtes Klima; auch im Sommer ein interessantes Reiseziel.

Unterkunft

Paraskevi: Am Dorfplatz ein »Hotel« (bietet Zimmer zu überhöhten Preisen), ein winziges Geschäft und eine Bar, die von einer Deutschen aus Kassel geführt wird; dort ist Brot zu bekommen.
Elefthero und Pades: Zimmer vermietet jeweils der Wirt im Kafenion.
Ausreichende Infrastruktur (Hotel, Privatzimmer, Restaurant und Geschäfte) nur in **Konitsa**.

Randfleckwidderchen auf einer Witwenblume. Die leuchtenden Farben warnen Freßfeinde: Vorsicht, giftig!

Die »Serpentin-«Glockenblume *C. hawkinsiana* blüht im August/September zwischen Smolikas und Katara-Paß.

12 Vikos-Aoos-Nationalpark

Längste und tiefste Schlucht des griechischen Festlands, beeindruckende Aussicht, urtümliche Landschaft mit bizarren Felsformationen, traditionelle Architektur; Herbstgoldbecher, Schachblume, Pracht-Kieleidechse.

Der Nationalpark umfaßt den Timfi-Gebirgsstock, der von zwei tief eingeschnittenen Schluchten flankiert wird. Im Norden trennt ihn das **Aoos-Tal** vom Smolikas, dessen runde Serpentinkuppen in scharfem Kontrast zu den zackigen Kalkgipfeln des Timfi stehen. Im Südwesten durchbricht der Voidomatis in der mehr als 10 km langen **Vikos-Schlucht** den Gebirgsriegel aus Kalk und Dolomit. Dieser 600 m tiefe »Grand Canyon Griechenlands« ist ähnlich imposant wie die bekannte Samaria-Schlucht in Kreta, bietet aber durch seinen »Balkon« die großartigere Aussicht und durch die herausgewitterten, geschichteten Kalktürme das abwechslungsreichere Ambiente. Das Gebirge bildet das Rückgrat der Zagoria, eines während der Türkenzeit weitgehend selbstverwalteten Gebietes mit 46 Dörfern. Die meisten von ihnen wurden um das Jahr 1400 angelegt, als sich die einheimische Bevölkerung ins Gebirge zurückzog. Eine Kombination von Viehzucht, Handwerk und Fernhandel bis nach Konstantinopel führte zu beträchtlichem Wohlstand. Die zahlreichen Bogenbrücken und Maultierpfade sind Relikte dieser Zeit, wie auch die schönen Steinhäuser in den westlichen Zagoria-Dörfern (die Orte im Osten brannten dagegen im Zweiten Weltkrieg ab). Mit dem Erstarken der Industrie in jüngster Zeit starb diese kleine Welt aus, übrig blieben vereinsamte Orte in einer wildromantischen Landschaft. Nur im Sommer zieht für kurze Zeit Leben ein, wenn die Auswanderer den Urlaub in ihren Heimatdörfern verbringen.

Blick von der Bogenbrücke am Eingang der Aoos-Schlucht im April. Im Hintergrund das schneebedeckte Timfi-Gebirge.

Im Herbst blühen das Neapolitanische und das Griechische Alpenveilchen, im Frühjahr das Geschweiftblättrige.

Pflanzen und Tiere

Die Vikos-Schlucht ist an ihren Hängen dicht bewaldet mit allerlei Laubbäumen wie Hain- und Hopfenbuche, Bergahorn, Silberlinde oder Stechpalme. An schattigen Stellen gedeiht ein Relikt aus dem Tertiär, die Serbische Ramonda aus der Familie der Gloxiniengewächse. In den Felspartien haben die Spezialisten gegen Hitze und Trockenheit Lebensraum gefunden, z. B. Lotwurz (S. 206), Griechische Flockenblume, Rispiger Mauerpfeffer, Traubensteinbrech, Schneeweißer Alant und Griechischer Fingerhut (S. 144). Auffallend sind mehrere Greifvogelarten, die in den Klippen ungestört nisten können: Gänse- (S. 77) und Schmutzgeier

Der Herbstgoldbecher hat gelbe, krokusähnliche Blüten.

(S. 124), Zwerg-, Stein- und Schlangenadler (S. 204). Im felsigen Gelände leben Pracht-Kieleidechsen, neben Würfel- (S. 107), Ringel-, und Pfeilnatter die prächtige Leopardnatter (S. 134) sowie die giftige Hornotter (Sandviper) – eine reiche Reptilienfauna als Nahrungsquelle für den Schlangenadler. Die Hänge weiter oben im Gebirge sind vornehmlich mit verschiedenen Eichen bewachsen; die Baumgrenze bilden (als Vertreter der Nadelhölzer) Wacholderbäumchen. In den naturbelassenen Abschnitten gibt es noch einige Bären (s. S. 73) sowie Wölfe, Wildkatzen, Wildschweine und Gemsen.

Im Gebiet unterwegs

Als Ausgangspunkt eignet sich das Dorf **Monodendri** am Rand der Vikos-Schlucht. Die Siedlungen der Zagoria fügen sich unauffällig in die Landschaft ein, die Mauern der Häuser und Höfe sind aus dem hellgrauen Stein der Umgebung, die Dächer mit schwarzen Schieferplatten gedeckt. Nur der in südländischen Dörfern übliche »Kabelwirrwarr« stört den Eindruck, daß die Zeit hier stehengeblieben sei. Die schmalen Dorfstraßen sind steingepflastert, Querleisten bieten auf Gefällestrecken den Hufen der Maultiere Halt.
An Monodendri vorbei führt eine Schotterpiste 7 km zum **Vikos-Balkon** ①. Man passiert eine Ansammlung bizarr geschichteter Kalktürme, von einem Parkplatz geht es einige Meter um die Ecke – und vor dem Besucher eröffnet sich eines der großartigsten Panoramen Griechenlands (S. 11, 119). Ein paar Schritte vor an den Rand, und es geht 400 m senkrecht nach unten. Im Frühling blühen hier Wohlriechende Nieswurz und Festknolliger Lerchensporn (S. 163), im September entfaltet nach den ersten Regen der leuchtend gelbe Herbstgoldbecher seine Trichterblüten.
Ebenfalls eine schöne Aussicht auf die senkrechten Felswände hat man vom **Klo-**

ster Ag. Paraskevi (der Name bedeutet Karfreitag), einige Minuten von Monodendri in Richtung zur Schlucht hin gelegen ②. Wie ein Schwalbennest kleben die niedrigen Steingebäude auf einem Felsvorsprung.
Von Monodendri führt ein schmaler Pfad in die **Vikos-Schlucht** hinunter, bequemer erreicht man diese allerdings von der Straße vor **Kipi** ③. Auch hier stehen wie Kulissentürme zahlreiche der geschichteten Felsen. Im Frühling rauscht der Vikos (erst in der Schlucht erhält er den Namen Voidomatis) hindurch; dann ist der Sinn der sonst reichlich überflüssig im Trockenflußbett herumstehenden Bogenbrücken erkennbar. 53 dieser Bauwerke aus dem 19. Jh. verbanden die Handelswege. Sie

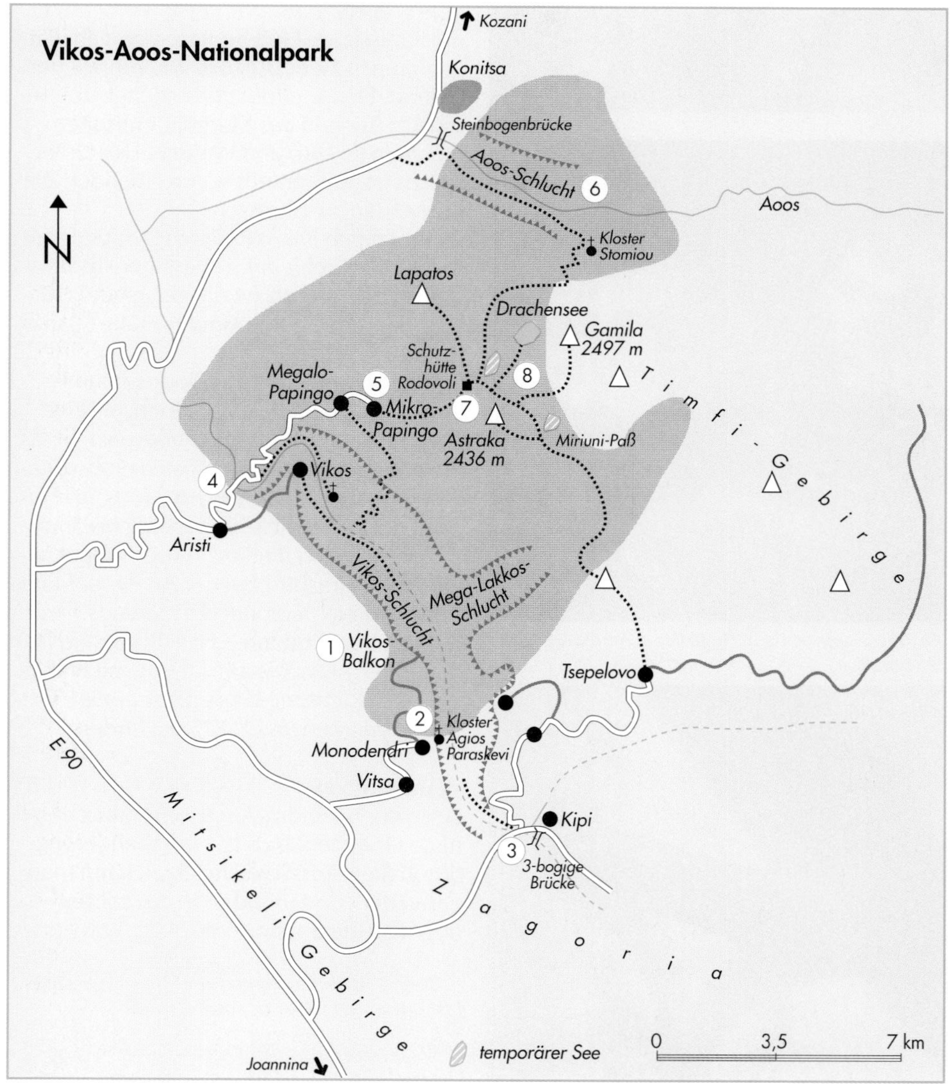

Die Distel *Carduus thoermeri* ist ein osteuropäisches Florenelement auf Trockenrasen und Schuttflächen.

sind mit hochgestellten Steinreihen versehen, um das Ausgleiten der Tragtiere zu verhindern.

Eine Stichstraße, die weiter nördlich von der E 90 abzweigt, führt an das untere Ende der Schlucht ④. Wuchtige Felspfeiler stützen den flachen Gipfel der **Astraka**, zu ihren Füßen ducken sich die beiden Ortsteile von Papingo. Von Aristi windet sich die Straße zum Fluß hinunter (und am Gegenhang in zwei Dutzend Kehren wieder hinauf). Den Voidomatis begleitet ein dichter Auwald aus Morgenländischen Platanen (S. 180) und Weiden. Der Unterwuchs ist größtenteils von weidenden Ziegenherden aufgefressen.

Das reizende **Mikro Papingo** ⑤ mit seinem niedrigen Kirchlein im charakteristischen Baustil der Zagoria ist Ausgangspunkt für Wanderungen zur Rodovoli-Hütte ⑦ und ins Gebirge ⑧.

Der **Aoos** entspringt am Pindos-Hauptkamm und fließt auch im Hochsommer durch sein enges Tal im Norden des Timfi-Gebirges ⑥. Von der höchsten einbogigen Steinbogenbrücke Griechenlands am Eingang der Schlucht führt ein Weg bis zum **Kloster Stomiou**. Entlang dieses Weges fallen große Grasbüschel der Art *Ampelodesmus mauretanicus* auf, die mehr als 1 m hohe Schöpfe bilden. Im Frühling sind in der hohen Macchie am Taleingang und weiter in Richtung Vikos die schönen Schachblumen (S. 71, 175) zu finden.

An Wegrändern und in Trockenfluren blühen Blasse Stockrosen.

Wanderungen

Eines der beeindruckendsten Naturerlebnisse Griechenlands ist eine Wanderung durch die **Vikos-Schlucht**. Dazu kann man entweder von Monodendri aus starten oder von der Straße vor Kipi ③. Von dort

◁ Die Pracht-Kieleidechse hat einen blauen bis grünlichen Kopf und gekielte Rückenschuppen (Name!).

Blick vom Vikos-Balkon nach Osten in die einmündende ▷ Nebenschlucht Mega Lakkos (Großer Graben).

Am Weg zum Vikos-Balkon passiert man Kalkfelsen, welche die Sedimentschichten deutlich erkennen lassen.

führt zu Beginn ein Pfad am rechten Ufer entlang, später muß man durch den Flußschotter weiter. Die Felsen werden höher, die Schlucht enger. Der Fluß hat einige Wannen ausgewaschen; dort lassen sich die Pracht-Kieleidechsen gut beobachten. Das Ufer begleiten Schwarzerlen und Weiden; im Frühling blühen Dichternarzisse, Türkenbund (S. 163) und Blasse Stockrose, im Herbst Alpenveilchen und Herbstzeitlosen (S. 143); auffallend häufig sind Eichelhäher. Der weitere Weg artet manchmal in eine mühsame Kletterei über kleine Felsbarrieren aus, doch stehen zur Orientierung immer wieder kleine Steinpyramiden im Flußbett, oder ein 03-Schild des Bergsteigervereins Ioannina weist auf die beste Route hin. Hoch oben erkennt man winzig Besucher, die vom Kloster in Monodendri herunterblicken.
Ab der Einmündung der Nebenschlucht **Mega Lakkos** (Großer Graben) gibt es auf der linken Talseite einen Pfad. Gegen Ende der Schlucht führt im Osten ein abzweigender Serpentinenpfad, der schöne Ausblicke bietet, nach Papingo hinauf. 10 Minuten weiter steht am Voidomatis-Quellsee eine Marienkirche mit Fresken aus dem 17. Jh. Von hier ist es möglich, der Schlucht weiter zur Straße Aristi – Papingo zu folgen oder zum Weiler Vikos (Vitsiko) aufzusteigen. Für eine komplette Durchquerung muß man mit 7 Stunden reiner Gehzeit rechnen; Trinkwasser gibt es lediglich an der Quelle nahe dem Ende der Schlucht.
Ein zweiter Wandervorschlag führt von **Mikro Papingo** hinauf ins Gebirge ⑧. Vom Ort erreicht man, an 3 Quellen vorbei, auf steilem, aber gutem und markiertem Weg die unbewirtschaftete Schutzhütte **Rodovoli** in 1950 m Höhe. Hinter der Hütte erstreckt sich zwischen den Gipfeln eine grüne Karstmulde mit 2 Seen, die im Sommer austrocknen. Ein gemächlich ansteigender Pfad führt nach Norden über den Kutsomitsos-Kamm auf den **Lapatos-Gipfel** (2250 m). Ebenso leicht erreicht man über grasige Hänge den **Drachensee**, dessen Bestehen auf dem wasserdurchlässigen Untergrund eine noch ungeklärte Naturerscheinung ist. In ihm spiegelt sich bei schönem Wetter herrlich das Astraka-Massiv. Im Juli blühen zahlreiche Bergblumen zwischen den Felsen, z. B. der rote Stribrnysteinbrech, das Schopfige Läusekraut und die Grasblättrige Krugglocke.
Der Felszylinder der **Astraka** (2436 m) läßt sich über den Miriuni-Paß von Süden her erwandern. Beim Miriuni-See beginnt auch der Weg auf den höchsten Gipfel, die **Gamila** (2497 m). Wer nicht nach Papingo zurückkehren möchte, hat die Möglichkeit, von Miriuni nach Tsepelovo abzusteigen oder von der Hütte aus auf einem schlechten Pfad zum Stomiou-Kloster in der Aoos-Schlucht zu gelangen.

Eine Hornotter frißt eine Felsenmaus. Die Hornotter ist die einzige häufigere Giftschlange des Festlandes.

Der violett gefärbte Stahlblaue Mannstreu ist wie die Stranddistel ein Doldenblütler im Distelkleid.

Praktische Tips

Anreise

Die Zagoria und der Nationalpark liegen etwa 30 km nördlich von Ioannina und sind durch kurvenreiche, aber asphaltierte Stichstraßen von der E 90 aus gut zu erreichen. Das Aoos-Tal mündet unmittelbar unter dem Städtchen Konitsa. Monodendri und die umgebenden Dörfer werden von Ioannina aus täglich zweimal mit Bussen angefahren, Papingo zumindest dreimal pro Woche.

Unterkunft

In Monodendri z. B.: das Fremdenheim Vikos oder das Xenonas Monodendri; in Kipi: ein Lokal an der Bushaltestelle; in Tsepelovo: einige Gästehäuser. Außerdem sind die meisten der Dörfer inzwischen auf Sommerfrischler eingestellt und bieten während der Saison Privatzimmer und eine bescheidene Infrastruktur; Kleintransporter halten die Lebensmittelversorgung aufrecht. Im zeitigen Frühjahr und im Herbst muß man nach Konitsa oder Ioannina ausweichen.

Klima/Reisezeit

Der Frühling beginnt als Folge der Höhenlage spät; im April sind die Bäume noch kahl. Wanderungen sind von Mai bis Oktober möglich; im Gebirge kann bis weit in den Juni hinein Schnee liegen.

Information

Organisierte Trekkingtouren und Informationen über Wanderrouten bietet ein Reisebüro in Ioannina: Robinson Travel Agency, Konstantinos Vassiliou, Odos Merarchias 10, 45445 Io.,Tel 0651-29402.
Den Schlüssel für die Rodovoli-Schutzhütte erhält man im Laden von Megalo Papingo.

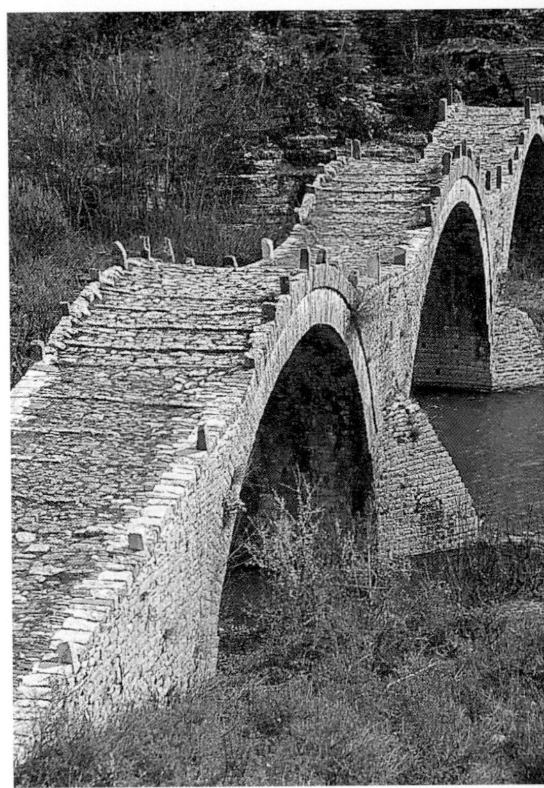

Die dreibogige Brücke bei Kipi ist eine der Steinbrücken, die früher die Handelswege in der Zagoria verbanden.

13 Meteora

Beeindruckendste Felskulisse Griechenlands; Judasbäume, Französisches Knabenkraut, Schmutzgeier, Russischer Bär.

Bis 300 m ragen die Felsen von Meteora aus der Ebene von Trikala empor, und manche zählen sie zu den schönsten Plätzen der Erde. Ein Wald von gewaltigen Steinsäulen, himmelstrebenden Felsnadeln und schiefen Türmen, ein Labyrinth enger, senkrechter Schluchten.
Die Entstehung der Felsen war ein langandauernder Prozeß. Vor 20 oder mehr Millionen Jahren war das Gebiet vom Meer überflutet. Vom Ur-Pindos herab transportierte ein Fluß Geröll in sein Delta, das

Die Griechische Landschildkröte ist überall verbreitet, wo es trocken ist, vom Bergland bis zu den Küstendünen.

sich mit den Schlammablagerungen des Meeres zu einem Molasse-Konglomerat verfestigte. Das Gestein war durch tektonische Hebungen von einem Netz von Bruchlinien durchzogen, Ansatzpunkt für die spätere Erosion. Aus dem Meer wurde irgendwann ein See, der das thessalische Becken ausfüllte. Als er durch die nach einem Erdbeben entstandene Tempe-

Wespenragwurz. Die beiden Pollinien (Bündel aus verklebten Pollenkörnern) der Ragwurzarten tragen eine Klebscheibe, mit der sie sich an blütenbesuchende Insekten heften. Beim nächsten Blütenanflug des Insekts werden die Pollinien an der klebrigen Narbe einer anderen Pflanze wieder abgestreift.

Blick nach Westen auf einige Felsen von Meteora. Links das Roussanou-Kloster, rechts Ag. Nikolaos Anapafsas. Im Hintergrund ist das Pindos-Gebirge zu sehen.

Schmutzgeier sind in Griechenland immer wieder zu sehen.

Schlucht ausfloß, schnitten sich die Wassermassen in den Untergrund. Der mäandernde Pinios trug weitere Schichten ab, zusätzlich modellieren Regen und Wind an der Felsenlandschaft. Solche zerklüfteten Strukturformen aus unterschiedlich widerstandsfähigen Schichten gibt es noch an anderen Übergangsstellen zwischen Ebene und Gebirge in Griechenland, aber nirgendwo sind sie auch nur annähernd so imposant wie in Meteora.
Bei stürmischem Wetter stoßen die Felsgipfel an die tiefhängenden Wolken, und so ist Meteora der Ort wo sich »Himmel und Erde berühren«. Ab dem 9. Jh. ließen sich Einsiedler in den Schluchten nieder. Ab dem 12. bildeten sich Mönchsgemeinden, die zahlreiche Klöster auf den Felsen errichteten und Meteora in ein geistiges Zentrum wie Athos verwandelten. Erst seit dem 20. Jh. führen Brücken und Treppen zu den 6 verbliebenen Klosterbauten, die Dank der exotischen Landschaft und ihrer Kunstschätze wegen von den letzten Mönchen und Nonnen touristisch fleißig vermarktet werden. An manchen Tagen drängeln sich endlose Besucherströme in den schmalen Eingängen, und James Bond hat die Felsen bereits in »tödlicher Mission« erobert.

Pflanzen und Tiere

Der Besuch Meteoras lohnt natürlich vor allem wegen der großartigen Szenerie und der Klöster. Das Gebiet ist größtenteils anthropogen beeinflußt mit Wein- und Obstgärten und karger Macchie. Nur das Innere des Felsenrunds ist mit einem dichten Niederwald aus laubwerfenden Bäumen und Sträuchern bewachsen, frisches Grün, in das der Judasbaum (S. 202, 203) rosa Farbtupfer setzt. In den Wiesen oberhalb der Felsen leuchten die bunten Frühjahrsblüher, an den Wegrändern saugen Schmetterlinge an den Blüten von Brombeere und Blasenstrauch. Als typische Arten können Segelfalter und Glaskrautfalter genannt werden. Im Eichenmischwald wächst das Französische Knabenkraut; in gebüschreichem Weideland kann man im April an Orchideen Zungenstendel (S. 214), Wespen-, Helenes und Reinholds Ragwurz finden, im September die Herbstdrehwurz.
Die Felsen bieten einigen Greifvögeln Lebensraum: Gänse- (S. 77) und Schmutzgeier, Zwerg- und Habichtsadler lassen sich von den Klöstern aus beobachten. Häufig ist die Felsenmaus, auf dem gesamten griechischen Festland auf felsigem Untergrund verbreitet. Die zahlreichen Griechischen Landschildkröten dienen den Bartgeiern (S. 160) als Nahrung, indem die Vögel sie auf Felsen herunterfallen lassen, um sie zu knacken. Manche Schildkröten landen dabei weich im Gebüsch, und so haben Kletterer schon welche auf den Gipfeln gefunden.

An einigen Stellen haben sich am Pinios noch Platanenauen (S.180) erhalten, bewohnt von Eidechsen und Schmetterlingen wie Kaisermantel, Blauschwarzem Eisvogel (S.109) und dem rot-schwarzen Russischen Bär. Dieser erreicht in Griechenland an einigen Stellen Massenvorkommen, bekannt sind etwa die Schmetterlingstäler in Rhodos und Paros.

Im Gebiet unterwegs

Vom Städtchen Kalambaka (sein Name ist türkisch und bedeutet »schwarze Burg«) führt eine Straße durch das Dorf Kastraki mitten in die Felsen und zu den einzelnen Klöstern. Das erste, **Ag. Nikolaos Anapafsas**, bietet eine »zoologische« Sehenswürdigkeit: »Adam gibt den Tieren ihre Namen«. Diesen reizvolle Tiergarten hat der Mönch Theophanis Strelitsas, einer der bedeutendsten Ikonenmaler Griechenlands, im 16. Jh. geschaffen.
Bevor die Straße in den 60er Jahren gebaut wurde, zogen sich Fußpfade kreuz und quer durch das Gelände. Sie sind teilweise noch erhalten und erlauben so Exkursionen abseits des Asphaltes. Für den Besuch der Klöster müssen Frauen einen Rock und lange Ärmel, Männer lange Hosen tragen.

Praktische Tips

Anreise
Kalambaka ist ein wichtiger Verkehrsknotenpunkt an einer der 3 Ost-West-Verbindungen Griechenlands und wird von Bussen aus allen Himmelsrichtungen angefahren. Eine lokale Eisenbahnlinie führt nach Volos.

Klima/Reisezeit
Mediterran-kontinental, mit heißen Sommern und Winterfrösten durch vom Pindos herabsinkende Kaltluft. Die beste Reisezeit ist das Frühjahr, während der Saison ist das Gebiet meist überfüllt.

Der Russische Bär hat schwarz-gelbe Vorderflügel, die ihn gut tarnen, und als Warntracht rote Hinterflügel.

Unterkunft
Kalambaka und Kastraki leben vom Besucherstrom zu den Klöstern und bieten ein üppiges Angebot an Tavernen, Pensionen und Campingplätzen. Trotzdem kann es in der Hauptsaison zu Engpässen kommen.

Der Segelfalter ist als Kulturfolger einer der am häufigsten zu beobachtenden Schmetterlinge Griechenlands.

14 Olymp

Nationalpark mit imposanter Gebirgslandschaft, Vithos-Schlucht, beliebtes Wanderziel; einmalige, z. T. endemische Flora; *Jankaea heldreichii*, Otto-Amalia-Akelei, Panzerkiefer, Fettkraut, viele Orchideen; Geier, Wildziege.

Der Bergstock des Olymp (2917 m) ist das höchste Gebirge Griechenlands und das zweithöchste der Balkanhalbinsel. Sein Anblick vermittelt eindrucksvoll die für Griechenland typische Verschränkung von Land und Meer. Das nahezu 40 km lange und 30 km breite Massiv erhebt sich unmittelbar aus der Küstenebene, die Gipfel sind nur 20 km vom Meer entfernt. Geographisch wie geologisch hebt sich der Olymp markant von seiner Umgebung ab. Im Norden und Osten umgibt ihn alluviales Schwemmland, im Süden bildet das Xerolakkos-Tal einen tiefen Einschnitt zum Hügelland des 1200–1500 m hohen Niederen Olymp. Im Westen liegt Kulturland, nur an der Nordwestecke besteht direkter Anschluß an den Gebirgszug Pieria – Vermion – Voras. Der Olymp wird von zahlreichen Tälern eingeschnitten, am imposantesten ist die vom Enipeas gegrabene **Vithos-Schlucht** oberhalb von Litochoron; an der Nordseite liegen die **Pappa-Rema** und die **Xerolakki-Schlucht**.

Die Höhe von 3000 m und die Nähe zum Meer sind dafür verantwortlich, daß die Gipfel regelmäßig mit Wolken verhangen sind, die sich in kürzester Zeit am strahlend blauen Himmel versammeln können. Ein idealer Platz für Göttervater Zeus, der nicht umsonst die Beinamen »Wolkenver-

Die Verschiedenfarbige Glockenblume ist ein Vertreter der etwa 90 Glockenblumenarten und -unterarten Griechenlands.

sammler« und »Blitzeschleuderer« trug. Das Allgemeinklima der tiefen und mittleren Lagen ist mild und ausgeglichen, mit zunehmender Höhe wird der Winter sehr streng und der Schnee bleibt lange liegen. Durch die Staulage sind die Niederschläge an den Nordosthängen am reichlichsten, mit Werten zwischen 800 und 1200 mm im Jahr. Die West- und Südseite sind trocken, da die feuchte Luft aus dem Westen bereits in Epirus abgeregnet ist. Durch das Unvermögen des Kalkgesteins, Feuchtigkeit über längere Zeit zu speichern, trocknet der Gipfelbereich trotz reichlichem Wasserangebotes durch die Schneeschmelze im Sommer stark aus.
Geologisch besteht der Großteil des Olymps aus Kalk- und Dolomit-Marmoren auf kristalliner Unterlage, im Gipfelbereich stark gefaltet und zu Spitzen und Karren verwittert. Diese später bei niedrigen Drücken und Temperaturen metamorphisierten Kalke sedimentierten in einem Flachmeer durch das gesamte Erdmittelalter (Trias, Jura und Kreide) hindurch bis ins Eozän vor etwa 50 Mio. Jahren. Im Westen gibt es einige Einsprengsel aus Gneis und im Nordwesten oberhalb von Petra Flysch. Grünschiefer findet man auf den Spitzen Mavroneri und Itamos. Der Niedere Olymp besteht dagegen nicht aus ehemaligen Meeressedimenten, sondern aus Gneis und kristallinem Schiefer.

Pflanzen und Tiere

Die Flora des Olymp setzt sich aus 3 Komponenten zusammen: mediterrane, zentraleuropäische und balkanischmontane Arten; und alle diese gedeihen, was sehr

◁ Die Olymp-Gipfel Mytikas und Stefani vom Skolio aus.

Eine häufige Orchidee ist das Italienische Knabenkraut. ▷

Vom Steinkauz, bereits in der Antike verstädtert, stammt das Sprichwort »Eulen nach Athen tragen«.

selten ist, in unmittelbarer Nachbarschaft zueinander. In einer groben Übersicht lassen sich ungefähr folgende Höhenstufen unterteilen (deren Vegetation sich dann je nach Lage und Exposition – Süd, Nord, feucht, trocken – wiederum unterscheiden kann):

mediterran:
0 – 300 m Phrygana der Küstenebene
300 – 700 m Macchie

zentraleuropäisch:
700 – 1500 m Wälder mit Schwarzkiefer, König-Boris-Tanne und Buche

balkanisch-montan:
1500 – 2100 m Wälder mit Tanne, Buche und Panzerkiefer

subalpin:
2100 – 2300 m Zwergsträucher und krautige Pflanzen

alpin:
2300 – 2900 m lockerer Felsflurenbewuchs mit Polsterpflanzen.

Die Vegetation an der Ostseite zum Golf von Thessaloniki beginnt in der Steineichenzone und ist durch menschliche Siedlungstätigkeit umgestaltet. Auf der Westseite können Wälder der Zone der laubwerfenden Balkaneiche als natürlich gelten, die durch den Weidebetrieb sich ansiedelnde Ersatzvegetation besteht aber vornehmlich aus verbissenem Kermeseichengebüsch, das höher oben vom Buchsbaum abgelöst wird.

An der Küste liegt ein Sandstrand mit der üblichen Vegetation (s. Hauptreiseziel 24). Weiter im Inland bildet der Mönchspfeffer, eine sommergrüne Pflanze mit dekorativen blauen und rosa Blütenständen, schlanke Stauden entlang von Straßen oder Kanälen. Aus den orchideenreichen Weideflächen zwischen dem Meer und Litochoron leuchtet im Frühling eine bunte Annuellenflora (Hauhechel, Jungfer im Grünen, Geflecktes Sandröschen usw.), Ende Juni ist die ganze Pracht wieder vorbei.

Der Fuß des Gebirges zwischen 300 und 600 m ist im Osten und Norden von einer etwa 3 m hohen Macchie aus Kermeseichen (S. 137) bedeckt. Ihren Namen hat diese Pflanze von einer auf ihren ledrigen Blättern lebenden Schildlaus erhalten, aus der man früher Karmesinrot herstellte. Dazu mischen sich die üblichen mediterranen immergrünen Hartlaubbüsche sowie laubwerfende sommergrüne Büsche. Im Frühjahr blühen Wilde Tulpe, Reichenbachs Schwertlilie, Messina-Schachblume und mehrere Orchideenarten. Auf erodierten oder überweideten Stellen bildet der Stechdorn vielfach undurchdringliche Dickichte.

Oberhalb von etwa 450 m nimmt auf den Feuchthängen die Artenzahl der Immergrünen ab, und es kommt zu einer Anreicherung des Perückenstrauchs. Dessen Blütenstiele sind zur Fruchtzeit verlängert und mit fedrigen violetten Haaren besetzt. Diese verleihen den Stielen dann ein perückenartiges Aussehen. Aus dem Holz der sehr gerbstoffreichen Pflanze gewann man früher ein leuchtendes Goldgelb. Weitere häufige Arten sind z. B. Flaumeiche, Stechwacholder und der Blasenstrauch, ein Schmetterlingsblütler mit bauchig aufgeblasenen Hülsen.

Zunehmend werden diese Gebüsche mit der Griechischen Schwarzkiefer durchsetzt, die ab etwa 800 m auf trockeneren

Standorten geschlossene Wälder bildet. Die Häufigkeit der Schwarzkiefer ist sicher dem Einfluß des Menschen zu verdanken, denn an unzugänglichen Stellen ist sie wesentlich seltener, z. B. an den südexponierten Hängen der unteren Vithos-Schlucht. Wer beim Anstieg zum Olymp hier duchwandert, findet einen Niederwald mit Hain- und Hopfenbuche, Manna-Esche (S. 71), Französischem Ahorn, Speierling und Elsbeere.

Zwischen 900 und 1000 m werden die sommergrünen Laubwälder von montanen Nadelwäldern aus Griechischer Schwarzkiefer und der König-Boris-Tanne ersetzt. Diese Mischbestände stocken vorwiegend auf feinerdearmen Kalkböden. Buchenbestände sind an geschützte Nordhänge und tiefer eingeschnittene Täler gebunden und enthalten eine Menge von Buchenbegleitern. Rund um Prionia, dem in 1100 m gelegenen »Basislager« für die Olymp-Erkundung, läßt sich diese Höhenstufe recht gut erkennen.

Auf schattigen Felsen im Buchenbereich wächst auch die berühmteste Pflanze des Olymp: Die endemische (nur hier vorkommende) *Jankaea heldreichii*. Sie ist eine Art lebendes Fossil aus wärmeren Zeiten des Tertiärs und gehört wie das aus den Bergen Tanzanias stammende und als Zierpflanze beliebte Usambaraveilchen zur tropischen Familie der Gesneriaceen (Gloxiniengewächse). Die seidig schimmernde *Jankaea* gedeiht von 400 – 2300 m Höhe und blüht im Frühjahr und Frühsommer (je nach Höhe von Mai bis Juli). An geeigneten Standorten, wie in der Papa-Rema-Schlucht, kann sie in großer Anzahl vorkommen. Der Sonne ausgesetzte Felsen werden von Lotwurz (S. 206), Verschiedenfarbiger Glockenblume, Edel-Gamander und Blaßgelber Fetthenne besiedelt, an Waldrändern stehen Salbei und Samos-Brandkraut.

Bis zur Waldgrenze bildet die Panzerkiefer lockere Bestände. Der gegen Kälte, Hitze und Trockenheit widerstandfähige Baum überlebt auch an unwirtlichen Stellen. Sein Name stammt von der Ausbildung einer dicken Borke, die große Platten aufweist und daher einer Panzerung gleicht. Die Panzerkiefer ist der Schwarzkiefer verwandt und vielleicht das Ergebnis einer Auslese durch häufige Waldbrände im Mittelmeerraum, vor deren Auswirkung die dicke Rinde schützt.

Entlang des Weges und um die Schutzhütte A wachsen auffallend bunte Blumen und Kräuter, z. B. auf Felsen gleich oberhalb der Hütte das rosa Delphinanta-Veilchen und an geschützten feuchten Stellen die schöne Amalia-Akelei mit blauweißen Blüten, die mit der Otto-Akelei aus dem Chelmos nach dem aus Bayern stammenden ersten Königspaar des modernen Griechenland benannt ist.

Krüppelformen der Panzerkiefer halten sich bis nahezu 2600 m, doch ist dies das Reich der speziell angepaßten Hochgebirgspflanzen. Die Ausbildung der Hochgebirgsvegetation ist stark vom Feinerdegehalt des Bodens abhängig. Sind südexponierte Felshänge so gut wie vegetationslos, entwickeln sich bei besseren Bedingungen Felsfluren mit Seidelbast und dornigen Tragantpolstern (S. 172). Charak-

Die Jungfer im Grünen ist ein zierliches Hahnenfußgewächs.

Der Borretsch ist eine kleine Pflanze mit nickenden Blüten und wächst auf Kultur- und Brachland.

teristische Arten sind Steinbrechgewächse, das weiße Veilchen *Viola striis-notata* und das endemische Fingerkraut *Potentilla deorum*.

Während der Olymp mit nahezu 1500 Pflanzenarten als »botanisches Paradies« gilt, ist über die Tierwelt relativ wenig bekannt. Die waldreichen Gebirgsteile bieten Lebensraum für zahlreiche Spechte, Greifvögel sowie baumbewohnende Fledermäuse. Zumindest zeitweise leben hier alle 4 Geierarten Griechenlands, ferner Stein- und Zwergadler, Kurzfangsperber, Uhu, Rauhfußkauz und Steinhuhn. Vom einstigen Wildbestand haben sich noch vereinzelte Gemsen und Rehe erhalten. Eine Rarität ist die Agrimi-Wildziege. Diese Bezoarziegen sind nahe Verwandte des Steinbocks und die Stammform der Hausziegen. Reinblütig leben sie nur in Kreta (Samaria) und in der Türkei (Termessos); die Tiere, die am Olymp und wenigen anderen Stellen vorkommen, sind mit verwilderten Hausziegen vermischt.

Ein auffallend häufiger Schmetterling zwischen 900 und 2000 m ist der Kaisermantel. Schattige Wälder der montanen Höhenstufe mit über längere Zeit wasser-

Blick zu den Olymp-Gipfeln; erkennen lassen sich die Höhenstufe

Der Schwalbenwurzenzian wächst an feuchten Stellen der Gebirge, z.B. am Olymp, Pelion und Smolikas.

Laubwald, Nadelwald und Felsfluren.

Die blau-weiße Amalia-Akelei ist nach der bayerischen I. Königin des modernen Griechenland benannt.

führenden Rinnsalen sind geeignete Biotope für den in ganz Griechenland an solchen Stellen verbreiteten Feuersalamander. Pfützen und kleine Rinnsale bewohnt die Gelbbauchunke, deren warzige, braune Oberseite als vorzügliche Tarnung wirkt. Werden diese Lurche auf Landausflügen belästigt, nehmen sie die »Kahn-« oder »Habt-acht-«Stellung ein. Mit durchgebogenem Rücken und hochgezogenen Extremitäten präsentieren sie ihre gelbe Unterseite und sondern ein ätzendes Hautsekret ab. Die gelbe Farbe dient als Warntracht und signalisiert: Vorsicht, ungenießbar!

Im Gebiet unterwegs

Der übliche Ausgangspunkt zur Besteigung des Olymp ist das **Dorf Litochoron** ① am östlichen Fuß des Bergstockes. An der Nordseite des Ortes mündet die **Vithos-Schlucht** ②. Zwischen zwei Wächterbergen links und rechts des Flußbettes blickt man bis zur Gipfelregion. Entlang des Baches waren Holzfäller unterwegs, deren Maultierpfade heute von den Wanderern begangen werden. Der reizvolle Weg

Ein seltsames Aronstabgewächs ist die Schlangenwurz. Zur Blütezeit lockt sie mit Aasgeruch bestäubende Insekten an.

Die rosa blühende *Jankaea heldreichii* ist benannt nach Theodor Heldreich, der die Flora Griechenlands erforschte.

(als Europa-Wanderweg E 4) führt in ständigem Auf und Ab durch Wälder (u.a. Lorbeerbäume), vorbei an einem Wasserfall und den Ruinen des im Zweiten Weltkrieg von der Deutschen Wehrmacht in die Luft gesprengten Klosters Agios Dionysos, hinauf zum 1100 m hoch gelegenen **Prionia** ③ (einem ehemaligen Sägewerk, jetzt eine Jausenstation). Bis nach Prionia führt auch eine 15 km lange Straße von Litochoro. Auf halbem Weg liegt die Schutzhütte D (Stavros) inmitten artenreicher Blumenwiesen. Beim kleinen Wasserfall der **Enipeas-Quelle** in Prionia wachsen Büschel des Fettkrautes *Pinguicula hirtiflora* sowie Schwalben-wurzenzian, Blaues Halskraut und die Verschiedenfarbige Glockenblume. Das felsige Gelände der Umgebung ist mit Mischwald (viele Walnußbäume) und Gebüsch bestanden. Der markierte Fußweg zum Olymp führt etwa 6 km zur Schutzhütte A (Spilios Agapitos) auf 2100 m ④. Man geht durch Kiefernwälder, Buchsbaum und zeitweise durch Buchenbestände mit größtenteils mitteleuropäischer Flora. Wasser gibt es außer nach der Schneeschmelze nur in Prionia und bei der Hütte. Ein zweiter, ebenfalls markierter Weg zweigt an der Straße Litochoro – Prionia in Diastawrosis ab, und führt auf einer reizvollen Route ⑤ direkt zum **Plateau der Musen** ⑥ auf etwa 2700 m Höhe.

Von der Hütte A erreicht man die beiden kleinen Hütten SEO und C am Musenplateau bzw. die Olymp-Gipfel Skolio, Mytikas, Stefani (die zentrale Gruppe) sowie Prophitis Elias und Agios Antonios. Der **Skolio** (2911 m) ⑦ ist der meistbesuchte Gipfel und bietet die schönste Aussicht (S.126): den Blick auf den Steilabbruch von Mytikas und Stefani, einen halbrunden mächtigen Kessel, die **Megali Kazani**. Die Wolken, die aus diesem »gewaltigen Dampfkessel« aufstiegen, inspirierten die alten Griechen zur Vorstellung einer Küche der Götter. Der **Mytikas** (2917 m) ist Griechenlands höchster Gipfel und muß mühsam über eine steile Geröllhalde erklettert werden. Der **Profitis Elias** (2786 m) erhebt sich abseits, direkt bei den Hütten am Plateau. Da ihn die Mönche des Dionysos-Klosters für den höchsten hielten, gaben sie ihm den Namen des Propheten Elias, nach dem in den orthodoxen Ländern jeweils die höchsten Berge benannt wurden.

Bei Leptokaria, wenige Kilometer südlich von Litochoro, zweigt eine Schotterstraße ab, die an der Nordseite des **Xerolakkos-Tales** entlangführt. Dieser Einschnitt trennt den Hohen vom Niederen Olymp. Bis zum Dorf Karia gibt es Wald, dann folgen Weiden und Felder. Von Olimbiada aus führt ein Fahrweg durch kahles Gelände bis zu einer Militärstation, der Schutzhütte B und einem Schilift auf etwa 2000 m. Von dort gelangt man zum Gipfel **Agios Antonios** (2815 m) und weiter auf die Ostseite. Vom Dorf Kokkinopilos aus ist der Olymp ebenfalls erreichbar (E4), doch wird diese Route wegen der zum Erklimmen lästigen Geröllhalden im oberen Abschnitt üblicherweise für den Abstieg benutzt.

Kennzeichnend für die Nord- und die Nordwestseite des Olymp ist eine wilde und unzugängliche, majestätische Landschaft. Die Bergflanken sind bewaldet und durch mehrere Schluchten gegliedert. Die Vegetation hier ist eine Mischung aus laubwerfenden und immergrünen Büschen, manche Arten der Macchie werden 7–8 m hoch. Von Petra führt eine Forststraße 21 km nach Kokkinopilos durch Schwarzkiefern, König-Boris-Tannen und Buchen. Nach etwa 5 km biegt auf einer Höhe von 710 m ein Forstweg nach links ab und führt durch Kiefernwälder in die **Xerolakki-Schlucht** ⑧ bis in eine Höhe von 1300 m. Auf der anderen Talseite kehrt er wieder zur Forststraße zurück und bietet schöne Blicke auf die Olympgipfel. Die **Papa-Rema-Schlucht** ⑨ liegt östlich von Xerolakki und ist vom Dorf Vrondou aus zu erreichen.

Praktische Tips

Anreise

Litochoron besitzt Bahnverbindung nach Athen und nach Thessaloniki. Vom Bahnhof (am Meer gelegen) gibt es stündliche Busverbindungen zum Ort. Außerdem fahren Busse nach Katerini (stündlich) und Thessaloniki. Mit dem PKW biegt man von der Autobahn E 75 ab. Die Westsseite des Olymp ist über die Landstraße Larisa – Katerini erreichbar.

Klima/Reisezeit

Die Sockelzone des Olymp kann ganzjährig besucht werden (wie überall im Mittelmeerraum bietet das Frühjahr die schönste Blütenpracht). Die besten Monate für den Aufstieg sind Juni und Juli, der Göttersitz wird dann allerdings manchmal von Busladungen an Besuchern gestürmt. Durch seine Funktion als »Falle« für feuchte Luftmassen ist das Wetter besonders launenhaft. Nirgendwo sonst in Griechenland ziehen sich selbst im Sommer die Wolken in einer solchen Windeseile zusammen und entladen sich in krachenden Gewittern, Nebel hüllen in kürzester Zeit alles ein. Ein guter Wetterschutz ist am Olymp also immer notwendig.

Unterkunft

Litochoron lebt in der Saison vom Olymp-Tourismus. Daher gibt es zahlreiche Unterkünfte (Hotels wie privat) und eine einfache, für alle Altersgruppen offene Jugendherberge (dort spricht man Englisch und nimmt auch Buchungen für die Berghütten vor). Campingplätze in Plaka Litochoron an der Küste.

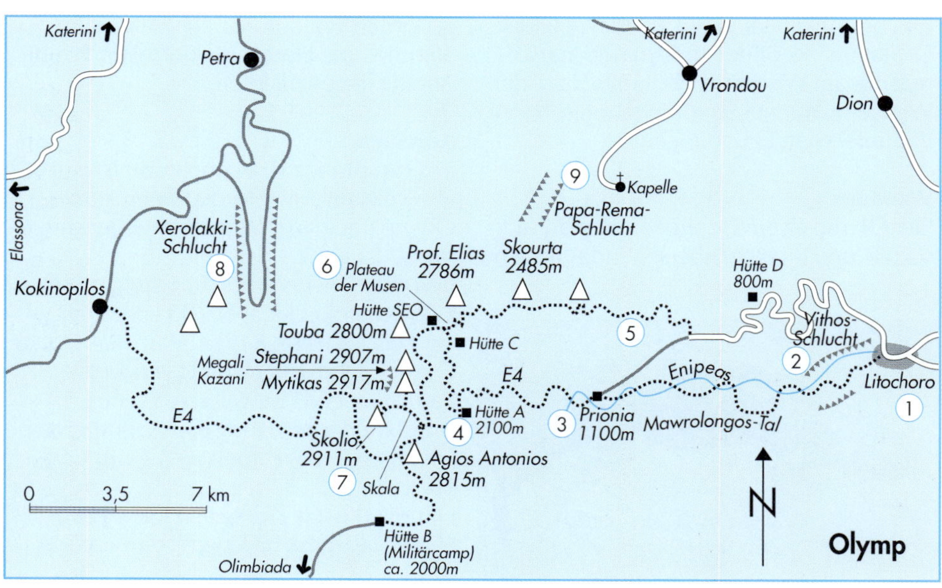

Die schöne Leopardnatter wird oft für Terrarien gefangen. Darüber hinaus bedroht Lebensraumzerstörung die Art.

Die Gottesanbeterin *Empusa fasciata* ist eine besonders bizarre Vertreterin der Fangschrecken.

Die zentrale Schutzhütte A (Spilios Agapitos) ist von Mitte Mai bis Ende Oktober geöffnet. Sie wird vom Bergführer Kostas Zolotas und seiner Hamburger Frau Irmhild bewirtschaftet. Platz: 100 Personen, zur Saison vor allem am Wochenende durch griechische Bergwanderer ausgebucht.
Hütte C: geöffnet Ende Juni bis Anfang Oktober, 16 Plätze; Hütte SEO: geöffnet Mitte Juni bis Mitte September, 80 Plätze; Hütte D (Stavros): geöffnet im Sommer, manchmal nur am Wochenende; Hütte B auf der Westseite: nur mit Sondererlaubnis, da Militärunterkunft für Übungen.

Wandern

Der Olymp ist ein Gebirge – diese an sich banale und nicht zu übersehende Tatsache

Der Feuersalamander lebt in der Nähe von Gebirgsbächen.

sollte auch ein für Bergwanderungen übliches Verhalten nach sich ziehen. Entsprechendes Schuhwerk, Regen- und Kälteschutz, Notproviant und ein ausreichender Wasservorrat müßten eigentlich Selbstverständlichkeiten sein. Ebenso, wie sich nach der Wettervorhersage zu erkundigen, in den Hütten Nachricht über die geplante Route zu hinterlassen, kein Feuer zu entfachen (die Brandgefahr in den ausgedörrten Wäldern Griechenlands im Sommer und Herbst ist enorm) und keine Abfälle liegenzulassen.

Adressen

Am Hauptplatz von Litochoron ist eine Hinweistafel mit Informationen zum Olymp und den Wegmarkierungen aufgestellt.
Büro des Griechischen Bergsteigerklubs EOS: Kentriki Platia, 60200 Litochoro, Tel. 0352-81944, 84544. Vom Hauptplatz den Schildern folgen (liegt versteckt). Bietet aktuelle Hinweise zu Wetter, Schutzhüttenbelegung usw. Öffnungszeiten unregelmäßig, meist 9–12 Uhr und 18–20 Uhr.
Hütte A (Kostas Zolotas): 0352-81800; Hütte SEO (griech. Alpenverein): 0352-81329.

15 Ossa und Pinios-Delta

Markanter Gebirgskegel in Rumpftreppenaufbau; scharfe Trennung von bewaldeter Ost- und kahler Westseite; Tempe-Schlucht; Gänsegeier, Rötelfalke, Bienenfresser, Würger; Lorbeer, Kastanie.

Das Ossa- (oder Kissavos-)Gebirge bildet mit seinem elegantem, dreieckigem Gipfel **Profitis Elias** (1978 m) den nördlichsten Abschnitt des ostthessalischen Gebirgswalles. Im Norden ist die Ossa durch das schluchtartige Durchbruchstal des Pinios, das **Tempe-Tal**, vom Niederen Olymp getrennt, nach Süden zu geht sie mit der Furche von Agia in das Mavrovouni-Bergland über. Die Ossa liegt zwischen der von Bergen umgebenen Thessalischen Ebene und dem Ägäischen Meer. Die unmittelbare Meeresnähe (der Gipfel ist nur 9 km von der Küste entfernt) läßt den Unterschied zwischen feuchter Ostseite und trockener Westseite noch markanter heraustreten als am Olymp oder am Pelion. Die Regenschattenwirkung der Ossa ist so stark, daß es zwischen Luv- und Leeseite zu einem scharf ausgeprägten Vegetationswechsel kommt. Die vom Meer aufsteigende Verdunstungsfeuchtigkeit mit häufiger Nebelbildung und die vom Sommerwind der Ägäis, dem Meltemi, aus Nordosten herangetriebenen Wolken lassen üppige Wälder gedeihen. Zusätzlich ist wichtig, daß die meisten Quellhorizonte des ostthessalischen Gebirgszuges an den Osthängen liegen. Die trockene Westseite ist, wie in Griechenland leider allgemein üblich, entwaldet und von Ziegenherden kahlgefressen.

Blick von Westen her auf Spilia und die kahle, entwaldete Gipfelregion der Ossa.

Der Bienenfresser

Der Bienenfresser (*Merops apiaster*) ist neben dem »fliegenden Edelstein«, dem Eisvogel, der farbenprächtigste Vogel Europas. Er ist ein geselliger Koloniebrüter, der in schwalbenartigem Flug jagt. Ständig ertönt sein charakteristischer Flugruf, ein weiches »prürr«, das man im gesamten Mittelmeerraum hören kann. Bienenfresser graben Niströhren, die über 1 m lang werden können, in weiche Löß- und Sandabhänge. Dazu hacken sie das Erdreich mit dem Schnabel auf und scharren es mit den Füßen hinaus.
Ihren Namen erhielten sie nach ihrer Vorliebe für Wespen, Bienen und Hummeln. Von einem Ausguck aus warten sie auf vorbeischwirrende Beute, die dann im Flug erbeutet wird. Haben sie ein solches Kerbtier erfaßt, schlagen sie es mehrmals auf einer harten Unterlage und kneten es durch, bis der Stechapparat nicht mehr arbeiten kann und die Giftblase ausgequetscht ist. Auch nichtstechende Insekten, sogar verfütterte Mehlwürmer erfahren »vorsichtshalber« die gleiche Behandlung – man kann ja nie wissen.

Die **Thessalische Ebene** ist die größte Beckenlandschaft Griechenlands, eine weit ausgedehnte Senke, die durch die flache mittelthessalische Schwelle in eine östliche und eine westliche Kammer geteilt wird. Ihr Klima ist kontinental getönt: Larisa zählt im Sommer zu den heißesten Orten in Griechenland, im Winter können Kaltluftseen die Temperatur empfindlich senken. Die Ebene wird durch den Pinios entwässert, der im Pindos entspringt und durch das Tempe-Tal in den Thermäischen Golf mündet. Das 8 km lange **Tempe-(Tembi-)Tal** entstand durch ein Erdbeben während der Eiszeiten. Dies verschaffte einem großen See, der das Thessalische Becken ausfüllte, den Zugang zum Meer. Die abfließenden Wassermassen schnitten die tiefe Schlucht in den Felsen. Durch das an manchen Stellen nur 60 m breite Tal zwängen sich heute Eisen- und Autobahn. Im Krieg wurde diese wichtigste Verbindung zwischen Makedonien und dem südlichen Griechenland aus Vorsicht vor einer Falle gemieden. Die Perser unter Xerxes (480 v.Chr.) und die Deutschen im Zweiten Weltkrieg haben sie im Westen umgangen, Alexander der Große schlug sich mitsamt Heer durch die Wälder an der Ostflanke der Ossa nach Süden durch.
Den Grundkörper des gesamten **Thessalischen Randgebirges** bilden Silikate wie palaeozoische Glimmerschiefer und Gneise; der Gipfelbereich der Ossa besteht aus hartem, bankigem Kalkgestein. Kalkuntergrund verschärft noch die Trockenheit der meeresabgewandten Standorte, Silikatuntergrund hingegen verbessert den Wasserhaushalt der feuchten Gebirgsseite. Die Terra-rossa-Böden (s.S.18) über kalkhaltigem Muttergestein sind meist erodiert und verkarstet. Auffallend sind tief eingeschnittene Rinnen, Karstkarren (S.152) sowie auf entwaldeten, unbestellten Flächen ein netzartiges Mosaik aus nacktem Gestein und mit feiner Erde gefüllten Klüften. Über Silikatuntergrund entstanden vornehmlich Parabraunerden. Im waldlosen Westen sind sie abgeschwemmt, an den Ostflanken bilden sie dagegen vorzügliche, tiefgründige Böden, die wiederum dem Pflanzenwuchs zugute kommen.
Ein bestimmendes Formenelement der Ossa stellen die Wechsel zwischen Stufen und Verflachungen dar, ein klassische Beispiel für eine **Rumpftreppe**. Eine Rumpf- oder Piedmonttreppe entsteht unter tropischem oder subtropischem Klima meist in Meeresnähe. Sie zeigt eine über lange Zeit andauernde Hebung an, die von Ruhepausen unterbrochen wurde. Während der Hebungsphase grub die Linienerosion

Täler in die Landschaft, während der Pause konnte Flächenerosion das Gelände einebnen.
Auf den Resten einer solchen Rumpftreppenstufe liegt in etwa 400 m Höhe das Dorf **Ambelakia**. Inzwischen ist der alte, glatte Talboden durch Kerbenbildung riedelförmig zerlegt worden. Ambelakia liegt an der Grenze zwischen Kalk- und Schieferuntergrund sowie zwischen mediterraner Hartlaubzone unterhalb des Ortes und forstlich genutztem Flaumeichenhochwald an nordexponierten Schieferhängen oberhalb.
Sich selbst verwaltende Gebirgsdörfer (wie z. B. auch am Pelion oder in der Zagoria – s. Hauptreiseziele 12 und 16) stellten zur Türkenzeit ein Rückzugsgebiet freien Griechentums dar. Diese Lebensräume des Gebirges erfuhren vor allem im 18. Jh. eine enorme wirtschaftliche Blütezeit, wobei das Rückgrat dieses Aufschwungs nicht die nebenbei betriebene Landwirtschaft bildete, sondern ein spezialisiertes, exportorientiertes Gewerbe. Ambelakia wurde bekannt durch seine Färbereien und Spinnereien, um 1800 waren 4000 Erwerbstätige in einer durchorganisierten Genossenschaft zusammengeschlossen. Wie in den meisten Gebirgsdörfern Griechenlands ist die Bevölkerungsanzahl inzwischen auf einen Bruchteil von einst gesunken (etwa 650), und viele der alten, malerischen Steinhäuser verfallen. Die arbeitsintensive Landwirtschaft auf kleinen Terrassenäckern kann in den Gebirgslagen keine Lebensbasis mehr bieten, Feldbau wird heute in der Ebene unter Einsatz von Maschinen viel rentabler abgewickelt. Ein Ersatz für ehemalige nichtlandwirtschaftliche Tätigkeit (wie es etwa die Färberei in Ambelakia gewesen ist) hat sich nicht eingestellt. So bleibt den meisten Gebirgsbewohnern nur mehr die Abwanderung in die Städte. Damit findet der Strukturwandel des Bergdorfes vom hochspezialisierten, bevölkerungsreichen Gewerbeort zum entvölkerten Auspendlerort mit industrieller Restbevölkerung einen vorläufigen Abschluß.
Die Hauptnutzung der Ossa erfolgt heute in alter Tradition als Weideland durch ehemals nomadisch lebende Viehzüchtergruppen der Aromunen und Sarakatsanen, die sich in den Dörfern der Umgebung niedergelassen haben.

Da resistent gegen Viehverbiß, bildet die Kermeseiche oft in Krüppelform das nahezu einzige Buschwerk bis ins Gebirge.

Pflanzen und Tiere

Das ausgeglichene, feuchte Klima an der **Ostseite** des Gebirges spiegelt sich in der Vegetation wider. Die Küstenterrassen weisen sehr dichte, unterwuchsreiche Gehölzfluren auf, in denen Farne und Schlingpflanzen dazu beitragen, ein üppiges Waldbild zu schaffen. Das immergrüne Element der Steineichenzone ist gut entwickelt, woran zu erkennen ist, daß auch die trockenheitsangepaßten Büsche der Macchie bei höherem Feuchtigkeitsangebot besser gedeihen. Auf trockenen Terrassenspornen, die sich nach Süden drehen, wächst die Baumheide. Wenn Kalkphyllite, die mit größerer Bodentrockenheit verbunden sind, den Untergrund bilden, stellt sich der Erdbeerbaum ein, während die feuchteren Stellen von

Die Johannisechse lebt in der Gras- und Laubschicht und zeigt ein Merkmal vieler Skinke: zurückgebildete Beine.

Der Erdbeerbaum ist ein Heidekrautgewächs. Im Spätherbst und Winter sieht man Blüten und Früchte zugleich.

der Steineiche besiedelt werden. Die Zusammensetzung der Gehölzfluren ist sehr bunt, ab etwa 100 m Meereshöhe wachsen zusätzlich laubwerfende Arten. Mit dieser Durchmischung von Immer- und Sommergrünen entspricht die Vegetation der Ostseite der Ossa ökologisch nicht ihrer wahren geographischen Breite, sondern einem Typ weiter im Norden. Typische Kulturgattungen der mediterranen Vegetationsstufe fehlen, stattdessen gibt es an der Küste Haselnüsse, Feigen und Kirschen.

Oberhalb von 300 m sind Flaumeiche, Hopfenbuche, Zürgelbaum und Orient-Hainbuche bestandsbildend. In einer weiten Amplitude von 150 – 750 m dehnen sich vom Menschen kultivierte Kastanienwälder aus. Die Untergrenze der Verbreitung der Edelkastanie ist sehr niedrig, verglichen etwa mit dem Peloponnes. Dieser Baum weist nur geringe Dürrebeständigkeit auf und wird durch die sommerliche Trockenheit weiter südlich gezwungen, sich auf höhere Regionen zu beschränken. Schattige Stellen sind von Buchen besiedelt, die mit steigender Höhe über dem Meeresspiegel immer größeren Raum bedecken. Doch reicht die normalerweise oberhalb der Eichen lebende Buche hier an schattigen Hängen kleiner Tälchen bis in die mediterrane Hartlaubstufe herab, was sehr ungewöhnlich ist. Die Buche ist hier wegen der auch im Sommer nicht unterbrochenen Wasserversorgung der Eiche überlegen und reicht bis an die Waldgren-

Die farbenprächtigen Bienenfresser leben gesellig und graben ihre Brutröhren in Lößabhänge.

Der seltene Maskenwürger brütet in den kläglichen Auwaldresten Griechenlands.

Die Ritro-Kugeldistel wird ihrer blauen Blütenköpfe wegen gerne als Zierpflanze gezogen.

ze. Da es die Buche feucht liebt, sind die trockeneren Standorte der Hochlagen mit König-Boris-Tannen besiedelt.

Auf der trockenen **Westseite** ist die Waldgesellschaft einer Kulturlandschaft gewichen: Am Gebirgsfuß wachsen Ölbäume (S. 24), Mandeln (S. 33) und Marillen, darüber befindet sich Weideland mit Kermeseichen-Garigue. Die Kermeseiche erweist sich als ziemlich resistent gegen Viehverbiß und Feuer, doch erreichen die »Bäume« unter diesen Bedingungen kaum mehr als 1 m an Höhe. In der Gipfelregion kann sich nur eine Phrygana aus Igelpolstern, aromatischen Kleinsträuchern und Wolfsmilchgewächsen halten.

In kalten Bächen an der Ossa-Ostflanke hat eine Kuriosität aus der Eiszeit überlebt: Die Larve der Köcherfliege *Apataniana hellenica*, deren nächste Verwandte in der Mongolei und am Himalaya vorkommen.

In Altholzbeständen leben der große, schwarz-weiße Bockkäfer *Isotomus speciosus* und der Laufkäfer *Carabus intricatus arcadicus* mit rot- oder grün-goldenem Rand.

Der Pinios mündet in einem Delta in einer fruchtbaren Schwemmlandebene mit Feldern und Gärten. Solche landwirtschaftlich genutzten Ebenen sind das Jagdrevier des geselligen Rötelfalken. Das **Pinios-Delta** bietet zahlreichen Vogelarten Lebensraum. Stieglitze picken an den violetten Distelköpfen, Bienenfresser, Blauracken (S. 98) und Würger (es gibt hier Neuntöter, S. 48, Schwarzstirn-, Masken- und Rot-

Der Venusnabel wächst auf Felsen und Gemäuern; seine sukkulenten Blätter können Feuchtigkeit speichern.

kopfwürger) jagen über den Rispen des Schilfs, das am Rand der Felder wächst, und Störche stochern gravitätisch schreitend in der frisch gepflügten Erde.
Die nördlichen Felswände des **Tempe-Tals** sind beliebte Sitzplätze für Gänsegeier (S. 77). Am westlichen Eingang des Tals ist der Granatapfelbaum in größerer Menge verwildert. Mit seinen aus der Schale hervorquellenden zahlreichen fleischigen Kernen galt er bei den alten Griechen als Symbol der Fruchtbarkeit und des Lebens.
Im Tal, das vor kalten Nordwinden geschützt ist und das gleichzeitig die im Nordosten anfallende Feuchtigkeit wie eine Düse nach Westen leitet, ist der Lorbeerbaum noch häufig. Der Lorbeer war dem Apollo heilig: Apollo tötete den Drachen Python, und nachdem er sich im Tempe-Tal gewaschen hatte, zog er lorbeerbekränzt als Sieger in Delphi ein. Daher kündet der Lorbeerzweig oder -kranz als Siegeszeichen Ruhm und Ehre an.

Im Gebiet unterwegs

Beeindruckend ist die Anfahrt zur Ossa von Sikourion aus, durch eine erodierte Landschaft im Tal des Martsia-Baches bis zum Dorf **Spilia** ① auf etwa 800 m Höhe.

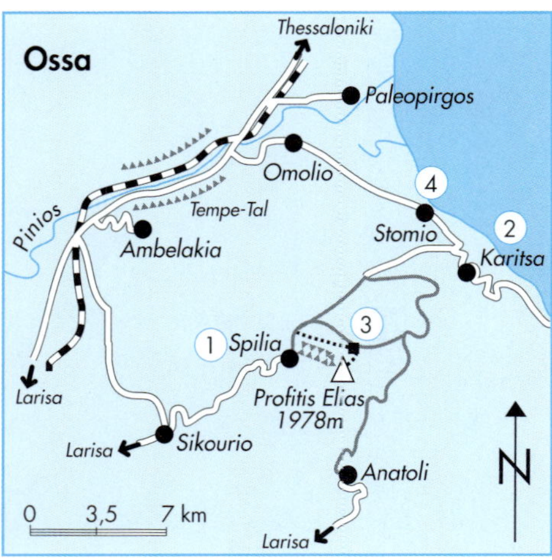

Von dort führt eine Forststraße durch eine Karstlandschaft und durch die bewaldete Ostseite des Berges nach Karitsa ②. Der übliche Anstieg auf den Gipfel erfolgt von Spilia aus, etwa 800 m hinter dem Ort zweigt ein beschilderter Pfad zur **Kanalos-Schutzhütte** ③ ab. Sie ist nicht bewirtschaftet, im Sommer an Wochenenden jedoch meist geöffnet. An klaren Tagen hat man vom Gipfel eine weite Fernsicht auf Olymp, Pelion und bis zum Parnaß. Das Ossa-Massiv wird von einem dichten Netz von Forststraßen durchzogen, so daß man bis zu der in 1780 m Höhe gelegenen Fernmeldestation fahren kann. Im Frühjahr sind diese zwar breiten, aber unpräparierten Erdwege in den bewaldeten Phyllitbereichen aufgeweicht und daher oftmals unpassierbar.
Östlich des Ossa-Gipfels im Bereich der im Schiefer liegenden Hochtäler zwischen 1200 und 1500 m erfährt der montane mitteleuropäische Buchenwald seine schönste Entfaltung. Auf der Braunerde der Silikatgesteine erreichen die Bäume 20 m Höhe, eine Krautschicht aus Krokussen, Anemonen und Primeln im Frühjahr und die sich rotbraun verfärbenden Blätter im Herbst bieten einen unter mediterranen Verhältnissen ungewöhnlichen Anblick.
Das **Pinios-Delta** erreicht man von Paleopirgos oder von Stomio ④ aus. Bei Stomio führen Wege den Ossa-Hang aufwärts; an Stellen wo Holz geschlagen wurde, lassen sich zahlreiche Bockkäfer finden. Die Küste zwischen Stomio und der Flußmündung besteht aus Sand; es gibt noch Dünen mit reicher Vegetation und dahinter einige Feuchtgebiete, die von Armen des Pinios gespeist werden und eine mannigfaltige Tierwelt enthalten.
Im Mündungsgebiet des Pinios-Flusses haben sich einige Reste ursprünglicher Auwälder erhalten, mit mächtigen Platanen (S. 180) und Schmalblättrigen Eschen. Im Unterholz gibt es (noch) stellenweise Massenbestände der Sommerknotenblume.

Die Weiße Reseda ist ein häufiger Begleiter an Wegrändern und in Ruinengeländen.

Praktische Tips

Anreise

Die Schnellstraße Athen – Thessaloniki führt direkt an der Ossa vorbei. Die Ostflanke erreicht man von einer unübersichtlichen Abzweigung am Ostrand des Tempe-Tals aus, die Straße nach Ambelakia zweigt bei der Mautstelle im Westen des Tempe-Tals ab. Spilia erreicht man über Sikouro, es gibt eine tägliche Busverbindung Larisa – Spilia.

Klima/Reisezeit

Ausgeglichenes marin-mediterranes Klima an der Ostseite; auch im Sommer angenehm. Kontinentales Klima an der Westseite.

Unterkunft

Spilia ist noch nicht auf Tourismus eingerichtet; auch die Jäger, die im Herbst das Gelände unsicher machen, kehren abends wieder nach Larisa zurück. In den kleinen Dörfern an der Küste (Stomio, Karitsa, Kokkino Nero) blüht im Sommer das Geschäft mit vorwiegend griechischen Besuchern; in der Feriensaison gibt es Tavernen, Privatunterkünfte, kleine Pensionen und einige provisorische Campingplätze.

Der Gürtelskolopender, der größte europäische Hundertfüßer, ist ein schneller, wehrhafter Jäger.

16 Pelion

Waldreiche Halbinsel mit mehrstöckigen Turmhäusern; Herbstzeitlose, Erika, Zistrosen, Narzisse, Palisadenwolfsmilch, Fingerhut; Feuersalamander, Sandboa.

Das 1550 m hohe Pelion-Gebirge ist der südliche Abschnitt des ostgriechischen Berglandes und nimmt den größten Teil der Halbinsel Pelion (Pilio) ein. Mit seiner dichten Vegetation, zahlreichen Wasserläufen, schimmernden Ölbaumhainen und malerischen Bergdörfern zählt es zu den reizvollsten Landschaften Griechenlands. Das aus Glimmerschiefer mit einigen Kalkeinsprengseln bestehende Bergland trägt vornehmlich auf der Ostseite ausgedehnte Wälder aus Buchen, Eichen und Kastanien. Wie Olymp und Ossa (s. Hauptreiseziele 14 und 15) ist auch der Pelion den feuchtigkeitsbringenden Nordostwinden ausgesetzt, steht aber als Halbinsel auch an der Westflanke unter maritimem Einfluß.

Die idyllische Landschaft wurde bereits von den Literaten der Antike ob ihres Waldreichtums und der vielen Heilkräuter gerühmt. Damals muß der Pelion, an dem die Jahrhunderte der Kultivierung inzwischen nicht spurlos vorübergegangen sind, ein kleines botanisches Paradies gewesen sein. Bis ins Mittelalter waren die schwer zugänglichen Hügel nur von Mönchen in einigen Klöstern besiedelt. In der Osmanenzeit entstanden 24 große Freidörfer mit Selbstverwaltung, die ähnlich denen der Zagoria in Epirus (s. S. 115) mit Handwerksprodukten schwunghaften Handel trieben. Wie reich man mit Kupferverarbeitung, Gerbereien und Seidenraupenzucht werden konnte, bezeugen die prächtigen, mehrstöckigen Herrenhäuser, die das Landschaftsbild prägen.

Der Pelion im Herbst südlich von Tsangarada. Die Wälder wurden von Macchie und rotblühender Erika abgelöst.

Die Blüten der Zistrosen sind ein auffälliges Element der Macchie im Frühjahr. Die Salbeiblättrige Zistrose (links) blüht weiß, die Kretische (Graubehaarte) Zistrose (rechts) rosa.

Pflanzen und Tiere

Der Großteil der Halbinsel wird landwirtschaftlich genutzt. Die Hänge der Westseite bedeckt daher bis in 300 m Höhe ein »Ölbaum-Ersatzwald« (S. 24). Nur in Küstennähe und in steilen Rinnen siedeln Hartlaubgebüsche aus Pistazien und Steineichen. Die Hügel im südlichen Teil des Pelion sind auf großen Flächen mit Quirlförmiger Erika bedeckt, die mit Salbeiblättriger Zistrose und Dornigem Ginster (S. 211) eine dichte, kniehohe Garigue bildet. Das Dunkelgrün der Heideflächen wird im Mai durch weiße und gelbe Blüten von Zistrose und Ginster, im September durch das Violett der üppig blühenden Erika belebt. Diese Zwergstrauchfluren wachsen auf Silikatboden und besiedeln aufgelassenes Kulturland.
Im Zuge des Strukturwandels der griechischen Landwirtschaft hin zu maschinellen Intensivkulturen wurden in jüngerer Zeit umfangreiche Gebiete aus Rentabilitätsgründen aufgegeben. Auf verlassenen

Der Zistrosenschmarotzer gehört zu einer tropischen Familie; er parasitiert auf den Wurzeln der Zistrosen.

Die Herbstzeitlose *Colchicum bivonae* ist die häufigste der großblütigen Arten im ägäischen Raum.

Kalkäckern stehen stattdessen die Graubehaarte (Kretische) Zistrose und Thymian (S. 206).
Grundwasserbeeinflußte Wiesen, häufig in Mitteleuropa, sind Ausnahmeerscheinungen in Griechenland und finden sich hier auf einigen kleinen Küstenschwemmländern. Sie dienen als hausnahe Weideplätze und sind während der Tazettenblüte (eine Narzissenart) im März attraktiv.
Die Ostseite des Pelion hüllt sich in Grün: Kastanien, Platanen und Unmengen von Obstbäumen auf liebevoll terrassierten Feldern. Auch die Kastanien sind gepflanzt; neben ihren Früchten liefern sie in kurzer Zeit viel Nutzholz. Auf natürlichen Standorten zwischen den Kastanienhainen wachsen Balkaneichen.
Die montane Gebirgsstufe wird von dichten Buchenwäldern eingenommen. Auf offenem Gelände stehen auffällige Pflanzen

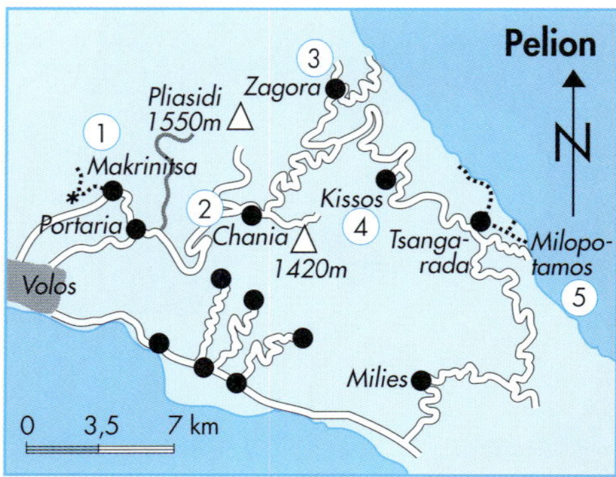

wie Gewelltblättrige Königskerze (S. 183), Türkenbund (S. 163), Kahler, Wolliger und Großblütiger Fingerhut.
Häufige Schmetterlinge am Pelion sind Kaisermantel und Roter Scheckenfalter. In schattigen Wäldern ist der Feuersalamander (S. 134) zu finden; die Rasse am Pelion hat auffällig rote Flecken. Der europäische Vertreter der vornehmlich in den Tropen heimischen Riesenschlangen ist die Westliche Sandboa, mit 50–60 cm Länge allerdings nicht sehr auffällig. Die Tiere leben auf ungenutztem Agrarland mit weichem Boden und töten ihre Beute wie ihre »ausgewachsenen Vettern« durch Umschlingen und Erwürgen.

Im Gebiet unterwegs

Makrinitsa ① ist das bekannteste Pelion-Dorf und lebt hauptsächlich vom Tourismus; trotzdem ist ein Besuch empfehlenswert. Während der Anfahrt von Volos aus leuchten im Frühling Pfriemenginster und dicke Büschel Palisadenwolfsmilch aus den steilen Abhängen; oberhalb des Dorfes blühen rote Anemonen und Hermesfinger-Iris. Die alten Bürgerhäuser ziehen sich amphitheatergleich den Berghang

Wolliger Fingerhut. In Griechenland kommen mehrere Arten von gelbblühenden Fingerhüten vor.

empor, mächtige Platanen (S. 180) beschatten den hübschen Dorfplatz. Viele Tavernen und Privathäuser des Pelion wurden von Theophilos Chatzimichail, dem berühmtesten naiven Maler Griechenlands, verziert. Von 1900 – 1930 schuf er ländliche und historische Szenen.
Vom Nachbardorf **Portaria** lassen sich die Vorgipfel des Pliasidi (der höchste Pelion-Gipfel ist vom Militär besetzt) erwandern, ebenso von **Chania** ② aus. Im Frühjahr plätschern kleine Wasserfälle neben der Straße; im Herbst (September) sind die Böschungen mit Herbstzeitlosen (S. 143) übersät, von denen in Griechenland 26 Arten vorkommen. Die alkaloidhaltigen Pflanzen dienen bis heute als Heilmittel und werden von der Bevölkerung fleißig gesammelt; ferner findet ihr Wirkstoff Colchizin in der Tulpenzucht Verwendung, da er zu einer Verfielfachung des Chromosomensatzes führt. An feuchten Stellen wächst der Schwalbenwurzenzian (S. 130). Seine Wurzel besitzt Heilkräfte; sie wirkt als Stärkungsmittel und fiebersenkend.
Die Dörfer der **Ostseite** sind hoch am Hang gelegen (empfehlenswert: Zagora ③ und Kissos ④), Stichstraßen führen in Serpentinen zu Häfen und schönen Felsbuchten. Bekannt ist der Strand von Milopotamos ⑤, dessen beide Teile durch ein Felsentor verbunden sind. Benachbarte Buchten lassen sich von den Häfen jeweils erwandern. An den Küsten ist oft die Zonierung der Felsküstenvegetation gut zu erkennen.

Praktische Tips

Anreise
Der Pelion liegt im Osten von Volos und kann auf einer kurvenreichen Straße umrundet werden. Regelmäßige Busverbindungen von Volos zu den Dörfern.

Klima/Reisezeit
Mild-feuchtes Mittelmeerklima, häufige Nebel an der Ostseite. Hauptvegetationszeiten sind Frühjahr und Herbst.
Im Sommer sind die leicht erreichbaren Strände stark überlaufen, abgelegene Buchten dagegen nahezu menschenleer. Es gibt zahlreiche Quellen, die ganzjährig fließen.

Unterkunft:
Viele Hotels und Privatzimmer; einige alte Pelion-Häuser in Makrinitsa als Gästehäuser renoviert. Mehrere Campingplätze an der Ostküste.

Wanderkarten
Karten mit markierten Wanderwegen im Fremdenverkehrsamt EOT Volos (am Busbahnhof). Detailkarte Pelion 1:100 000, Freytag & Berndt.

Die dekorative Palisadenwolfsmilch wird über 1 m hoch. Die Unterart *wulfenii* hat gelbe Honigdrüsen in den Blüten.

17 Amvrakikos

Ausgedehntes Feuchtgebiet mit Inselbergen, Lagunen, Auwald und dem größten Schilfgebiet Griechenlands; Pelikane, Stelzenläufer, Seeschwalben, Reiher; viele Reptilienarten, Libellen.

Beim tief in das Land eingebuchteten Amvrakischen Golf handelt es sich um ein binnenmeerähnliches System. Seine Verbindung zum Ionischen Meer ist nur 700 m breit und 7 m tief. Im Norden bilden die beiden Flüsse Louros und Arachtos ein 34 x 22 km großes Doppeldelta mit ausgedehnten Feuchtigkeitszonen und Lagunensystemen. Entlang der Flüsse haben sich alluviale Schwemmlandböden ausgebildet. Feines Material hat am **Louros** sauerstoff- und nährstoffreiche Auböden entstehen lassen, die aus eben diesem Grund für die landwirtschaftliche Nutzung besonders begehrt sind. Der **Arachtos** fließt schneller und lagert

Die Kleine Zangenlibelle benötigt saubere, unverbaute Fließgewässer. An Nestos und Louros ist sie noch häufig.

daher vorwiegend grobkörniges Geschiebe ab. Ein Großteil des Marschlandes besteht aus tonigen Schlickablagerungen des Golfes. Das Anwachsen dieser Wattsedimente führte zu Salzmarschen, die durch ausgefallene Eisensulfide eine blauschwarze Farbe erhalten. Inselartig erheben sich aus dieser Ebene einige trockene Kalkhügel, deren Gipfel zu nackten Karstkarren erodiert sind.

Schmale Nehrungen schließen zwischen den Flüssen die drei Lagunen Rodia, Tsoukalio und Logarou ein. Die Entstehung dieser **Nehrungen** ist einzigartig im Mittelmeerraum, denn sie erfolgte unabhängig von den Flüssen aus Muschelschalensand. Aufgebaut wurden sie durch die flachen Wellen der geschlossenen Bucht, die nur auftragen, aber nicht abbauen können. An die Rodia-Lagune schließt sich nordwestlich ein ausgedehntes Schilfgebiet an, die anderen beiden Lagunen sind landeinwärts von Halophytengesellschaften umgeben.

Zahlreiche Altarme der Flüsse sind in Kanäle umgewandelt, die den Großteil des weiter innen gelegenen Grundes für die Landwirtschaft entwässert haben. Durch neuangelegte, ausgedehnte Fischteiche an der Koronisa-Bucht gingen ausgedehnte Gebiete der ehemaligen Salzmarschen verloren. Obwohl das Delta wie alle großen griechischen Feuchtgebiete unter Schutz steht, erfolgen keinerlei Erhaltungsmaßnahmen. Einmal mehr ist somit eine einzigartige Tier- und Pflanzenwelt durch zunehmende Urbarmachung, Trockenlegungen und freie Jagd in ihrem Bestand gefährdet.

Überschwemmungsgebiet des Louros im Mai. Tamarisken und Röhricht bieten einer reichen Vogelwelt Lebensraum. Die Fischreusen werden oft zur Falle für Wasserschildkröten.

Die Kaspische Wasserschildkröte lebt bevorzugt an stehenden oder langsam fließenden Gewässern.

Pflanzen und Tiere

Der **Amvrakikos** ist durch sein hohes Nährstoffangebot sehr fisch- und molluskenreich, daher wird auch intensiv Fischerei betrieben. Die im Golf lebenden Delphine werden von den Fischern verfolgt, weil sie deren Netze beschädigen. Leider töten die Fischer aus demselben Grund auch die extrem gefährdeten Unechten Karettschildkröten, sofern sie Ihrer habhaft werden. Diese Tiere nutzen das Gewässer regelmäßig als Nahrungsquelle und werden immer wieder von den Schiffsschrauben der Fähren in Preveza verletzt. Die freien Wasserflächen der Lagunen werden von relativ wenigen Tierarten frequentiert, z. B. fischenden Pelikanen (S. 106), Kormoranen (S. 86) oder Schwarzhalstauchern. Sie dienen jedoch mehr als 150 000 Enten und Bläßrallen (Blaßhühnern) als Winterquartier.

Den schwarz-weißen Säbelschnäbler kann man in den meisten Lagunen Nordost- und Westgriechenlands sehen.

Die nassen **Salzböden** der ausgedehnten meeresnahen Schlammflächen sind schlickig bis fest und trocknen im Sommer größtenteils aus. In Meeresnähe bildet der Queller die Pioniervegetation, denn er benötigt für optimale Lebensbedingungen hohe Salzkonzentrationen und hohe Feuchtigkeit. Landeinwärts lösen ihn dunkelgrüne Gliedermeldenpolster ab, zum Kulturland hin stehen Binsen und Milchfleckdisteln. Künstlich angelegte Gräben und Deiche gefährden das empfindliche System, da durch sie Überflutung und Durchnässung mit Meerwasser unterbunden werden.

Im **Überschwemmungsgebiet** des Louros steht der größte Röhrichtgürtel Griechenlands. Noch umfaßt er 30 km^2, schrumpft aber durch den Damm am Louros, der das Süßwasser zurückhält. Freie Tümpel sind mit Seerosen, Hahnenfuß, Sumpfschwertlilie (S. 48) und Schwanenblume (S. 41) bedeckt. Vegetationsreiche Flachwasserzonen sind Lebensraum für den Teichmolch. Die meisten der angrenzenden Feuchtwiesen dienen als Weiden.

Für 2 Vogelarten bietet der Amvrakikos besonders wichtige Brutgebiete: Etwa 50 Paare Krauskopfpelikane (s. S. 104; brüten sonst nur am Prespa-See) und Stelzenläufer. Letzterer benötigt vernäßte Gliedermeldenbereiche und hatte vor dem Bau der Fischteiche hier sein größtes Brutvorkommen im Mittelmeerraum. In den Gliedermelden nisten auch Brachschwalbe (S. 52) und Triel, im Gebiet des Louros Eisvögel (S. 155) und mehrere Reiherarten. Im Schilfgürtel leben Löffler (S. 39), Zwergdommel, Moorente, Zwergtaucher und Rohrweihe.

Östlich des Louros steht ein **Auwaldrelikt.** Alte, weit ausladende Silberweiden hängen bis tief über den Wasserspiegel, Platanen, Schwarzerlen und Eschen werden von Silberpappeln überragt. Etagenverbindende Lianen aus Efeu, Waldreben und Winden sorgen für einen urwaldähnlichen Eindruck. Diese Auwaldgebiete sind sehr käferreich (z. B. 60 Arten Laufkäfer); auffallend sind die Blatthornkäfer (wie der Pillendreher). In altem Holz leben die Larven der Bockkäfer; leicht zu entdecken ist der flugunfähige Trauerbock (S. 108), der sich gerne auf Baumstämmen sonnt. An den Wasserläufen und im Schilfgebiet fliegen zahlreiche, farbenprächtige Libellen wie Blaupfeile (S. 57), Feuerlibelle, Südliche Mosaikjungfer und, als typische Fließgewässersart, die Kleine Zangenlibelle.

Die hohe Vielfalt an Landschaftsformen und die relative Naturnähe hat im Delta einen großen Artenreichtum an Lurchen und Kriechtieren zur Folge. Die Uferbereiche der Fließgewässer und Kanäle bieten den feuchtigkeitsliebenden Arten optimalen Lebensraum. Diese sind dann wiederum Nahrungsgrundlage für Störche und Reiher. Ebenfalls sehr artenreich sind die Ruderalflächen (wie Dämme, Böschungen, Hecken und Feldränder), da sie ein Mosaik aus einer Vielzahl kleinparzelliger, sehr unterschiedlicher Landschaftselemente darstellen. Weite, offene Flächen schätzt die Eidechsennatter (S. 198), die daher im Delta recht häufig ist.

Die **karstigen Hügel** sind mit einer von Weidevieh abgefressenen, struppigen Macchie bedeckt. Am Übergang zum Ackerland hat

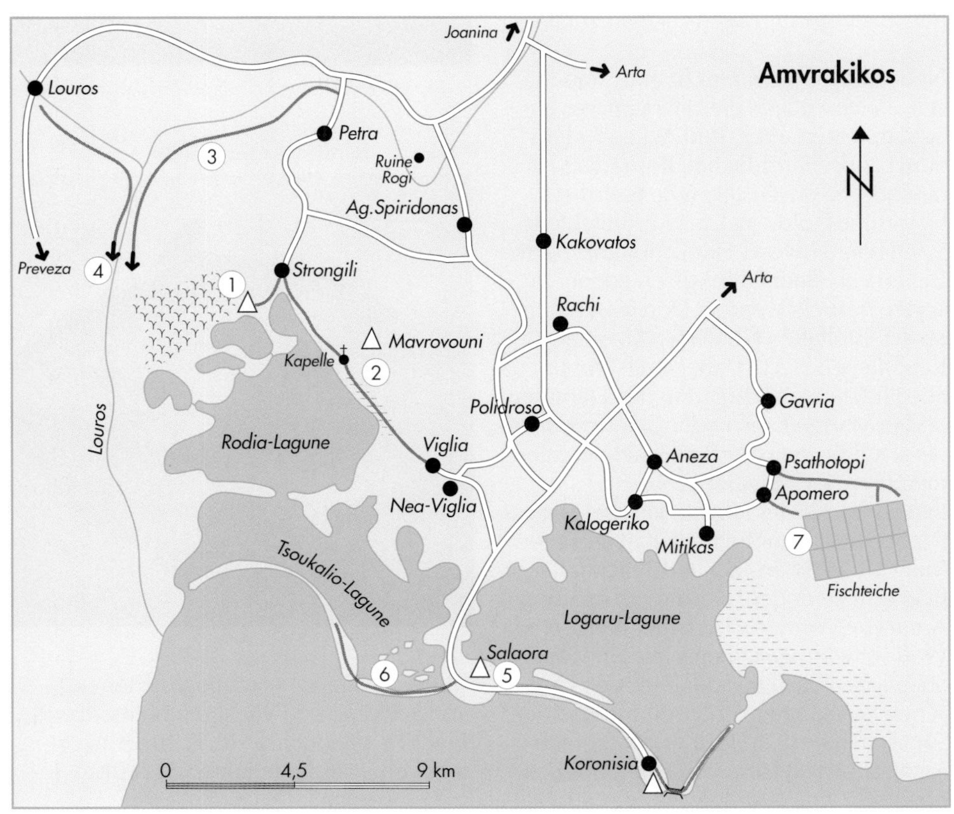

Rüttelnde Zwergseeschwalben auf Fischjagd lassen sich zwischen Salaora und Koronisi gut beobachten.

sich abgeschwemmte Erde angesammelt, auf der dichte Affodill-Fluren (S. 184) stehen, die von den Tieren verschmäht werden.

Neben Macchie, Röhricht und Strandgesellschaften tragen die **Unkrautfluren** an Schuttplätzen, Weg- und Ackerrändern zum Landschaftsbild bei. Besonders auffallend sind die Disteln (wie Eselsdistel, Spanische Golddistel, S. 157, Spitzklette, S. 99, Sonnenwend-Flockenblume), deren Blüten von einer Fülle verschiedener Insekten besucht werden. Dort lassen sich etwa Distelfalter, Goldwespen, bizarre Raubfliegen (S. 113), aber auch Trupps von Stieglitzen beobachten. An den Dämmen bilden Mariendisteln hohe Staudenwälder, ein stacheliger Ersatz für die abgeholzten mediterranen Auwälder.

In der **Macchie** des Hügelchens bei Strongili lebt eine erstaunliche Vielfalt an Tieren. Mehr als 40 Arten Tag- und Nachtfalter hat man dort gefunden, darunter so prächtige Arten wie Windenschwärmer, Mittleren Weinschwärmer, Linienschwärmer und Schwarzen Bär. Die auffallendsten Heuschrecken solcher Lebensräume sind die Sägeschrecke (S. 61), eines der größten europäischen Insekten, und *Eupholidoptera chabrieri*, eine besonders bunte Laubheuschrecke. Gejagt wird die Insektenwelt von Schlank- und Vierstreifennattern und Pracht-Kieleidechsen (S. 118), die nächtens vom Halbfingergecko (S. 209) abgelöst werden.

Blick im Mai vom Mavrovouni-Hügel bei Vigla nach Süden ins

Streifendelphin. Die verspielten Delphine begleiten gerne Fährschiffe und "reiten" auf den Bugwellen.

Lagunengebiet.

Die überschwemmten Queller- und Gliedermeldenbereiche der Lagunen nutzt der langbeinige Stelzenläufer.

Als häufigste und auffälligste Libelle des Landes ist die Feuerlibelle an fast jedem Gewässer zu finden.

Im Gebiet unterwegs

Nahe von **Strongili** ① liegt die flache Tsukalu-Lagune, die im Frühjahr von zahlreichen Limikolen aufgesucht wird und in deren Röhricht versteckt Löffler und Rohrdommeln nisten. Von dem kleinen Hügel im Westen mit Dorfkirche genießt man einen weiten Blick auf die umgebende Lagunen- und Schilflandschaft. Am Kirchlein sind regelmäßig Geckos zu sehen, aber auch mitten in der Ortstaverne von Strongili. Im September erhebt sich bei der Kirche ein Stangenwald, wenn die Meerzwiebeln ihre Blütenkerzen in die Höhe recken. Der Gipfel des Hügels ist vollständig verkarstet, 1,5 m hohe Racheln machen ein Vorwärtskommen nahezu unmöglich. In einer solchen Mondlandschaft können nur einige Flechten und Farne überleben, die bei Regen aufquellen und sonst vollständig austrocknen.

Der 300 m hohe **Mavrovouni-Hügel** ② bietet eine schöne Geländeübersicht; in der Macchie leben Scheltopusik (S. 59) und Riesensmaragdeidechse (S. 195). Am Hangfuß fallen die Folgen starker Beweidung auf: Die einzige Pflanze, die auf der dünnen Erdschicht zwischen blanken Felsen siedeln kann, ist das Strauchige Brandkraut (S. 25). Resistent gegen Feuer und Verbiß bildet es ein dichtes, bis 2 m hohes Gebüsch, zur Blüte im Mai wirkt der Hügel wie mit gelber Farbe übergossen.

Der ruppige Pistenbau von Vigla nach

Karstkarren können ein Gebiet völl g unzugänglich machen.

Strongili und auf dem Mavrovouni hat heftige Spuren hinterlassen, der ganze Schutt liegt in den küstennahen Marschen, Kühe zertrampeln den Rest. Das hat die Stelzenläufer zunächst aus dieser Region verscheucht. Die Hochwasserdämme beiderseits des **Louros** ③ sind teilweise befahrbar und erlauben störungsfreies Beobachten der Vogelwelt des Röhrichts, der Tamariskenbestände und des Galeriewaldes. Vom Hochwasserdamm oder von Louros aus erreicht man den Auwald ④.

In Meeresnähe treibt die giftige Meerzwiebel im September ihre Blütenschäfte über 1 m in die Höhe.

Reiches Leben herrscht in den versumpften oder schlammigen Uferzonen. Bereits von der Straße Arta–Salaora–Koronisi läßt sich allerlei erkennen, ebenso vom 90 m hohen Salaora ⑤ aus und den Nehrungen. Die Straße auf der Nehrung nach Koronisi begleitet eine Sandbank mit einer Kolonie von Fluß- (S. 53) und Zwergseeschwalben. Von den Nehrungen westlich von Salaora ⑥ sieht man die Pelikane, ohne die Kolonien zu stören. Über Mitikas erreicht man die Zuchtteiche ⑦, die auf alle Fischliebhaber äußerst anziehend wirken und daher zu ständigen Konflikten mit den Teichbesitzern Anlaß geben. In dem Gebiet sind immer kleine oder größere Vogeltrupps anzutreffen. Die Teiche sind von gemischter Vegetation aus Tamarisken, Schilf und Halophyten umgeben, was auch die Watvögel anzieht. Ebenfalls einen Besuch wert ist die Lagune östlich der Arachthos-Mündung mit einem breiten Tamariskengürtel. Ein kleines Besucherzentrum zwischen dem Dorf Sikia und dem Leuchtturm am Kap Koprena bietet Informationen über das Amvrakikos-Feuchtgebiet.

Praktische Tips

Anreise

Das Delta liegt südwestlich von Arta und ist von der E 88 Arta–Preveza zu erreichen. Die Dörfer werden zwar prinzipiell von Bussen angefahren, doch erweist sich wegen mangelnder Infrastruktur ein eigenes Fahrzeug als zweckmäßig.

Klima, Reisezeit

Der Amvrakikos hat mildes, mediterranes Küstenklima und ist sehr regenreich (etwa 1300 mm im Jahr). Sommerdürre nur 3 Monate von Juni bis August. Beste Reisezeiten sind Mai/Juni und September/Oktober.

Unterkunft

Die Städte Arta und Preveza bieten reiche Auswahl; Campingplätze am Meer.

18 Golf von Mesolongi

Flußdelta mit Inselbergen und Marschland; charakteristische Dünenformationen, Salzsteppe, Lorbeerauwald; Lerchen, Röhrenspinne *Eresus*; Orchideen

Das Flußdelta des **Acheloos** bildet die Südwestecke Mittelgriechenlands und zählt mit 450 km^2 zu den größten griechischen Flußmündungen. Im Laufe von 6 Jahrtausenden hat der Acheloos, mit etwa 170 km der längste Fluß Griechenlands, diesen Schwemmfächer aufgebaut. Marine und fluviatile Sedimente bilden ausgedehnte Marschflächen, die das weitläufige Delta kennzeichnen. Da das Geröll des Acheloos in Becken weit oberhalb abgefangen wird, ist nur feinkörniges Material zu finden. Der Fluß hatte einst zahlreiche Nebenarme und ließ so ein ausgedehntes Lagunensystem mit weiten Dünen entstehen. Inmitten dieser Ebene erheben sich Inselberge aus Kalk, die teilweise mit Buschwald bedeckt, teilweise bis auf den blanken Fels erodiert sind. Sie sind ehemalige Inseln, die durch vorrückende Sedimente wieder eingefangen wurden.

Das als strategisches Zentrum befestigte Städtchen **Mesolongi** war im griechischen Freiheitskrieg zwischen 1822 und 1826 erbittert umkämpft und wurde berühmt durch den Malariatod des englischen Dichters Lord Byron, der hier die unorganisierten Aufständischen koordinieren wollte.

Grundsätzlich ist die Tier- und Pflanzenwelt am Golf von Mesolongi derjenigen des Amvrakikos (s. S. 148) ähnlich. Während dort die Schwemmlandebene jedoch nur allmählich entwässert wurde, konnte am Acheloos dank moderner Technik in kurzer Zeit ein Großteil des Deltas trokkengelegt werden. Daher bietet es heute das Bild einer ausgeräumten Landschaft mit weiten Landwirtschaftsflächen, die netzarzig von einem betonierten Kanalsystem durchzogen sind. Im Westen von Mesolongi sind weitläufige Salinen errichtet, die Lagune im Osten der Stadt dient vornehmlich der Fischzucht.

Durch das Eindeichen des Acheloos wurden die Nebenarme abgeschnitten, die Salzmarschen an den Lagunen werden nicht mehr überflutet und die Dünenneubildung hört auf. Die Ausprägung der Dünenformationen im Westen des Golfes ist charakteristisch, denn sie zeigt häufig die typische Struktur mit Vor- und Hauptdünen sowie eingestreuten Senken, die hinter der Hauptdüne in parallelen Reihen angeordet sind.

Schütter bewachsenes, steppenartiges Ödland besiedeln die Haubenlerche und andere Lerchenarten.

Nur mit kargem Gestrüpp bedeckt breitet sich wüstenähnliche Salzsteppe auf trockengefallenem Lagunengrund aus.

Pflanzen und Tiere

Die wichtigsten Feuchtgebiete findet man im Süden der Acheloos-Halbinsel. Auf den ausgedehnten Salzmarschen dominiert der Queller, im flachen Wasser wachsen Seegras und Meeressalde. Seegraswiesen

Das Männchen der Röhrenspinne hat einen leuchtend roten Hinterleib; die Weibchen leben kolonieweise in Erdröhren.

sind besonders wichtige Jungfischkinderstuben, die Larven fressen dort Plankton und können sich verstecken. An der Südküste erstrecken sich weitläufige Dünen mit Sandstrandvegetation (s. Hauptreiseziel 24) und Stechwacholder. Weiter im Inland schließen sich mit dichtem Buschwerk bewachsene Graudünen an.
Süßwasserhaltige Mulden sind mit Oleandersträuchen (S. 162) und Binsen bewachsen. Die Halophytenbiotope dienen als Nahrungsplatz der ziehenden, überwinternden und übersommernden Limikolen z.B.: Stelzenläufer, Brachschwalbe, Austernfischer, Rotschenkel, Seeregenpfeifer. Innerhalb der Deiche dehnen sich schüttere Weiden und Salzsteppen aus, trockengelegte Lagunenflächen auf denen kaum etwas wächst. Nur Kalander-, Hauben- und Kurzzehenlerche machen sich diese künstliche Wüste zunutze, im Frühling schwirrt die Luft von ihrem Gesang.
Die am Amvrakikos ausgedehnten Süßwasserlebensräume sind am Acheloos nur

Walloneneiche im Brandkraut. Kennzeichnend sind die Fruchtbecher (kleines Foto), die einen Ledergerbstoff liefern.

noch in Fragmenten vorhanden. Immergrüne Vegetation wächst auf den Kalkhügeln, besonders abwechlungsreich ist sie am Kutsilaris ausgebildet: Von dichter Macchie auf angeschwemmter Erde im Westen bis zur kahlen Felsentreppe zeigen sich alle nur denkbaren Abstufungen.

Auf den blanken Steilhängen kann sich nur zwischen den Felsen etwas Erde halten. Hier sprießen bevorzugt die bunten Frühjahrsgeophyten wie Griechische Schachblume (S. 175), Griechische Faltenlilie, Dolden-Milchstern, Wachsblume, Mittags-Schwertlilie und zahlreiche

Der farbenprächtige Eisvogel ist an naturnahen Binnengewässern und Küstengebieten nicht selten zu sehen.

Die Gelbe Ragwurz wächst auf magerem Kalkboden und ist durch ihren gelben Rand gekennzeichnet.

Orchideen: Milchweißes- und Italienisches Knabenkraut (S. 127), Gelbe, Braune, Spinnen- und Gehörnte Ragwurz. Trockene Wiesen sind wie überall in Griechenland besonders reich an Schmetterlingsblütlern. An den feuchtesten Stellen wird die Macchie zu einem 8 m hohen Niederwald.
An Reptilien leben nur Breitrandschildkröten (S. 169) und Nacktfingergeckos (S. 62) auf dem Berg. Besonderheiten der reichen Schmetterlings- und Spinnenfauna sind das rot-schwarze Männchen der Röhrenspinne *Eresus niger* und der prächtige Erdbeerbaumfalter (S. 179).
Eine Rarität hat sich im Norden des Deltagebietes erhalten: Ein **Lorbeerauwald**, ein Rest einer seltenen, eher trockenen Auwaldformation. 200 Jahre alte Ulmen und Eschen sind von einem dichten, gebüschartigen Saum aus Lorbeerbäumen umgeben. Das Wäldchen deckt seinen Wasserbedarf durch das Hangfußwasser des benachbarten Berges, das sich in einer Senke – dem Standort des Auwaldes – ansammelt. Während der Sommerdürre trocknen die oberen Bodenschichten stark aus.

Im Gebiet unterwegs

Am westlichen Ortsende von Neochori zweigt eine Stichstraße ins Delta ab und überquert nach einigen Metern einen Kanal. Entlang des Kanals gelangt man auf schnurgerader Straße nach 7 km zum 180 m hohen **Skoupos-Hügel** ①. Nach Osten führt die Straße zu einer Kapelle, nach Westen 11 km zur Acheloos-Mündung weiter. Am Skoupos läßt sich das Phänomen des **Hangfußeffektes** deutlich erkennen. Inselberge laufen nicht sanft aus, sondern gehen abrupt in die Ebene über, da es sich bei ihnen um einstige Gipfelregionen handelt. In ihrem Fußbereich sind flache Senken entstanden, in denen sich das vom Hügel abfließende Regenwasser sammelt. Von der Erosion wurde die Erde der Abhänge ebenfalls an den Bergfuß befördert. Dadurch können an solchen Stellen feuchtigkeitsbedürftige, entfernt an einen Auwald erinnernde Gewächse gedeihen. Den Hang hinauf wächst dagegen nur eine abgefressene und häufig abgebrannte Phrygana. Die Straße quert Kulturland und führt anschließend den **Acheloos** ② entlang.

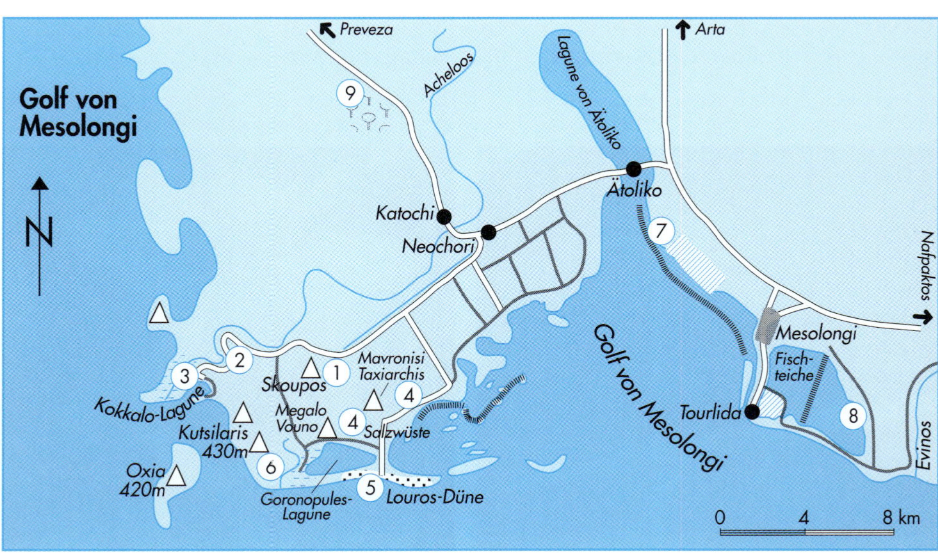

Bei Neochori läßt eine Käserei ihre Produkte an der Luft reifen.

Dessen Ufer sind teilweise noch mit einem Streifen Galeriewald bestanden. Der Fluß hat durch die großen Stauseen am Oberlauf viel Wasser verloren, so daß im Unterlauf viele Inseln herausragen, die Wasservögeln als Rastplätze dienen. Felder und Weiden erstrecken sich bis nahe zur Mündung, die Salzböden in Meeresnähe sind mit Binsen und Queller bedeckt ③. Um die kleine Lagune im Uferbereich führt ein Weg, von dem aus es möglich ist, die niedrige Nordwestseite des Kutsiliaris zu erkunden. Die vorgelagerte Insel Oxia ist mit dichter Macchie bedeckt, in der ungestört mehrere Gänsegeier (S. 77) und Schlangenadler (S. 209) nisten.
Zu den Lagunen im Süden des Golfs führt eine Abzweigung etwa in der Mitte zwischen Neochori und Skoupos. Die Straße verläuft dann auf dem Damm entlang der Salzsteppe ④ und schließlich hinaus auf die **Louros-Düne** ⑤. Westlich der Gouronopules-Lagune gelangt man zu einem ehemaligen Flußarm, der jetzt von Hangwasser gespeist wird ⑥. Dahinter erheben sich die steilen Hänge des Kutsilaris. Brachschwalben und Stelzenläufer sind immer wieder im Marschland der Lagunen zu sehen. Am Nordrand der Salinen von Mesolonghi ⑦ besteht eine Lachseeschwalbenkolonie, und dort halten sich auch Säbelschnäbler auf. Ein weiterer beliebter Seeschwalbentreff ist die Ostseite der Fischteiche ⑧. Der Lorbeerauwald ⑨ liegt unmittelbar an der Straße Katochi – Astakos bei der Abzweigung nach Fraxos. Umgestürzte Bäume erwecken einen urtümlichen Eindruck, ein Zaun soll Weidevieh fernhalten. Das Wäldchen ist besonders reptilienreich, da den Tieren hier unterschiedliche Feuchtigkeitsgrade, eine enge Verzahnung von Schatten- und Sonnenplätzen, sowie eine Vielzahl von Verstecken durch Lianengestrüpp und umgefallene Baumstämme geboten werden.

Praktische Tips

Anreise

Mesolongi liegt an der E 55, der Hauptstraße durch Westgriechenland. Die Westseite des Golfes und das Acheloos-Delta sind auf Stichstraßen von Neochori und Katochi aus zu erreichen. Da das Delta unbesiedelt ist, gibt es keine öffentlichen Verkehrsmittel.

Die Spanische Golddistel, benannt nach ihren gelben Blüten, ist in ganz Griechenland an Wegrändern verbreitet.

Eine botanische Rarität ist der Lorbeer-Trockenauwald bei Fraxos mit Ulmen, Eschen und Lorbeerbäumen.

Klima/Reisezeit
Das Klima ist ähnlich dem Amvrakikos, nur etwas trockener (vgl. Hauptreiseziel 17).

Unterkunft
Die Städte Mesolongi und Ätoliko bieten Unterkünfte, Zeltplatz gibt es keinen. Das reizend auf einer Insel gelegene Ätoliko ist für seine Fischspezialitäten bekannt, insbesonders Aale, die regelmäßig in die Lagune einwandern. Auf der Louros-Düne ist ein Touristenzentrum geplant.

Blick in die Umgebung

Landschaftlich sehr reizvoll ist die Küstenstraße über Astakos an den Amvrakikos. Wuchtige Felswände thronen über Astakos und Mitikas, im Bergland von Akarnanien nisten zahlreiche Greifvögel, die man von der Straße aus immer wieder sehen kann. Am Paß südlich von Astakos stehen lockere Wälder aus alten knorrigen Walloneneichen (S.155) mit dichtem Brandkrautunterwuchs.

Übergangslos ragt der felsige Kutsilaris-Hügel, bewachsen mit Baumförmiger Wolfsmilch, steil aus der Ebene auf.

19 Nationalpark Oros Iti, Giona, Vardousia

Gebirgsstöcke Zentralgriechenlands mit imposanten Felswänden; Beginn des griechisch-mediterranen Gebirgstyps; Orchideen, Chalzedon-Lilie, Bartgeier; Wandergebiet.

Der Gebirgsstock **Oros Iti** (auch Oeti) liegt in Mittelgriechenland südlich von Lamia. Steil ragt seine durch tiefe Schluchten gegliederte Nordflanke aus der Ebene des Sperchios-Flusses. Die höchsten Gipfel des trapezförmigen Gebirges sind der **Pyrgos** (2152 m) und der **Grevenos** (2116 m), durch das Valorima-Hochtal voneinander getrennt.

Das Iti-Bergmassiv besteht größtenteils aus Flysch, Kreide- und Jurakalke sind inselartig aufgelagert. Aus Kalk aufgebaut sind die Nordostseite und die Gipfelregion, die sich daher mit verkarsteten Oberflächen und schroffen Hängen deutlich von den weicheren Formen der Flyschunterlage abheben. In Höhen über 2000 m lassen sich deutliche Vereisungsspuren erkennen, die der Würmkaltzeit zugerechnet werden.

Mit senkrechten Felswänden erhebt sich die wuchtige Giona bei Sikea über das Mornos-Tal.

Im Flug ist der Bartgeier an seinen schmalen Flügeln und dem keilförmigen Schwanz zu erkennen.

Der Nationalpark wurde 1966 gegründet, umfaßt eine Fläche von 7000 Hektar (Kernzone 3000 ha) und reicht von etwa 400 m Höhe bis zur Gipfelregion.
Südlich des Iti erstreckt sich das imposante und wuchtige Kalkmassiv der **Giona**, geologisch und morphologisch eng mit dem Parnaß oberhalb von Delphi (s. Hauptreiseziel 20) verwandt. Sie gehören beide zum ostgriechischen Kalkgebirge. Die östliche Giona bildet ein bis 2000 m hohes Hügelland, meist baumlos und geeignet für Sommerweiden. Der Hauptkamm im Westen erreicht mit dem Gipfel **Pyramida** 2510 m, besteht aus mächtigen, grob geschichteten, hellen Kalken und fällt im Norden steil in vorgelagertes Schiefergelände ab. Im Westen der Giona erheben sich imposante Felswände über das Mornos-Tal und bilden oberhalb von Sikea mit mehr als 1300 m den höchsten Wandabbruch Griechenlands.
Im Gebiet Iti – Giona – Parnaß konzentriert sich die Hauptmasse der griechischen Bauxit-Lagerstätten. Griechenland ist der siebtgrößte Produzent dieses Aluminiumrohstoffes auf der Welt.
Das **Vardousia-Gebirge**, durch das Mornos-Tal von Giona und Iti getrennt, zählt zu den abgelegensten Gebieten Griechenlands. Die beiden schlanken Hauptketten (ein auffallender Kontrast zur klotzigen Giona) werden durch eine Flyschmulde getrennt, das Weidehochland Levadia (Wiesen). Geologisch ist die Vardousia mit den Pindos-Kalkketten verwandt, von diesen aber durch die ostätolische Flyschzone getrennt. Ihren Zacken und Graten verdankt sie den Beinamen »Kaisergebirge Griechenlands«.

Pflanzen und Tiere

Wie in fast allen Gebirgen Griechenlands ist auch am **Iti** das Lokalklima sehr stark von der Exposition abhängig. Die Nord- und Nordostabdachung unterliegen deutlich dem Einfluß des Maliakos-Golfes, geprägt durch das Vorherrschen feuchter Meereswinde. Das Klima der im Regenschatten liegenden Westhänge ist dagegen deutlich kontinentaler. Dies wird auch in der Zusammensetzung der Vegetation deutlich. So ist die mediterrane Hartlaubzone nur an den Nord- und Osthängen vorhanden. Die trockenen Westhänge dienen in den tieferen Lagen als extensives Weideland für Ziegen und besitzen nur lockeres Gestrüpp aus Kermeseichen (S.137), Scheinligustern und sommergrünen Büschen – die mageren Reste eines einstigen Trockenwaldes.
In einer Höhe von 700–800 m beginnt die Zone der Apollotannen. Bemerkenswerterweise gibt es auf der Nord- und Ostseite keinen Gürtel aus sommergrünen Wäldern; die immergrüne Vegetation grenzt unmittelbar an die montanen Tannenwälder, laubwerfende Gehölze sind in den Übergangsbereich eingestreut. An sehr geschützten höheren Lagen treten feuchtigkeitsliebende Buchenbegleiter auf. Die Buche selbst fehlt dagegen am Iti, sie findet einige Kilometer weiter im Westen, auf der Oxia, ihre südliche Verbreitungsgrenze. Die Buchenbegleiter legen die Vermutung nahe, daß die Buche in

feuchteren Epochen der Nacheiszeit hier heimisch war, inzwischen aber infolge zunehmender Trockenheit verschwunden ist (vermutlich beschleunigt durch menschlichen Einfluß). Besonders exponierte Stellen sind wie überall Revier der Kiefer. Die heutige Obergrenze der Tannenwälder liegt bei etwa 1700 m, auf waldfreiem Gelände haben sich große Herden von Adlerfarn ausgebreitet. Auf felsigen Rippen und Geröllhalden gedeiht eine phryganaähnliche Vegetation aus Zwergginster, Hornkräutern und Bergseidelbast. Die fetten alpinen Matten tragen Wacholderbüsche und Rosen. Eine besonders prächtige Pflanze ist hier die Chalzedon-Lilie, eine Verwandte des Türkenbunds. Zwischen 1900 und 2000 m, am Übergang des wasserreichen Flyschsockels zur verkarsteten Gipfelregion, liegt ein Hochplateau, das seit dem Altertum begehrtes Weideland ist. Das Bestreben, die Weideflächen auszudehnen, hat die Hirten immer wieder dazu veranlaßt, die Wälder an der oberen Grenze in Brand zu setzen, wodurch der ausgedehnte Strauchgürtel ent-

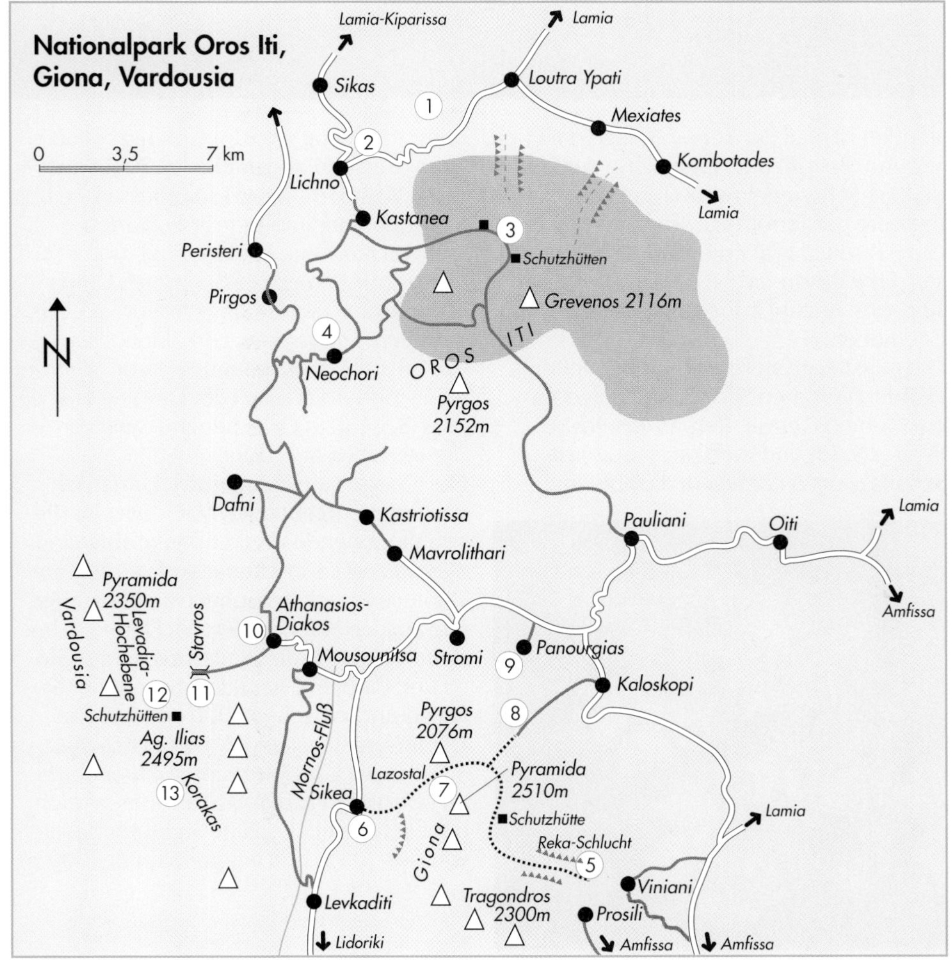

standen ist. Auf der Kalkunterlage der Gipfelbereiche trifft man Gewächse der Seidelbast-Schwingelrasen-Gesellschaft, mehrere polsterförmige Tragantarten (S. 172) sowie Wacholderund wilde Rosen. Eine Besonderheit des Iti-Gebirges sind eine Anzahl z.T. endemischer Orchideen.

Die meisten größeren, für Griechenlands Wälder typischen Säugetiere besiedeln das Gebiet: Gemse, Reh, Wildschwein, Wolf (s. S. 73) und Wildkatze, außerdem Schakal und Wildziegen, die aber nicht mehr reinblütig sind. Im Gebirge nisten Stein- und Schlangenadler (S. 204), Bartgeier, Wanderfalke, Wespenbussard, Uhu, Steinhuhn und mehrere Spechtarten (Schwarz-, Grau-, Weißrücken- und Mittelspecht). An Reptilien kommen Landschildkröten (S. 123), Scheltopusik (S. 59), Sandboa, Leopard- (S. 134), Eidechsen- (S. 188) und Vierstreifennatter vor. Mehrere Skorpion-(Unter)arten der Gattung *Euscorpius* (S. 213), in Griechenland weit verbreitet, leben auch hier.

Die **Giona** unterscheidet sich klimatisch von ihren umgebenden Nachbarn, da diese ankommende Wolkenbänke abfangen. Dadurch ist sie trockener und wärmer; im Winter hält sich der Schnee nicht so lange wie auf den Nachbarbergen. Dennoch bestehen viele Ähnlichkeiten zwischen Giona und Parnaß. Charakteristisch für Kalkfelsen sind zwischen 1000 und 1400 m Jasminseidelbast und Waldmeister, über 1500 m die Glockenblumen *Campanula aizoon* und *C. rupicola*, im Gipfelbereich das Dichterveilchen und Steinbrechgewächse. Auf Schutt wachsen unter 2000 m

Der Oleander blüht auch mitten im Sommer. Ledrige Blätter vermindern die Verdunstung.

◁ Gipfelregion des Iti: Flysch mit Apollotannen, darüber ein kahler Karstkegel als Gipfel.

Lerchensporn und Griechische Nieswurz. Letztere diente als Heilpflanze; die beste Sorte wuchs angeblich am Iti. ▷

Dickwurzliger Storchschnabel und Kreuzkraut, im Gipfelbereich Griechischer Tragant und Festknolliger Lerchensporn.

Im Gebiet unterwegs

Oros Iti

Die Anfahrt zum Iti erfolgt über Ypati ① und von dort weiter über Lichno etwa 17 km nach Kastania an der Westflanke. **Ypati** ist das namengebende Stammdorf für Loutra-Ypatis, das »Bad von Ypati«, das wie eine verschlafene Miniatur mitteleuropäischer Kurbäder der Jahrhundertwende am Rand der Sperchios-Ebene liegt. Eine leichte Duftnote nach faulen Eiern weist auf die Bestimmung des Ortes: ein Schwefelbad, das zur Linderung von Rheuma aufgesucht wird. Hinter Ypati passiert man auf der Weiterfahrt ein kleines »Naturhistorisches Museum« bei **Lichno** (Hinweisschilder) ②, das aus einer Hühnerzucht hervorgegangen ist. In einem Gärtlein wachsen die Gehölzpflanzen des Iti, und ein Raum ist der hier lebenden Tierwelt und den Samen und Früchten der Pflanzen gewidmet (Erklärungen nur auf griechisch sowie die wissenschaftlichen Namen).

Kastania liegt in der Zone der ersten Hochweiden, bietet eine weite Aussicht und besteht aus einigen Häusern, einem geschlossenen Hotelklotz und einem Kafenion (mit Zimmern) neben der Kirche. Hinter Kastania führt ein Forstweg durch Tannenwälder und durch eine bizarre Bergsturzlandschaft bis zum **Trapezista-Plateau** und den Schutzhütten ③ (mit Quelle). Von dort erreicht man in südlicher Richtung in anderthalb Stunden Gehzeit vorbei an einem See den **Grevenos**. Von den Hütten ist es möglich nach Süden bis nach Paulani weiterzufahren bzw. nach Neochori ④. Ein weiterer Anstieg auf den Iti erfolgt von Ypati aus; ein Wanderweg

3 Arten von Türkenbundlilien kommen in Griechenland wild vor: Martagon- (Foto), Chalzedon- und Albanische Lilie.

Das gelbblühende Blasse Knabenkraut ist eine der zahlreichen Orchideenarten am Iti.

führt durch die eine üppige Vegetation aufweisende Nordseite des Massivs. Nach etwa 4 Stunden erreicht man die **Trapezista-Hütte**. Die Schluchten der Nordflanke sind durch Pfade, ausgehend von den Dörfern Mexiates und Kombotades, erschlossen.

Von Kastania führt eine Erdstraße 15 km weiter nach **Neochori** ④ und wieder ins Tal hinunter. Neochori ist eine steil den Hang hinabgebaute Sommersiedlung, nur von Juni bis Oktober bewohnt (das dazugehörige Winterdorf liegt in der Nähe von Theben). Solche Dörfer mitten im Nirgendwo sind beliebte Wochenendausflugsziele der Griechen und im August blüht das Geschäft mit Athenern, die aus der Hitze der Stadt ins Gebirge auf Sommerfrische flüchten. Zwanzigtausend Souflakistäbchen röstet der Wirt von Neochori pro Saison – verblüffend, wenn man die »Qualität« der Rumpelpisten hierher bedenkt, die noch im Frühjahr, verschlammt und aufgeweicht, starke Assoziationen an eine Hindukusch-Durchquerung aufkommen lassen. Im Tal ist die Rückkehr nach Norden über Peristeri möglich oder die Weiterfahrt über Kastriotissa bzw. über Athanasios-Diakos ⑩ zu Giona und Vardousia.

Der im Gebirge vorkommende Schwarze Apollo hat keine roten Flecken. Seine Raupen leben an Lerchensporn.

Giona und Vardousia

Sehenswert ist die 10 km lange **Reka-Schlucht** ⑤ im Osten der Giona mit bis zu 800 m hohen Felswänden, in die man von Amfissa aus über Prosili oder Viniani gelangt. Nach 4 Stunden erreicht man die unbewirtschaftete Lakka-Karvouni-Hütte (1800 m). Eine Piste, die durch den Bergbau entsteht, führt jetzt bis in die Nähe der Hütte.

Das **Mornos-Tal** zwischen Giona und Vardousia erreicht man von Osten oder von Süden her. In Levkaditi teilt sich die Straße, die Ostroute führt an **Sikea** ⑥ mit seinen Felswänden vorbei, die Westroute bietet am Nachmittag den besseren Blick auf die Felsen von Sikea. Der bekannteste und landschaftlich schönste Anstieg auf die Giona erfolgt von Sikea aus. Ein Pfad führt in das Kar unter der Westwand und nach links durch das **Lazos-Tal** ⑦ aufwärts in das Joch zwischen Hauptkamm und dem Vorgipfel Pyrgos. Landschaftlich weniger interessant, aber bequemer, ist die Anfahrt über Kaloskopi und Karknoz auf einem Forstweg durch Wald und kahle Hänge bis

zu den Hochweiden von **Skasmanda Diacelo** auf 2100 m ⑧. Dort gedeiht auf den Felsen eine interessante Pflanzengesellschaft. In **Panourgias** ⑨ steht ein kleines paläontologisches Privatmuseum mit Fossilien der Umgebung (vornehmlich Riffkorallen) und anderer griechischer Fundstellen.
Die Vardousia erreicht man über **Athanasios-Diakos** ⑩ im oberen Mornos-Tal. Das 1000 m hoch gelegene Dorf ist, bedingt durch die Wasserversorgung von der Vardousia, von üppigem Grün umgeben und hat sich noch etwas vom Charme der alten Zeit erhalten. Manche Häuser sind noch mit Steinplatten bedeckt, manche Balkone haben noch Holzgeländer. Der hier geborene Diakon Athanasios war ein bekannter Partisanenführer im Aufstand gegen die Türken 1821. Die orthodoxen Patres hatten über die Jahrhunderte der türkischen Besetzung das nationale Kulturerbe der Griechen bewahrt und spielten beim Volksaufstand von 1821 eine entscheidende Rolle. Vom Ort führt ein Forstweg auf den **Stavros-Paß** ⑪; von dort sind 2 Schutzhütten an der Nordwestflanke des **Korakas** ⑬ in etwa 1 Stunde leicht zu erreichen. Auf den Weideflächen ⑫ über der Waldgrenze wachsen z.B. Türkenbundlilie, Griechischer Fingerhut (S. 144), Klappertopf und Bergmilchstern.

Praktische Tips

Anreise
Von Lamia, Lidoriki oder Amfissa aus (Straßen im Gebirge vielfach Schotter). Bus nach Athanasios-Diakos: täglich von Lamia; nach Sikea: Täglich von Lidoriki.

Klima/Reisezeit: Siehe Hauptreiseziel 20.

Unterkunft
Iti: Zimmer in den Gaststätten von Ypati, beim Kloster Agathon und Kastania; Ypati hat ein kleines Hotel. Athanasios-Diakos und Kaloskopi: kleines Hotel, Zimmer und Tavernen. Amfissa und Lidoriki bieten

Der Bergmilchstern *Ornithogalum nanum* blüht in wenige Zentimeter hohen Trugdolden.

komplette Infrastruktur mit Geschäften, Tavernen und Hotels. Die nächsten Campingplätze liegen an der Küste (Itea, Eratini).

Schutzhütten
Iti: Untere Hütte sowie Trapeza-Hütte (1850 m), EOS Lamia (Schlüssel auch in Kastanea auszuleihen).
Giona: Lakka-Karvouni-Hütte, 1800 m, Wanderverein Athen (POA).
Vardousia: Nördliche Hütte, 1750 m, EOS Lamia oder EOS Amfissa; südliche Hütte, 1900 m, Wanderverein Athen (S.177).

Adressen
▷ Griechischer Bergsteigerverband EOS Lamia, Ypsilandou Str. 20, Tel. 0231-26786;
▷ EOS Amfissa, Ariou Pagou-Salonon Str. 9, Tel. 0265-29201.

Blick in die Umgebung

Lohnend ist die Prussos-Schlucht 25 km südwestlich von Karpenisi mit einem kühn am Felsen schwebenden Kloster, auffallenden Plattenkalk-Schichtungen und einer Klamm samt Wasserfall. Im Norden von Karpenisi erhebt sich das **Timfristos-Gebirge** (2315 m). Große Teile sind »niedergeweidet«; schöne Landschaften haben sich im Tavropos-Tal und um Klisto bis Fourna nördlich des Bergstockes erhalten.

20 Delphi und der Parnaß

Geschlossenes Kalkgebirge mit ausgedehnten Karsthochflächen; ausgeprägte Dornkugelbusch-Formationen; Heiligtum von Delphi in schöner Lage; Strahlenwindröschen, Attische Schwertlilie, Parnaß-Pfingstrose, tragant- und orchideenreich; Blaumerle, Heufalter.

In einer reizvollen, wildromantischen Berglandschaft liegt der »Nabel der Welt«, das Heiligtum von Delphi. Darüber ragen in einem Halbkreis die mächtigen Felsen des Parnaß auf – eine Kulisse, die auf moderne Besucher ebensolchen Eindruck macht wie auf jene der Antike. Der Parnaß ist ein mächtiger, zweigipfeliger Kalkstock und erreicht mit dem **Liakoura** über 2400 m Höhe. Die großartigen Kalkketten des Parnaß beeindrucken durch ihre steilen, kahlen Felsen, die den Gipfelbereich wie eine Mauer rings umgeben. Das Hauptgestein sind sehr reine Karbonatkalke aus Jura und Kreide (zum Teil mit Dolomit und Bauxit), daher sind Karsterscheinungen häufig. Schon seit dem Altertum ist der Reichtum an Grotten und Schluchten bekannt. Aufgrund seiner Lage gehört das Gebiet in den Bereich des rein mediterranen Klimas. Die tieferen Lagen im Regenschatten der umgebenden Gebirge sind sehr trocken, mit steigender Höhe nehmen die Niederschlagsmengen rasch zu. Sie fallen dort vorwiegend im Winter als Schnee.

1938 wurde ein Teil (3600 ha) des Gebirges zum Nationalpark erklärt; eine rein theoretische Maßnahme, denn bisher gibt es noch keinerlei Schritte, um die reichhaltige Flora und Avifauna zu schützen. Stattdessen dient der Parnaß als beliebtes Ausflugsziel, als Sommerhäuschenresidenz für die Athener Stadtbevölkerung und als Weidegelände für das Vieh der Einheimischen. Es existiert zwar ein neues Gesetz, welches das Bauen in geschützten Wäldern verbietet, doch es ist fraglich, wieviel vom Parnaß noch im jetzigen Zustand erhalten bleiben wird.

Für viele Gebiete Griechenlands kennzeichnend sind **Mehrsiedlungssysteme**, in welche die Fernweidewirtschaft betreibenden Wanderhirten im Jahreszyklus eingebunden sind. Ein typisches Beispiel dafür ist der Parnaß: Das 10 km östlich von Delphi liegende, heute den Touristen durch seine Teppiche und Webereien bekannte **Arachova** ist ein Stammdorf, bodenfest ganzjährig bewohnt. Solche Stammdörfer

◁ Attische Schwertlilie, dunkelviolette Variante (vgl. S. 175), ein besonders dekoratives Florenelement am Parnaß.

Hinter dem Apollotempel in Delphi ragen die Felswände ▷ des Parnaß auf.

Der vielseitige Ölbaum

Sie prägen vielerorts das Landschaftsbild Griechenlands – die silbrig-grün schimmernden Olivenhaine. Abermillionen der knorrigen Bäume liefern zwischen November und Februar das begehrte Olivenöl. Zur Olivenernte sind die Dörfer wie leergefegt, vom Kindergartenkind bis zu den Großeltern sind alle in den Hainen. Jede Transportmöglichkeit wird genutzt, auch der altersschwache Esel wird mit Körben aufgerüstet und muß antreten zur »großen Schlacht des Winters«, wie die Einheimischen die Ernte nennen.

Der Ölbaum wird seit 4000 Jahren in Griechenland kultiviert, jahrhundertelang waren Oliven zusammen mit Ziegenmilch und Brot das Grundnahrungsmittel der Bauern. Der Baum ist genügsam und gedeiht auch auf sehr kargem Boden. Junge Bäume tragen frühestens nach 7–10 Jahren Früchte, die besten Ernteerträge gibt es in einem Alter von etwa 40 – 200 Jahren. Die wohlriechenden kleinen Blüten sitzen im Frühjahr in vielblütigen Trauben, daran ist die Verwandtschaft des Ölbaums mit Flieder und Liguster zu erkennen.

Tafeloliven werden entweder im Oktober geerntet, wenn sie grün und von geringerem Ölgehalt sind, oder als reife, schwarze Frucht. Deren etwas bitterer Geschmack wird durch Einweichen in einer schwach alkalischen Lösung, die gleichzeitig die Fruchthaut erweicht, entfernt. Anschließend werden die Oliven in Salzlake eingelegt oder in Öl konserviert.

Zur Ölgewinnung bestimmte Früchte läßt man ausreifen, bis 60% ihres Inhaltes Öl ist. Für die Ernte werden unter den Bäumen Netze oder Folien ausgebreitet und die Früchte mit Rechen von den Ästen abgestreift, oder mit Stöcken herabgeschlagen. Dabei erhalten aber Oliven sowie junge Triebe des Baumes Verletzungen. Für die Herstellung hochwertiger Ölsorten müssen Oliven daher mit der Hand gepflückt werden. Die Weiterverarbeitung erfolgt in den zahlreichen Ölmühlen, die zur Erntezeit rund um die Uhr in Betrieb sind. Bei der ersten Kaltpressung entsteht das feine Speiseöl, die Pressung der Rückstände unter Hitze und mit Lösungsmitteln ergibt minderwertige Öle, etwa für die Seifenherstellung; die verbleibende Reste dienen als Dünger und Brennstoff. Das beste Öl ergibt die traditionelle Methode, die gemahlenen Oliven mit Matten zu pressen, das erhält alle ungesättigten Fettsäuren. Ergiebiger und bequemer sind allerdings die aus Italien stammenden Zentrifugalmühlen, welche die Oliven jedoch auf 35–40 °C erwärmen. Geschmacklich besteht aber kein wesentlicher Unterschied zwischen den beiden Methoden. Das intensivste Öl ergeben Bäume auf kargem Geröllboden (z.B. der Halbinsel Mani). Entscheidend ist auch, die Olivensäcke noch am Abend nach der Ernte sofort zu verarbeiten und die Säcke nicht zu stapeln, denn Druckstellen schmecken nicht gut. Der Wert des Ölbaums beschränkt sich nicht nur auf Oliven und Öl; durch das jährliche Beschneiden der Äste gewinnt man Viehfutter, Stallstreu und Brennmaterial; Kunsttischler und Schnitzer verwenden das harte Holz von Stamm und großen Ästen gerne wegen seiner schönen Maserung.

Die durchschnittliche Jahresproduktion an Olivenöl beträgt in Griechenland 325 000 Tonnen. Die Ölbaumkulturen geraten jedoch in den letzten Jahren vermehrt unter Konkurrenzdruck durch billigere Pflanzenöle wie Soja- und Sonnenblumenöl.

der Kalyviawirtschaft liegen meist höher im Gebirge. Die Herdenbesitzer haben gewöhnlich Acker- und Baumland auf Hangterrassen, die (meist zur Familie gehörenden) Hirten leben im Sommer im Gebirge und im Winter im Tal in Hütten. Während der Übergangszeiten, wenn das Vieh im Stammdorfbereich weidet, halten sie sich dort auf. Mit Arachova verbunden ist ein Sommerdorf am Rande einer kleinen, etwa 200 m höher gelegenen Polje, sowie Steinhütten der Hirten an der Waldgrenze und Reisighütten am Bergfuß. Die heute im Dienste des Fremdenverkehrs ausgeschlachtete Wollweberei ist aus der heimischen Viehwirtschaft hervorgegangen.

Pflanzen und Tiere

Die Hänge rund um das Heiligtum von Delphi präsentieren im Frühling eine reiche Blumenpracht. Neben Doldenblütlern, Wicken und Hahnenfußgewächsen erkennt man die gelben Trompeten der Strauchigen Lotwurz (S. 206), die Rotgerandete Wachsblume, die Ganzrandige Witwenblume, Gelben Affodill (S. 93), Wolfsmilchsträucher und Traubenhyazinthen (S. 106). Unter den Felsen blühen Dornginster (S. 211), Ziest, Felsen- (S. 207) und Verschiedenfarbige Glockenblume (S. 127) und prächtige Orchideen. Im April lassen sich im Gelände des Heiligtums neben Italienischem (S. 127) und Vierpunktknabenkraut folgende Ragwurzarten entdecken: Delphi-, Argolis-, Hufeisen-, Gelbe- (S. 155), Spiegel-, Wespen- (S. 123), Busen- und Spruners Ragwurz.
In der Antike galt der Parnaß wegen der in tieferen Lagen mit Myrten, Lorbeer und Ölbäumen bewachsenen, darüber mit Tannenwäldern bedeckten Hänge als Lieblingssitz Apolls und der Musen. Inzwischen hat er einen beträchtlichen Teil seiner ehemals schattigen Gehölze eingebüßt. Schon im Altertum wurden nach umfangreichen Abholzungen Erosion

Die wärmeliebende Breitrandschildkröte hat einen gebogenen Panzer und kommt nur im Süden Griechenlands vor.

und Trockenheit auf höchst unangenehme Weise fühlbar. Besonders Brände und Beweidung durch zahlreiche Schaf- und Ziegenherden haben die Pflanzendecke zurückgedrängt; wegen der steilen Hänge war die Wirkung der Bodenerosion stärker als in anderen Gebieten.
Auf den Talböden von Amfissa bis Arachova breiten sich weitläufige Olivenkulturen aus. In den niederen Lagen ist der größte Teil des Bergmassivs mit spärlichem Gestrüpp bedeckt oder völlig kahl; bis zu ei-

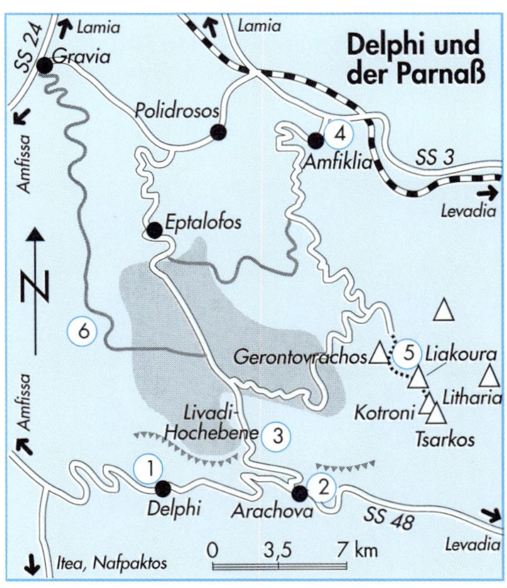

Von Unwettern gezeichnete Apollotanne am Parnaß.

ner Höhe von etwa 600 m treten auf unbebautem Gelände stellenweise Gesträuche der mediterranen Hartlaubstufe auf. Am Süd- und Westabfall des Parnaß beginnen oberhalb der immergrünen Zone die entwaldeten steilen Felshänge; im Osten und Norden findet man zwischen 800 m und 1600 m Nadelwälder mit Apollotannen sowie stellenweise Schwarzkiefern und Wacholder. Die unmittelbare Berührung von Hartlaub- und montaner Nadelwaldzone, schon am Iti zu erkennen, ist ein Kennzeichen für Gebirge des rein ostmediterranen Typs.

Am Fuß der Tannen gedeihen Chalzedon-Lilie, Griechische Schachblume (S.175) und Rundblättrige Nieswurz (S.163). An offenen Stellen bilden Strahlenwindröschen und Zweiblättriger Blaustern (S.179) im Frühjahr ausgedehnte Blütenmeere; in geschützten felsigen Mulden überziehen Matten von Ehrenpreis, Vergißmeinnicht, Mauerpfeffer, Traubenhyazinthen (S.106), Nickendem Milchstern (S.70) und Wolfsmilcharten den Boden. Zwischen hellen Steinen leuchten an Hängen gelbe und violette Irisblüten. Doch sind die meisten der baumfreien Stellen bald im Frühjahr stark beweidet und interessante Gewächse wie Osterluzei oder Anemonen nur noch schwierig zu finden. Eine prächtige und charakteristische Pflanze des Nationalparks ist die Parnaß-Pfingstrose. Sie blüht erst später im Frühjahr.

Über der Waldgrenze geht die Vegetation in die Seidelbast-Schwingelrasen-Gemeinschaft über. In der kahlen Mondlandschaft, rund um die Liftstation etwa, sind

Der Storchschnabel *Geranium macrcstylum* wächst an Wegrändern in den Gebirgen Mittelgriechenlands.

Die Blaumerle ist knapp amselgroß und lebt in felsigem und reliefreichem Gelände im mediterranen Raum.

Astragalus spruneri, eine der vielen Tragantarten des Landes.

die Auswirkungen starker Beweidung auf kalkig-karstigem Untergrund überall zu sehen. Die übriggebliebenen Pflanzen enthalten entweder giftige bzw. abstoßende Substanzen oder sie sind extrem stachelig. Stärker als auf anderen griechischen Bergen herrschen auf dem Parnaß Dornkugelbusch-Formationen vor, in denen besonders viele Tragantarten vorkommen. In Geröllen gibt es Thymian (S. 206) und Parnaß-Lerchensporn; charakteristisch für verwitternden Kalk sind kleine Dolinen, die den Pflanzen verschiedene Kleinklimata und Schutz vor Beweidung bieten. In diesen Rückzugsgebieten leben zahlreiche bunte Arten, z. B. mehrere Glockenblumen, Storchschnabel, Krokus oder der Krummstab (S. 204).

Felsiges Gelände, wie es sich über dem Heiligtum darbietet, schätzt die Blaumerle. Das Männchen sieht aus wie eine stahlblaue Amsel, die von dieser Vogelart – ebenfalls ein Kulturfolger – in vielen südeuropäische Ortschaften auch ersetzt wird. Im Kulturland und in Ruinengebäuden ist die Kappenammer häufig zu sehen. Früher konnte man über den Klüften von Delphi oft Steinadler beobachten, doch inzwischen sind die meisten abgeschossen. Nur von 2 Paaren weiß man noch, daß sie hoch oben in den Felsen brüten. Zahlreich sind dagegen Möwen und Alpendohlen. Neben diesen gelbschnabeligen Flugkünstlern leben am Parnaß auch ihre wesentlich selteneren Verwandten, die Alpenkrähen. Diese sind gleichfalls »raben«schwarz, haben aber einen leuchtendroten Schnabel. Außerdem gibt es

Die Kappenammer bewohnt offenes Kulturland und ist als Kulturfolgerin auch im Ruinengelände häufig.

Das Strahlenwindröschen blüht violett bis rosa und ist in den Kalkbergen Süd- und Mittelgriechenlands sehr häufig.

Im Gipfelbereich des Parnaß wachsen vor Dornen starrende Tragantpolster; typisch ist z.B. *Astragalus angustifolius.*

Gänse- (S. 77) und Schmutzgeier (S. 124), Schlangen- (S. 204) und Zwergadler, Schwarzstirnwürger, Steinhuhn, Schwarz-, Mittel- und Weißrückenspecht und oberhalb von 1000 m Steinrötel.
Die Säugetierfauna setzt sich aus Arten zusammen, die in Griechenland allgemein verbreitet sind, wie Fuchs, Dachs, Baummarder und Hase. Im Gebüsch von Delphi rascheln geschäftig Breitrandschildkröten, die im Frühjahr zur Paarungszeit ihre größte Aktivität entwickeln.
Wo sich noch Buschwerk und Reste naturnaher Vegetation befinden, fliegen außer dem als Kulturfolger häufigen Segelfalter (S. 125) auch beide Schwalbenschwanzarten, Blauschwarzer Eisvogel (S. 109), Osterluzeifalter (S. 60), Gelber C-Falter, Kleiner Perlmutterfalter und im Juni der Heufalter *Colias aurorina*; höher oben im Gebirge der Schwarze Apollo (S. 164). In sonnigen Gariguegebieten findet man die 2 pelzig-grün bis bronzefarbenen Prachtkäfer *Julodes ehrenbergi* und *J. pubescens*, beide etwa 2 cm groß. Bei den Tragantpolstern im Schigebiet leben mehrere auffallende Insekten: der Laufkäfer *Carabus graecus*, der Trauerbockverwandte *Dorcatypus tristes* und die Prachtkäfer *Anthaxia amasina* und *Acmaeodera cerasina*.

Im Gebiet unterwegs

Die beste Zeit, **Delphi** ① einen Besuch abzustatten, ist außerhalb der Saison im zeitigen Frühjahr, wenn das Gebiet noch nicht von Busschlangen und Touristenhorden, die wahrhaft erschlagende Dimensionen annehmen können, heimgesucht wird. Dann läßt sich beim Spaziergang durch das Gelände noch etwas von der eminenten politischen Bedeutung des Orakels im Altertum nachvollziehen. Hier liefen die Informationen aus der gesamten antiken Welt zusammen. Die weisen Apollopriester machten Weltpolitik; sie waren ein Kabinett von politischen Beobachtern, ein Gremium von Fachleuten wie ein modernes vatikanisches Kardinalskollegium. Am Weg kommt man an den Schatzhäusern der immerzu zerstrittenen griechischen Städte vorbei. Hier bewahrte man die Weihgaben auf, die Dankgeschenke und Siegestrophäen: Athens über Theben, Thebens über Athen, Korinths über Argos, Argos' über Korinth – alle friedlich nebeneinander vereint. Westlich vom hoch oben gelegenen Stadion klettert ein steiler Pfad im Zickzack in die Felsen und bietet im Abendlicht einen herrlichen Blick auf das Ausgrabungsgelände.
Der **Parnaß-Gebirgsstock** ist leicht zu erreichen, von Arachova ② an der SS 48 führt eine Straße den steilen Hang hinauf zur Ebene **Livadi** ③ auf der Bergschulter. Hier lag das einstige Sommerdorf der Hirten aus Arachova, einige Hütten, zu denen sich mehr und mehr Ferienhäuser im Knusperhäuschenstil gesellen. Nach der Ebene fährt man durch Apollotannenwälder. An offenen, steinigen Stellen blüht im April nur wenige Meter abseits der Straße die violette Attische Schwertlilie.
Zum Gipfelbereich führen zwei Straßen (von der Hochebene Livadi oder von Amfiklia ④ im Norden aus) bis in das Schige-

Blick in die kahle Gipfelregion des Parnaß im späten Frühjahr.

biet über der Waldgrenze ⑤ (die Saison reicht von Dezember bis Mitte April), in dem Restaurants und Unterkünfte aus dem Boden gestampft werden. Hier erheben sich in einem Bogen von etwa 5 km Durchmesser die höchsten Gipfel des Parnaß (Liakoura 2457 m, Kotroni 2428 m, Tsarkos 2414 m, Gerontovrachos 2367 m) und können von der Innenseite des Gipfelrunds recht einfach erstiegen werden.
Wer ein ausgesprochen pragmatisches Verhältnis zu seinem fahrbaren Untersatz unterhält, kann außer den asphaltierten Routen noch die Forststraße von Gravia zur Livadi-Hochebene benutzen ⑥. Von Gravia führt sie in steilen Windungen die Nordflanke hinauf und oben dann durch landschaftlich schönes Hochland. An schattigen Stellen am Wegrand blühen im Sommer das Rote Waldvöglein und im September Alpenveilchen (S. 116). Auf Waldlichtungen haben sich große Herden von Adlerfarnen eingestellt, die jede andere Vegetation unterdrücken und im Herbst rotbraune Farbakzente setzen. Da diese Strecke von den Holztransportern benutzt wird, ist sie nach Regenfällen allerdings aufgeweicht und in schlechtem Zustand.

Praktische Tips

Anreise
Delphi liegt an der SS 48, 44 km westlich von Livadia, Gravia an der SS 24, 35 km südlich von Lamia; den Parnaß überquert die Straße Arachova – Gravia. Gutes Busnetz von und nach Delphi.

Klima/Reisezeit
Mediterranes Klima, Tieflagen daher sehr trocken. Beste Reisezeit für Delphi zeitiges Frühjahr und Herbst, für den Parnaß von Mai bis Oktober. Im Gipfelbereich Schnee bis Juni.

Unterkunft
Delphi und Arachova sind fest in der Hand des Tourismus, das Dorf Delphi ist eine einzige Hotelsiedlung. Jugendherberge, mehrere Campingplätze. Auf der Parnaß-Nordseite Unterkünfte in Eptalofo, Amfiklia und Polidrosos.

Blick in die Umgebung

Sehenswert ist das **Kloster Osios Loukas** mit byzantinischen Goldgrundmosaiken.

21 Umgebung von Athen

Nationalpark Parnis, Kloster Käsariani, Museum Goulandris, Sumpf von Skinias, Tropfsteinhöhle Peania; Attische Schwertlilie, Schiefe Schachblume.

Athen, die geschmähte Metropole, ist für die meisten eine Betonwüste, der man nicht schnell genug entrinnen kann. Die Akropolis sehen, das Nationalmuseum, und dann nichts wie weg. Unbegründet ist diese Abneigung gegen nie versiegenden Lärm, Bauanarchie und chronisches Verkehrschaos wahrlich nicht. Garniert wird der tägliche Irrsinn von der dicken braunen Smogwolke »to nefos«, die mittlerweile so weltbekannt ist wie der Parthenon, den der saure Regen allmählich zerbröseln läßt. Die griechische Hauptstadt liegt in einem weiten Becken, umgeben von Hymettos (Imittos; 1026 m), Pendeli (1108 m; Marmorlieferant seit dem Altertum), Parnis (Parnithi; 1413 m) und den Egaleo-Hügeln. Konzipiert war die Stadt für 50000 Einwohner, heute hat sie $3^1/_2$ Mio. Die wildwuchernde Bürokratie der rund 80 unabhängigen Kommunen, aus denen sich Athen zusammensetzt, pocht eifersüchtig auf ihre Privilegien – und so geht gar nichts mehr.

Aber rund um die große, laute Stadt, überall dort, wo sich das Häusermeer verliert, sind Inseln der Ruhe zu finden – wie etwa das Kloster Käsariani, verborgen in einem grünen Tal am karstigen Hymettos. Das einzige Naturhistorische Museum Griechenlands steht im Athener Vorort Kifissa

Die Marsch von Skinias ist ein Relikt der Sümpfe von Marathon.

Pinienwald von Strofilia. Die Dünenwälder sind selten geworden, in Skinias steht der letzte Mittelgriechenlands.

und ist aus der Goulandris-Stiftung hervorgegangen. Die Politikerin und Botanikerin Niki Goulandris hatte sie 1964 zum Schutz der gefährdeten Natur Griechenlands gegründet. Das Museum selbst ist vor allem für Schulen gedacht, außerdem beherbergt das Institut ein reiches Herbar und eine Bibliothek zur griechischen Naturkunde und Geographie.
Fährt man durch das kahle Hügelland, so kann man sich leicht eine Vorstellung von der Waldvernichtung in Attika machen. Nur der bewachte Wald von Tatoi und der 1961 zum Nationalpark erklärte Gipfelbereich des **Parnis** sind den Karawanen der Holzsammler, Köhler und Bauspekulanten bisher entgangen. Der Parnis-Bergklotz erhebt sich mit seiner Ostflanke steil aus der Ebene und ist durch Hochebenen und Schluchten vielfältig gegliedert. Er ist ein beliebtes Ausflugsziel der Athener, wodurch das Schutzgebiet erheblich belastet wird.

Die dunkle *Fritillaria mutabilis* wurde erst vor kurzem von der Griechischen Schachblume als eigene Art getrennt.

Die Attische Schwertlilie fällt im April am Parnis auf, hier die gelbblühende Variante (vgl. S. 166).

Ein typisches Ruderalgewächs ist die wilde Malve.

Der Strauch-Schneckenklee hat spiralige Früchte.

Pflanzen und Tiere

Am Fuß des Parnis, dem Tatoi-Gebiet, sind neben immergrünem Buschwerk Aleppokiefern (S.186) verbreitet. In dem trockenheißen Klima Attikas wäre dieser Baum der normale Waldbildner. Trockene Stellen färbt die Graubehaarte Zistrose (S.143) im Frühjahr rosa. Daneben wachsen Strohblume, Hasenohr und Kratzdisteln. Auf den Gebirgshöhen herrschen Apollotannen vor, die einzigen, die es in Attika noch gibt. Farbenprächtig sind die violetten und gelben Attischen Schwertlilien, die im April neben der Straße auf den Parnis büschelweise blühen. Auf das Bergland Attikas begrenzt ist das Vorkommen der Schiefen Schachblume mit nahezu schwarzen Blüten. An Orchideen findet man bei den Serpentinen auf den Parnis z. B. Schmetterlingsknabenkraut (S.78), Gelbe (S.155), Regenbogen-, Hufeisen- und Hörnerragwurz. Die kennzeichnenden Vögel der Macchie sind Kappenammer (S.175) und Samtkopfgrasmücke; letztere wird in den Vorbergen von der Weißbartgrasmücke abgelöst.

Im Norden von **Marathon** haben sich noch Reste jener Sümpfe erhalten, in denen die geschlagenen Perser vor 2500 Jahren auf der Flucht ertranken. Dieser Sumpf ist der einzige Rastplatz für ziehende Watvögel in Attika. Der größte Teil des Gebietes fällt im Sommer trocken. An den Quellen wachsen Schilf, Tamarisken (S.77), Aronstab und Lockerblütiges Knabenkraut. Den Strand bedeckt auf einer Länge von mehr als 3 km der letzte Schirmpinienwald Mittelgriechenlands.

Im Gebiet unterwegs

Einen hervorragenden Blick auf die Akropolis – sofern der Dunst es erlaubt – erhält man vom steilen, etwa 280 m hohen **Likavittos-(Lykabettos-)Hügel** ①. Eine Standseilbahn führt auf den Gipfel, hinunter ist der kurze Fußmarsch lohnend. Die Hänge sind dicht mit Strauch-Schneckenklee bewachsen; wie alle seine Verwandten trägt er auffällige, gewundene Früchte. Den trockenen Lebensraum bewohnen Breitrandschildkröten (S.169).

Die Samtkopfgrasmücke bewohnt Buschwerk, lichte Wälder und ist beonders in Macchie und Garigue häufig.

Einen ebenfalls weiten Rundumblick bietet der kahle Kalkrücken des **Hymettos**, an dessen Abhang das **Kloster Käsariani** ② eine grüne Insel bildet. Schiefereinsprengsel halten das Wasser, und das ganze Jahr sprudeln Quellen. Um das romantische Kloster blühen Schwertlilien, und das Buschwerk bis zum Friedhof an der Stadtgrenze ist überaus orchideenreich. Neben Italienischem Knabenkraut (S. 127) und Roberts Mastorchis wachsen hier 11 Ragwurzarten. Auf der östlichen Bergseite ist von Peania aus die **Tropfsteinhöhle Koutouki** zu besichtigen ③. Sie ist nicht sehr groß, enthält aber schönen Sinter, der durch bunte Beleuchtung etwas kitschig wirkt. Insgesamt hat der Hymettos 78 Höhlen, das Gebirge ist »löchrig wie Schweizer Käse«.
Auf den **Parnis** ④ führt eine Straße – zu Luxusrestaurant und Fernsehsender. Die Marsch von Skinias ⑤ liegt wenige Kilometer nördlich von Marathon .

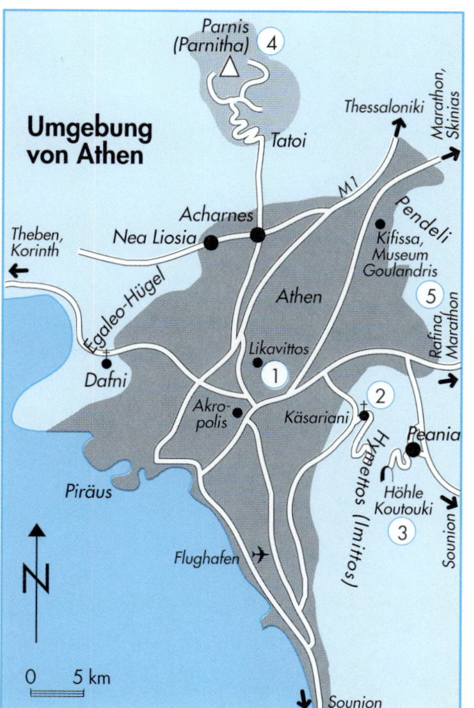

Beim Sternklee spreizen sich die Kelchblätter nach der Blüte ab und verfärben sich rot.

Praktische Tips

Anreise

Der Athener Flughafen hat 2 Terminals und liegt im Süden der Stadt an der Küste, etwa 13 km vom Zentrum. Expreßbusse fahren direkt ins Zentrum. Der Bahnhof ist vergleichsweise winzig; wichtiger sind 2 große Busbahnhöfe, die Ziele in ganz Griechenland bedienen.

Klima/Reisezeit

Heiß und trocken; von Juni bis September wenig für einen Besuch geeignet.

Unterkunft

Große Auswahl in allen Klassen; viele Guest-Houses unterschiedlicher Qualität; Camping in Dafni und in Glifada.

Adressen

▷ Museo Goulandris, Levidou 13, Kifissa, Tel. 01-8086405 oder 8015870; geöffnet 9–14 Uhr.
▷ EOS Athen, Eoulou 70, Tel. 01-3234555 (3212429);
▷ Wanderverein Athen, Har. Trikoupi Str., Tel. 01-3634549.

Blick in die Umgebung

Wegen seiner didaktisch hervorragenden Ausstellung ist das 1986 neuerrichtete Kykladenmuseum sehenswert.

22 Chelmos-Gebirge, Vouraikos-Schlucht

Imposante Schlucht mit Zahnradbahn, Styx-Wasserfall, Tropfsteinhöhle; reiche Gebirgsflora und Schmetterlingsfauna: Aurorina-Heufalter und Erdbeerbaumfalter.

Wie ein Bollwerk riegeln 3 Gebirgszüge den Peloponnes zum Golf von Korinth hin ab: **Panachaiko**, **Chelmos** und **Killini**. Während auf der Nordseite des Golfes die felsigen Vorberge bis an das Wasser herantreten, wird die Küste des Peloponnes aus einem Saum von Hügeln und von einem dichtbesiedelten Schwemmland gebildet.

Landeinwärts steigen die Berge in mehreren Stufen an. Im Westen setzt sich die Pindos-Kette fort, daher sind in Panachaiko und Erimanthos schmale Gebirgskämme mit dazwischenliegenden Hochmulden und Längstälern zu finden. Chelmos und Killini werden dagegen von Kuppelbergen geprägt, die durch eine isolierte Aufwölbung von Sedimenten entstanden sind. Das Grundgebirge besteht aus Glimmerschiefer und Phyllit, darüber sind Kalkgesteine aufgelagert.

Die Flüsse haben zur Küste hin tiefe Täler ausgewaschen; diese Einschnitte gliedern die Landschaft auffällig. Der imposanteste dieser »Entwässerungsgräben« ist die **Vou-**

Der zarte Zweiblättrige Blaustern erscheint nach der Schneeschmelze und kann manchmal blaue »Rasen« bilden.

raikos-Schlucht, durch die eine teilweise als Zahnradbahn geführte Schmalspurbahn nach Kalavrita zuckelt. Die Bahn wurde 1895 errichtet, um das Kloster Agia Lavra bequemer erreichen zu können – eine Art Nationalheiligtum, da dort 1821 das Signal für den Freiheitskampf gesetzt wurde. 700 Höhenmeter klettern die kleinen Loks durch zerklüftete Bergwelt hinauf. Kalavrita kam im Zweiten Weltkrieg zu trauriger Berühmtheit; 1943 machten es deutsche Soldaten nach einem Massaker an der Zivilbevölkerung dem Erdboden gleich. Das wasserreiche Städtchen (»Kales vrisses« bedeutet gute Quellen) liegt am Rand eines sumpfigen Talbeckens und ist wegen seines angenehmen Klimas eine beliebte Sommerfrische der Bevölkerung von Patras.

Das Eindrucksvollste am Chelmos- oder Aroania-Gebirge ist der Talkessel des **Styx-Wasserfalles**, der in den nach Nordosten geöffneten Hauptkamm eingeschnitten ist. Im Halbkreis erheben sich von Westen nach Osten die höchsten Gipfel Neredorachi (etwa 2345 m), Psili Korfi (2355 m) und Ätorachi (2335 m). Das Styx-Wasser galt in der Antike als todbringend; der Ort zählte zu den Eingängen in die Unterwelt und wurde vom vielköpfigen Hund Kerberos bewacht. Die Styx war bei den alten Griechen eine Nymphe, die älteste Tochter des Okeanos. Bei ihrem Wasser leisteten die Götter ihre Schwüre. Heute heißt der Fall Mavronero (schwarzes Wasser) und fällt als Staubbach etwa 200 m tief in eine Schotterhalde. Da die feine Gischt die Felsen befeuchtet, können darauf Blaualgen wachsen, die dem Untergrund seine namensgebende schwarze Farbe verleihen.

◁ Blick in die Vouraikos-Schlucht mit der Zahnradbahn.

Erdbeerbaumfalter lassen sich mit etwas Melone oder ▷ Wein anlocken (Mitte rechts). Ihre grünen Raupen tragen bizarre »Hörner« (unten rechts).

Die Morgenländische Platane benötigt reichlich Wasser und hat fünffingrige »Ahorn«blätter

Pflanzen und Tiere

Im unteren Teil der Vouraikos-Schlucht stehen Ölbaume, Zypressen, Orangen- und Zitronengärten, die im weiteren Verlauf von Platanen, Pistazien, Erdbeerbäumen (S.138) und Oleander (S.162) als Unterwuchs abgelöst werden. Unter natürlichen Bedingungen wächst der giftige Oleander in Flußbetten, meist sieht man ihn aber entlang der Autobahn als Begleitgrün. Der

Der Bocksbart *Tragopogon sinuatus* blüht rosa und wächst auf Trockenrasen und in Dünengebieten.

Erdbeerbaum ist ein Heidekrautgewächs und erhielt den Namen von seinen roten Früchten, entfernt erdbeerähnlichen Beeren mit fadem Geschmack. An seinen Astenden sitzt nicht selten einer der prächtigsten Schmetterlinge Europas: der Erdbeerbaumfalter. Auch seine Raupe ist sehenswert: ein kleines grünes Monster mit 4 häutigen Hörnern am Kopf.
Am oberen Schluchtende tritt die mediterrane Vegetation bereits deutlich zurück; im Gebüsch blühen Brandkraut (S. 25), Spornblumen (S. 25) und Königskerzen. Auf den Hängen fliegen Alexanor-Schwalbenschwanz, Kaisermantel, Postillon und mehrere Arten der leuchtend-roten Widderchen (S.114). Am gelbblühenden Pastinak krümmen sich Spannerraupen, bei Felsgemäuern fliegen bullige Goldwespen, Holzbienen und zartflügelige Schmetterlingshafte.
Der Chelmos ist teilweise dicht mit Apollotannen und Schwarzkiefern bewaldet, begleitet von Wilder Pflaume, Weißdorn und Wacholderbüschen. Von der Xerokambos-Hochfläche aus ziehen sich typisch mediterrane Tragant- und Seidelbastfluren bis in die Gipfelregionen. Nach der Schneeschmelze erscheinen Blaustern und Lerchensporn (S.163), später folgen zahlreiche Polsterpflanzen. An den Felsen gedeiht neben 7 Steinbrecharten die Marmorierte Hauswurz. Man findet Holunderknabenkraut (S. 98), Griechische Schachblume (S.175), Wilde Tulpe, mehrere Veilchen und die endemische Zwerg-Königskerze *Verbascum acaule*.
Die Chelmos-Gebirgszone ist besonders reich an Schmetterlingen. Das Charaktertier ist der Aurorina-Heufalter; seine Raupen leben an Tragant; der Falter fliegt von Ende Mai bis Anfang Juni. In Waldlichtungen sieht man den Helena-Waldbläuling, Feuer- und Scheckenfalter, in tieferen Gebirgslagen Trauermantel, Kardinal, Osterluzeifalter (S. 60), Blauschwarzen Eisvogel (S.109) und den Russischen Bär (S.125).

Im Gebiet unterwegs

Unbedingt zu empfehlen ist eine Wanderung oder Bahnfahrt durch die **Vouraikos-Schlucht** ① zwischen Zachlorou und Diakofto. Der Weg ist nicht zu verfehlen, er folgt den Schienen. Geleise und Fluß teilen sich den schmalen Raum zwischen den steil aufragenden Felswänden. Wo diese nicht mehr genug Platz lassen, wurden Tunnel gegraben, hier ist eine Taschenlampe manchmal hilfreich. Da der Zug auf der Zahnradstrecke sehr langsam fährt und laut scheppert, kann man sein Nahen schon von weitem hören. Zwei Quellen sprudeln neben dem Weg, an den Hängen sprießt üppiges Grün. Die kleine, rot-schwarze Springspinne *Philaeus chrysops* besiedelt sonnendurchglühte Felsen; ruckartig hüpft sie von Steinchen zu Steinchen. Im unteren Abschnitt weitet sich die Schlucht, ein Fahrweg führt am Fluß entlang. Die aufragenden rötlichen Sandsteinfelsen weisen bizarre Auswaschungen und Verwitterungen auf.

Seit ein Schizentrum das **Chelmos-Plateau**

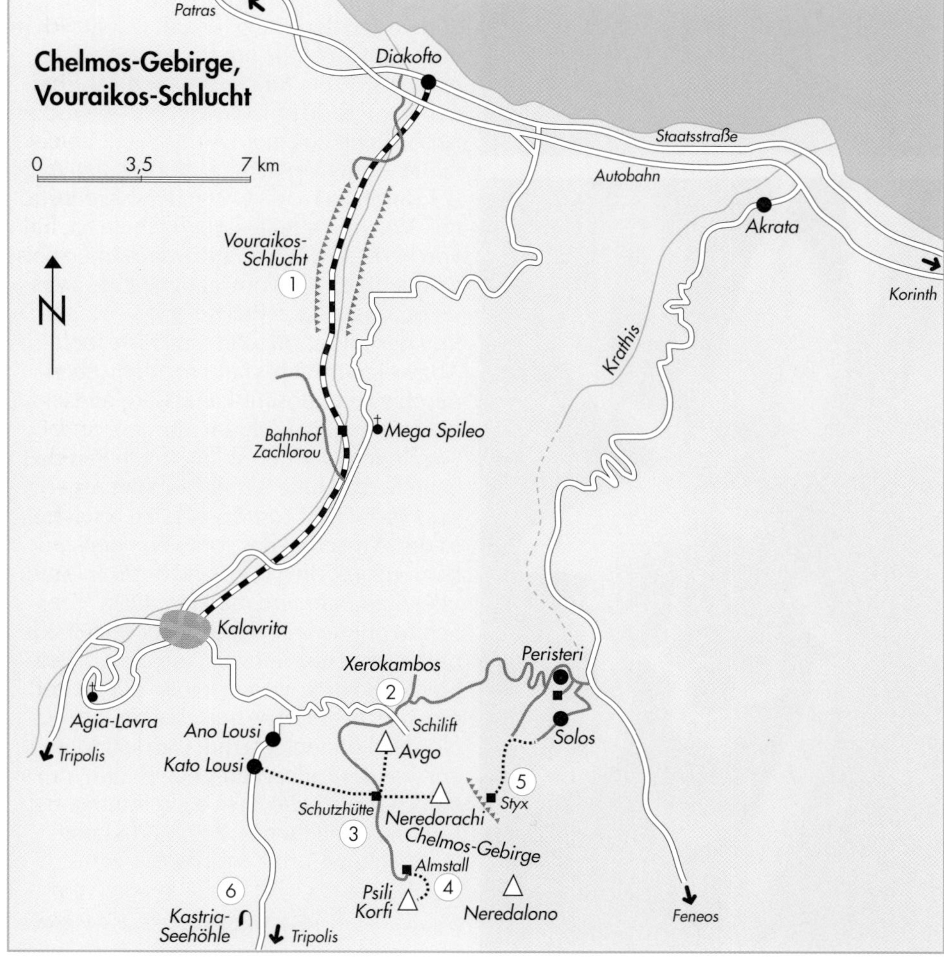

Das Schwarzkehlchen aus der Gattung der Wiesenschmätzer bewohnt das Buschwerk der Macchie.

verunziert, ist es möglich, mit dem Auto bis in Gipfelnähe zu fahren. Das Gebirge ist von mehreren Schotterwegen erschlossen, gebaut um Hochalmen und Liftstationen zu erreichen. Über den Sinn des Unterfangens braucht man nicht lange zu streiten – außer dem von Athenern überlaufenen Parnaß sind alle griechischen Schigebiete Zuschußunternehmen.

Die Talstation liegt auf der trockenen Hochebene **Xerokambos** ②. Noch vor dem Parkplatz führt ein Fahrweg nach Südwesten den Hang hinauf. Er legt sich in einer Linksschleife um den Avgo mit seinen Liftstützen, führt zur verschlossenen Schutzhütte ③ (mit Quelle) und weiter nach Süden zu einem Almstall ④. Von der Hütte erreicht man nach Norden den Avgo (2138 m) und nach Osten den Neredorachi. Von dieser Seite ist er flach, in das Tal von Peristeri bricht er mit imposanten Felswänden steil ab. Vom Stallgebäude ist es nicht weit auf den **Psili Korfi**.

Von der Talstation führt eine Piste (bei Abzweigung rechts halten) relativ eben durch eine imposant-kahle Berglandschaft nach Osten, im Frühjahr blumen- und vogelreich. Vor der Abfahrt nach Peristeri genießt man tiefe Blicke hinunter ins Krathis-Tal und zum **Styx** ⑤. Zu erreichen ist der Wasserfall des Todes von den Dörfern aus, die Wege sind mit Schildern oder Steinmännern markiert. Das Schluchtinnere ist berühmt für seine Fülle blühender Felspflanzen, von denen viele hier Reliktvorkommen haben oder sonst nur am Olymp bzw. noch weiter im Norden beheimatet sind. Bei der Höhle am Fuß des Falls wachsen z. B. die blaue Otto-Akelei, Styx-Kugelblume, Chelmos-Veilchen (S. 202) und Kleine Wachsblume.

Die schön gezeichnete Schnepfenragwurz ist sehr selten, man findet sie z.B. am Osthang des Burghügels von Korinth.

Die Gewelltblättrige Königskerze bildet entlang der Wege und auf Ödland 1,5 m hohe Blütenstände.

Von der **Tropfsteinhöhle in Kastria** ⑥ ist nur ein kurzes Stück zu besichtigen; für den schönen folgenden Abschnitt, in dem sich der Sinter in 10 Terrassenseen spiegelt, ist ein Schlauchboot notwendig. Sonderfahrten können mit der Speleologischen Gesellschaft vereinbart werden.

Praktische Tips

Anreise
Diakofto liegt an der Bahnlinie und an der Autobahn Patras – Athen (Ausfahrt Egio), auch Schnellzüge halten hier. Kalavrita ist Zentrum der Bergregion Nordpeloponnes, Busverbindungen mit allen größeren Städten (Patras, Athen, Tripolis) mehrmals täglich. Ins Tal des Styx führt eine Straße von Akrata, 14 km östlich von Diakofto.
Zahnradbahn: Abfahrt Diakofto 7.45, 10.42, 12.15, 15.08 Uhr (Zeiten ändern sich häufig), Abfahrt Kalavrita 9.06, 13.35, 16.26, 17.25 Uhr.

Klima/Reisezeit
An der Küste Mittelmeerklima, im Hochland auch im Sommer angenehm. Reisezeit April bis Oktober, Hauptblütezeit im Gebirge im Juni.

Unterkunft
Hotels, Tavernen und Campingplätze an der Küste, zum Teil ganzjährig geöffnet. In der Saison 6 Hotels in Kalavrita, Privatzimmer in Solos und Zarouchla.

Information
Bergsteigerverein Kalavrita, Zacharoplastion Ermidhis, Martioustr. 25, Tel. 0692-22611 und 22346.
Skizze der Wege im Gebirge und Schlüssel der Schutzhütte erhältlich.

Die kleine Springspinne *Philaeus chrysops* jagt auf sonnendurchglühten Steinen nach ihrer Beute.

23 Strofilia-Küstengebiet

Eines der letzten intakten Küstenökosysteme Griechenlands mit Dünen, Lagunen, Küstenwald, Salzmarschen und Süßwasserseen.

In der Nordwestecke des Peloponnes hat sich, Agrochemie, Badebetrieb und Beweidung zum Trotz, ein erstaunlich intaktes Küstenökosystem erhalten. Das Gebiet ist reich gegliedert in Dünenstrand, Küstenwald, Felsküste, Lagunen, Salz- und Süßwassersümpfe, wie man es so konzentriert in Griechenland sonst nicht mehr finden kann. Die **Kotichi-Lagune** im Süden der Region ist das wichtigste Feuchtgebiet des Peloponnes und wäre für die Wasservogelwelt gut geeignet, doch leidet die Qualität als Rastplatz unter intensiver Fischzucht und starkem Jagddruck. Von besonderem ökologischen Interesse ist das 15 km lange Waldgebiet, denn die meisten der Küstenwälder rund um das Mittelmeer sind inzwischen Feriensiedlungen und Badestränden geopfert worden. Der etwa 100 m breite Strand besteht aus Sand, zum Teil mit meterhohen Dünen, im Norden schließen sich Kalkhügel an. Im Windschutz von Dünen und Wald breitet sich auf tonigem Untergrund ein Mosaik aus Salzmarschen, Sümpfen, Lagunen und Feuchtwiesen aus. Unterschiede in der Bodenzusammensetzung sind für die jeweilige Pflanzengesellschaft verantwortlich.

Pflanzen und Tiere

Den **Wald** bilden 3 Baumarten: Aleppokiefer, Schirmpinie (S. 175) und Wallonen-eiche (S. 155). Die Macchiesträucher im Unterwuchs (wie Pistazien, Scheinliguster und Mäusedorn) sind wegen der Beweidung niedrig, so daß der Wald parkartig licht wirkt. Nur selten versperrt dichtes

Der häufigste Reiher Griechenlands ist der Seidenreiher.

Massenvorkommen des Affodill zeigen Beweidung an.

Gewirr aus Stechwinden (S. 22) den Vorwärtsdrang des Besuchers. Frühjahrsblüher sind z. B. Milchstern (S. 70), rosa Bocksbart (S. 180) und der Skorpionsschwanz mit seinen eingerollten stacheligen Früchten. Eine eigenartige Orchidee ist der Violette Dingel. Er trägt violette Blüten und statt Blättern nur grün-violette Schuppen. Das bis zu 80 cm hohe giftige Gewächs lebt als Halbschmarotzer in küstennahen Wäldern. Sein wissenschaftlicher Name *Limodorum abortivum* stammt daher, daß man aus der Pflanze früher ein stark wirksames Abtreibungsmittel gewann. Niedere, aber dichte Büsche bieten Echsen und Nattern Verstecke, nur die Griechischen Landschildkröten (S. 123) lassen sich leicht entdecken.

Auf den **Salzböden** wachsen die üblichen Spezialisten wie Queller, Gliedermelden, Salzmelde und die Herbstblüher Strandaster und Salzalant. Sumpfbereiche werden von Tamarisken (S. 77) und Stechender Binse begleitet. Daß die Feuchtwiesen als Weiden genutzt werden, erkennt man an der Häufigkeit des vom Vieh verschmähten Affodills, schon in der Bibel aus eben diesem Grund als »Lilie auf dem Felde« bekannt. Die Hügel im Norden sind mit schütterer Macchie aus Brandkraut (S. 25), Wacholder und Mastix bestanden bzw. mit einer Phrygana aus stacheligen Tragantpolstern (S. 172).

Der Violette Dingel enthält kaum Blattgrün.

Im Gebiet unterwegs

Von Süden her erreicht man von der E 55 aus als erstes die **Kotichi-Lagune** ①. Dazu passiert man in Lechena das Stadion und fährt dann halbrechts 5 km bis an die Küste. Von dieser ist die Lagune durch einen schmalen Dünenstreifen getrennt. Am Ufer stehen Meerbinsen und Rohrkolben, Grau- und Seidenreiher gehen auf Fischjagd. Als Wintergäste wurden bereits 1200 Löffelenten und 30 Pelikane (s. S. 104, S. 106) beobachtet. Der Weg führt den Isthmus 2 km entlang bis zu einer Fischzuchtanlage.

Blick über den Prokopos-See, im Hintergrund der Strofilia-Pinienwald (siehe auch S. 175).

Der flache Sandstrand des **Strofilia-Gebietes** wird in Kounoupelli ② von einem Kalkhügel unterbrochen. Eine 8 km lange Straße führt von Varda zu einem verfallenden Strandbad-Rohbau und einer Kapelle. Von dort lassen sich binnen 5 Minuten 5 verschiedene Lebensräume erreichen: Sandküste, Felsküste, Macchie, Salzmarsch und Dünenwald. Eine Ruine auf dem niedrigen Hügel erlaubt einen schönen Rundblick über das Areal. Geschützt zwischen den Brandkrautstauden (S. 25) blüht die zarte »Jungfer im Grünen« (S. 129).

Knorrige Aleppokiefer westlich von Lavrio bei Sunion. Diese Bäume sind an trockene und heiße Gebiete angepaßt.

Den Nordteil von Strofilia kann man von Kounoupelli aus auf Pisten im Dünenwald ansteuern oder auf der Straße nach Kalogria ③, die bis ans Meer führt. Unverkennbar sind die Pinien (S. 175) mit ihren schirmförmigen Kronen und der groben Borke. Auf ihren Wipfeln thronen Reiher wie Lotsen im Ausguck. Mehrere Wege führen durch den Wald, dessen Zonierung gut zu erkennen ist: Nahe der Küste Aleppokiefern, dann Pinien, und im Inland Walloneneichen (S. 155). Im flachen Bereich des **Prokopos-Sees** ④, der im Sommer austrocknet, wachsen Meerbinsen, im tieferen Wasser Schilf.

Praktische Tips

Anreise

Das Strofilia-Gebiet ist nur wenige Kilometer von der E 55 Patras – Olympia entfernt und von dieser aus durch mehrere Stichstraßen erschlossen.

Klima/Reisezeit

Subhumides Mittelmeerklima mit 5 Trokkenmonaten. Vegetationsperiode ist im Inland das zeitige Frühjahr, am Strand reicht sie bis in den Sommer.

Unterkunft

Im Badeort Kalogria Hotels, Tavernen und Camping. Zahlreiche Unterkünfte in Richtung Patras und auf der Halbinsel Killini.

24 Dünenküste am Westpeloponnes

Ausgedehnte Dünenbereiche mit ihrer charakteristischen Fauna und Flora wie Strandgrille, Dünensandlaufkäfer, Sandwespe, Ameisenlöwe, Strandwinde, Stranddistel, Strandnarzisse.

Dünen sind Sandformationen mit labilem Gleichgewicht. Sie entstehen in langen Zeitperioden, beeinflußt von vielen unterschiedlichen Faktoren. Die Kraft von Wasser und Wellen wirbelt Sandkörner auf, die starke Winde vom Meer landeinwärts tragen. Sand ist der mobilste aller Sedimenttypen, die Elemente bauen Sandküsten ständig um, und alle Bewohner dieses bewegten Lebensraumes haben sich auf Mobilität einzustellen. Die Sanddünen, die so am Strand entstehen, bilden eine einzigartige Miniaturwüste, doch haben sich ein paar robuste Pioniere dieses Terrain hartnäckig erkämpft. Diese Strandlebewesen haben raffinierte Strategien entwickelt, um die vielen Schwierigkeiten des Lebens meistern zu können.

Im Mittelmeergebiet hat der Sandstrand lange Zeit zu den einsamsten Gebieten gezählt. Die Fischer gaben den Häfen an den Felsküsten den Vorzug, denn nur dort ließen sich ohne allzu großen Aufwand stabile Molen errichten, die vor rauhem Seegang schützten und das Verladen von Gütern erleichterten. In den letzten 30 Jahren ist allerdings eine Invasion über die Sandküsten hereingebrochen, die die Welt des Sandes vielerorts bereits an den Rand des Untergangs gebracht hat. Der Mensch hat sich, bewaffnet mit Liegestuhl und Sonnenschirm, einen weiteren Lebens-

Blick auf die Voidokilia-Bucht bei Pilos. Die Dünen sind mit Strandhafer und Wacholder bewachsen.

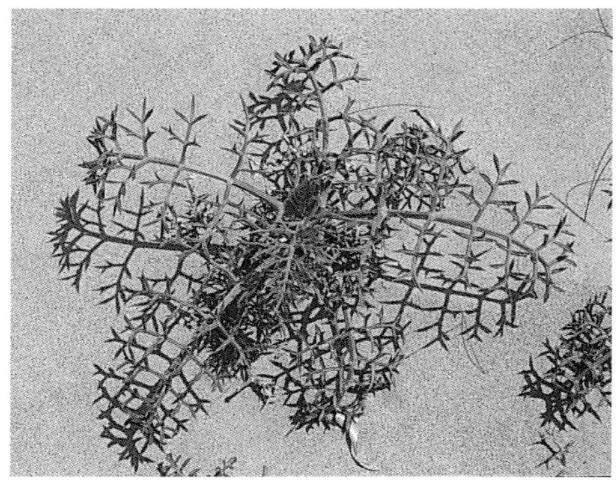

Die Starre Stacheldolde ist ein wehrhafter Doldenblütler am Sandstrand.

raum zumindest zeitweilig erobert. Zahlreich sind die Gefährdungen dieses empfindlichen Ökosystems. An erster Stelle der Bedrohungen steht die direkte Zerstörung der Dünen durch Planieren für Badestrände bzw. Verbauen mit Ferienhäusern, Campingplätzen, Straßen und Hotelanlagen. Hinzu kommen die Störungen durch Betreten, Befahren und die Ablagerung von Abfällen aller Art.
Grundsätzlich sind die Küsten Griechenlands nur wenig zur Bildung größerer Dünen geeignet, denn in der kleinräumigen Ägäis fehlt die Kombination aus flachem Sandstrand, weiten, offenen Wasserflächen und dauerhaftem Wind aus einer

Die Strandwolfsmilch hat wie viele der Strandpflanzen einen grauen Wachsüberzug als Verdunstungsschutz.

Richtung. Daher werden die Dünen selten höher als etwa 1 m. An der Westküste des Peloponnes treffen die 3 Faktoren zusammen, wodurch an mehreren Stellen weitläufige Dünenlandschaften entstanden sind. Machen wir im folgenden einen Spaziergang durch diese Wüsten im Kleinen.

Pflanzen und Tiere

Ununterbrochen rollen die Wellen die flache Küste herauf und spülen dabei den Strand durch. Dieser Wasserdurchsatz ist für die Sauerstoffversorgung des Sandkörpers erforderlich, dient aber gleichzeitig der Ernährung einer Vielzahl mikroskopisch kleiner Bewohner, die das Lückensystem zwischen den Sandkörnern bevölkern. Das Futter für diese Tierchen ist der Meeresschaum, der aus gelösten organischen Molekülen gebildet wird, welche diese Organismen aus dem Wasser herausfiltern. Aus eben diesem Meeresschaum, so glaubten die alten Griechen, sei Aphrodite, die Schaumgeborene, entstanden. Von der Bedeutung als Nahrungsgrundlage für die Kleinstlebewesen haben sie aber sicher nichts gewußt. Mit den Wellen wird noch allerlei anderes antransportiert – der Strandanwurf. Normalerweise besteht dieser aus Algenresten, Muschelschalen und Seegrasblättern, letztere können meterdicke Bänke bilden.
Die ersten, die von den angeschwemmten Rückständen profitieren, sind die Strandkäfer. Abends kommen sie aus ihren Sandhöhlen hervor und verzehren alles, was nur irgendwie genießbar ist. Mit zunehmender Dunkelheit werden die Strandgrillen aktiv und krabbeln aus ihren Löchern. Sie bevölkern beinahe die gesamte Mittelmeerküste und erfüllen die Nacht mit der Einladungshymne an das weibliche Geschlecht. Nachdem die Paarung vollzogen ist, sperrt das Männchen das Weibchen aus der Haupthöhle in einen Nebenraum, und der Casanova kehrt an die Oberfläche

zurück, wo er erneut versuchen wird mit seinem Gesang weitere Weibchen zu becircen.

Die Morgendämmerung verkündet einen Schichtwechsel und die Pflanzen öffnen ihre Blütenkelche. Vom Frühjahr bis in den Spätsommer hinein blühen immer neue Arten. Bereits knapp oberhalb der Hochwasserlinie begegnet man den ersten, schüchternen Kräutern. Salzgischt benetzt den Boden, so daß hier nur stickstoffliebende und salzvertragende Arten (sogenannte Halophyten) überleben können. Zusätzlich machen Sandverwehungen den Pionieren zu schaffen. Die meisten dieser Sandbewohner besitzen fleischige Blätter oder Stengel, einen dicken Wachsüberzug und ein Haarkleid sowie ein besonders tief dringendes Wurzelwerk. Nur eine verminderte Verdunstung und die Möglichkeit, Wasser zu speichern, ermöglichen ein Gedeihen an solch windreichen Standorten mit hoher Sonneneinstrahlung und einem Boden, der Feuchtigkeit sofort versickern läßt. Der häufigste unter den vorgeschobenen Spezialisten ist der Meersenf (S. 53) mit seinen wohlriechenden lila Blüten.

Das zarte Dünenzypergras ist durch seine gebogenen Blütenstand-Hüllblätter gekennzeichnet.

Seine vielen Ästchen wirken dünenbildend, da sich in ihrem Windschatten Sand ansammeln kann. Ebenso anspruchslos sind noch Strandmelde, Strandknöterich, Kali-Salzkraut und die niederliegende Sumpfquendel-Wolfsmilch (S. 41). Hinter den Pionierpflanzen lagert der landeinwärts blasende Wind Sand ab, es bilden sich lockere **Vordünen**. Vor allem ausdauernde Gräser wie Strandhafer und Binsenquecke festigen und binden den Sand.

Typische Vegetationselemente am Sandstrand in ihrer Abfolge vom Meer (links) bis hin zum Dünenwald (rechts).

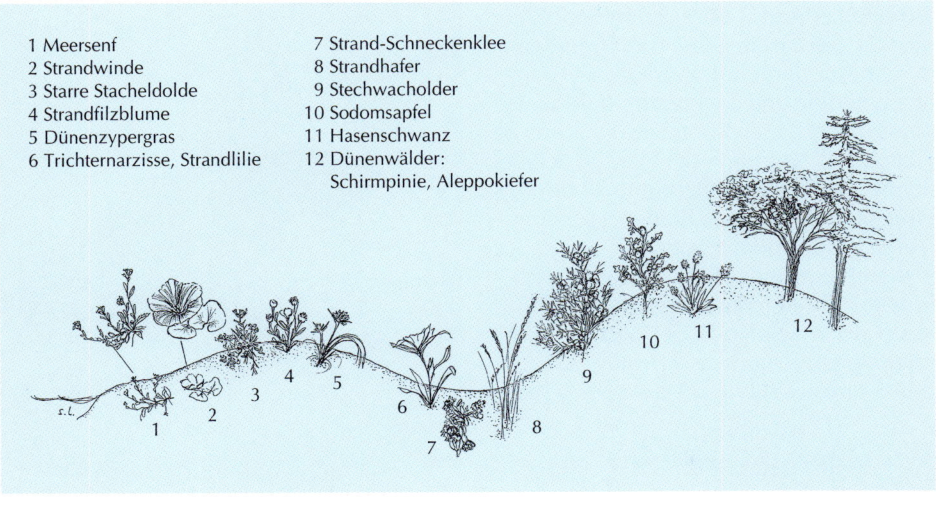

1 Meersenf
2 Strandwinde
3 Starre Stacheldolde
4 Strandfilzblume
5 Dünenzypergras
6 Trichternarzisse, Strandlilie
7 Strand-Schneckenklee
8 Strandhafer
9 Stechwacholder
10 Sodomsapfel
11 Hasenschwanz
12 Dünenwälder: Schirmpinie, Aleppokiefer

Die Strandwinde kriecht flach am Boden entlang.

Die Schneeweiße Strandfilzblume bildet dichte Polster. ▷

Der Gelbe Hornmohn ist nach seinen Früchten benannt.

Einer der reizvollsten Strandbesiedler ist die Strandwinde , die mit langen, unterirdischen Ausläufern den Boden entlangkriecht und den Betrachter mit rosa Trichterblüten erfreut. 2 dornige Doldenblütler sind für alle barfuß gehenden Strandwanderer besonders eindrucksvoll: die Starre Stacheldolde und die bizarre, stahlblaue Stranddistel. Einen Kontrast zu diesen »bewaffneten« Vertretern der Flora bildet die Schneeweiße Strandfilzblume, deren wie eingepudert wirkende Blätter regelrecht weiße Rasen bilden können.

Je mehr Vegetation sich ansiedelt, desto höher wölbt sich die Düne empor und desto größer wird auch der Abstand zum salzhaltigen Grundwasser, und bald schwimmt eine Schicht von süßem Grund-

Eine Sandwespe trägt eine Raupe als Vorrat für ihre Larven zum Bau.

Der Dünen- oder Strand-Sandlaufkäfer ist ein flinker Jäger.

Die Stranddistel bildet dekorative Büsche. Ihre Blätter sind mit nadelspitzen Stacheln gespickt.

wasser über dem salzigen. Eine **Küstendüne** (Weiße Düne) ist entstanden. In solchen Dünenlandschaften mit Hügeln und Tälern gedeihen Dünenzypergras, Strandwolfsmilch, Gelber Hornmohn, Strandlevkoje und der Strand-Schneckenklee mit seinen schraubigen Früchten. Eine Zierde der Weißdünen sind im August die großen, weißen Blüten der Trichter- oder Strandnarzisse. Violette Tupfer setzt der Strandflieder von Juli bis September ins Gelände. Merkwürdige doppelte Spuren mit Längslinien und regelmäßigen Vertiefungen im Sand stammen von umherstapfenden Landschildkröten (S. 123). Landeinwärts ist dann das Hasenschwänzchen, ein zartes Gras mit samtigen Ährenrispen, zu Hause. Die ersten Holzgewäch-

Strandlevkoje. Außer Wachs vermindern auch ein filziges Haarkleid oder eingerollte Blätter den Wasserverlust.

Versteinerte Brackwasser-Herzmuscheln, die aus dem Mauerwerk von Olympia freiwittern.

se stellen sich ein, stellenweise bildet der Großfrüchtige Stechwacholder ein dichtes Dünengebüsch. Gefördert durch die Biomasseproduktion der Pflanzen verwittern die ältesten der Weißen Dünen zu **Graudünen**, auf denen Gebüsch und Dünenwälder Fuß fassen können, die dann den Endzustand der Dünenentwicklung, die **Braune Düne** herbeiführen.
Wenn die Sonne höhersteigt, erscheinen jene Insekten, die den Angriffen von Sonne, Wind und heißem Sand trotzen. Für den **Ameisenlöwen**, die Larve der Ameisenjungfer, beginnt die Jagd. Sorgfältig gräbt dieser winzige Jäger seine tödlichen Fallen, Trichter mit einem Durchmesser bis zu 8 cm. Der Ameisenlöwe versteckt sich in der Mitte des Trichters und bedeckt sich mit Sand, nur seine kräftigen Scheren ragen aus dem Boden. Berührt eine Ameise nur den Rand des Trichters, benützt der Ameisenlöwe seinen Kopf wie eine Schaufel, um Sand auf sein Opfer zu werfen. Nach Beendigung der Mahlzeit wirft er die leere Hülle aus der Falle und harrt erneut der Dinge, die da kommen.
Fliegen dagegen sind die Lieblingsbeute des hübsch gezeichneten **Dünen-Sandlaufkäfers**, der seine Opfer mit Überraschungsangriffen erbeutet. Er hat einen großen Kopf, hervortretende Augen, scharfe Kiefer und lange Beine, die seinen Körper hoch über dem heißen Sand halten und ihn zu einem geschickten Läufer machen. Wie unangenehm heiß der Sandboden werden kann, hat sicher jeder schon einmal am mittäglichen Strand erlebt. Nur 5 mm über der Oberfläche ist es bereits um 10° C kühler als am Boden. Es ist demnach auch für kleine Tiere lohnend, sich ein wenig in die Höhe zu strecken.
Manchmal lassen sich in den Dünen **Sandwespen** beim Nestbau beobachten. Die großen Insekten mit ihrem auffallend dünnen Hinterleib scharren sich in das weiche Substrat, daß der Sand nur so spritzt. Dann suchen sie einen passenden Wirt (etwa eine Raupe oder Heuschrecke), lähmen die Beute und wandeln sie in eine »Lebensmittelfabrik« für den eigenen Nachwuchs um. Die Larven ernähren sich dann bis zum Schlüpfen von den lebendigen, aber im Koma liegenden Futtertieren. Die Wespen können beim Beuteeintragen große Insekten mit erstaunlicher Behendigkeit über weite Strecken schleppen. Vor der Nisthöhle legen sie die Last ab, sehen nach, ob die Luft rein ist, und ziehen die Beute erst dann hinein. Diese Kontrolle ist eine reine Instinkthandlung, denn hat der »gehässige« Zuschauer das Vorratstier inzwischen ein wenig zur Seite gerückt, findet es die Wespe zwar trotzdem rasch

Die Strandnarzisse schmückt das Dünengelände im Hochsommer mit großen, weißen Trichterblüten.

wieder, transportiert es dann aber nur bis zum Eingang, legt es ab, sieht nach (obwohl sie erst vor 5 Sekunden drinnen war) und so weiter.

Im Gebiet unterwegs

An zwei Stellen sind die Dünengebiete des Peloponnes noch im naturnahem Zustand. Zum einen nördlich von Pirgos beim Heilbad **Loutra Killini**, wo unmittelbar am Ortsende die Aleppokieferwälder beginnen. Das Bad sollte ein Musterprojekt werden, blieb jedoch unvollendet. Breite, menschenleere Straßen werden von Akazien (S. 199) begleitet. Diese in Australien beheimateten Pflanzen sind ihrer dekorativen gelben Blüten wegen oft als Zierbaum gepflanzt. Manche Arten, z. B. die in Griechenland häufige *Acacia cyanophylla*, haben ihre mimosentypischen gefiederten Blätter reduziert. Als Ersatz hat sich der Blattstiel zu einem »Ersatzblatt« (genannt Phyllodium) verbreitet.
Kilometerlang erstrecken sich die Dünen südlich von Pirgos zwischen Anemochori und der **Lagune Kaiafas**. Bei der Lagune grenzen Hauptstraße und Eisenbahn direkt an den Kiefernwald. In **Anemochori** passiert man den Bahnhof, Schotterwege führen danach über Kulturland bis an den Waldrand und weiter an die Küste. Während sich im Norden große Schafpferche befinden, wird das Gelände weiter südlich urwaldartig, Bäume liegen umgestürzt am Boden, hinter den Dünen bilden sich im Frühjahr Sümpfe. Zwergfledermäuse finden reichlich Verstecke und tauchen am Abend in größeren Schwärmen auf.

Praktische Tips

Anreise
Von der E 55 Patras–Pirgos–Kalamata in Gastuni nach Loutra Killini abbiegen. Die Kaiafas-Lagune liegt 30 km südlich von Pirgos an der E 55.

Die weiter landeinwärts gelegenen Dünen sind mit Fluren des Hasenschwanz-Grases bedeckt.

Klima/Reisezeit
Warmes, sommertrockenes Mittelmeerklima; die Vegetationsperiode der Dünenpflanzen dauert von April bis September.

Unterkunft
Es gibt zahlreiche Quartiere und Campingplätze entlang der Küste.

Blick in die Umgebung

Die Ausgrabungen von **Olympia** sind im April besonders malerisch, wenn die Judasbäume (S. 202, 203) blühen. An einigen Gebäuden der Sportstätten sind zahlreiche versteinerte Brackwasser-Herzmuscheln freigewittert.
Ein landschaftlich reizvoller Ausflug führt zur **Erimanthos-Flußau** (20 km im Osten von Olympia) und weiter zu den denkmalgeschützten Dörfern Nordwest-Arkadiens: **Dimitsana**, **Stemnitsa** und **Karitena**.

25 Parnon

Weitläufiges Gebirge mit Apollotannen und Kastanien; Dafnon-Schlucht, Burgfelsen von Geraki und Monemvasia; reiche Blumenwelt; Prachtkäfer, Skolopender, Oleanderschwärmer, Schlangenadler, Eidechsennatter, Riesensmaragdeidechse.

Das langgestreckte Parnon-Gebirge nimmt den gesamten Südosten der Peloponnes-Halbinsel ein. Es ist ein ruhiges Bergland mit Hochflächen und tief eingeschnittenen Schluchten. Der Großteil des Gebirges besteht aus Plattenkalken und Marmor auf kristalliner Unterlage; stellenweise ist Flysch aufgelagert. Durch die Auffaltungen der Gebirgsbildung kam an mehreren Stellen der Glimmerschiefer des Untergrundes zu Tage (z. B. in Kosmas).

Das Gebiet ist auffallend dünn besiedelt, große Teile sind noch bewaldet oder dienen als Weideland. Die unzugängliche, steil ins Meer abfallende Ostküste des Gebirges war wie die Halbinsel Mani nie unter türkischer Besatzung; hier haben sich noch althergebrachte Bräuche und Dialekte erhalten. Der Hauptort dieses Kyonouria genannten Distrikts ist das Landstädt-

Durch sein Flügelmuster ist der Oleanderschwärmer gut getarnt. Seine Raupe lebt am giftigen Oleander.

chen Leonidion, malerisch am Ausgang der **Dafnon-Schlucht** unter roten Felswänden gelegen. Durch Fernhandel und Schiffahrt erwarben sich die Einwohner in früheren Jahren Reichtum, heute beschert die besonders fruchtbare Küstenebene Wohlstand durch Oliven- und Gemüseanbau.

Pflanzen und Tiere

Scharf ist der Kontrast zwischen abgeholzten und vom Weidevieh völlig kahlgefressenen Bergen einerseits, dichten Wäldern aus Apollotannen und Griechischen Schwarzkiefern andererseits. Eine Besonderheit ist der Syrische (Steinfruchtartige) Wacholder als Baumbegleiter. Er hat hier am Parnon sein einziges Vorkommen in Europa. Im Nordosten des Parnon stocken ausgedehnte Kastanienwälder, deren Holz und Früchte die Wirtschaftsgrundlage des Bergdorfes Kastanitsa bilden. Die Berglagen sind reich an bunten Blumen, deren Vorkommen teilweise auf den Parnon beschränkt ist. Hier blühen z.B. Hermesfinger, Kretische Schwertlilie, Fingerhut, Gelbstern, Alpenveilchen (S.116), Flokkenblumen und Griechische Schachblume (S.175). Von den über 17 Schachblumen Griechenlands ist diese die typische Art des südlichen Landesteils.
Das Flußbett des Dafnon ist reich mit Oleander (S.162) bewachsen, Futterpflanze für die Raupe des prächtigen Oleanderschwärmers. Auf Ginsterbüschen kann man im Frühjahr die bunten Raupen der Eulenfalter entdecken. Während viele Vertreter dieser Familie unauffällige, braune

◁ Leonidion liegt am Ende der Dafnon-Schlucht und duckt sich unter eine rote Felswand.

Die große Riesensmaragdeidechse ist überall verbreitet.

Die Baumförmige Wolfsmilch wirft ihre Blätter vor der Sommerhitze ab. Davor verfärben sie sich gelb und rot.

Nachtfalter sind, weisen ihre Raupen lebhafte Streifen- und Punktzeichnungen auf. Unter Steinen verbringt der Gürtelskolopender (S.141) den Tag. Dieser größte europäische Hundertfüßer ist im gesamten Mittelmeerraum verbreitet; der schnelle, wehrhafte Jäger wird über 10 cm groß. An die Apollotannen gebunden ist der Prachtkäfer *Cerca herbstii*, das bronzefarbene Insekt mit gewellten Flügeldecken lebt an frisch abgestorbenen Tannen. Solche Tannenwälder mit altem Baumbestand sind auch Lebensraum des Weißrückenspechtes.

In dem weitläufigen Gelände nisten Wanderfalke, Habichts- und Schlangenadler (S.204). Das Jagdverhalten des Schlangenadlers unterscheidet sich von dem der meisten übrigen Greifvögel: Sanft wie ein Fallschirmspringer gleitet er herab, erst die letzten Meter läßt er sich im Sturzflug herabfallen und schlägt seine Krallen in das Opfer. Seine weiße Unterseite macht ihn für Schlangen nahezu unsichtbar und mit den stark beschuppten Beinen ist er vor ihren Bissen geschützt. Der in ganz Griechenland noch recht häufige Steinkauz (S.128) zeigt sich manchmal auch am hellichten Tag auf Zaunpfählen oder Mauern. Ein vertrautes Geräusch an milden Abenden ist der geisterhafte, pausenlos wiederholte Ruf der Zwergohreule.

In den meisten Gebieten Griechenlands lebt die Riesensmaragdeidechse eher im Tiefland, die Smaragdeidechse (S.37), die am Peloponnes nicht vorkommt, mehr in den Bergen. Hier besiedelt eine etwas kleinere Rasse der Riesensmaragdeidechse die »ökologische Nische« Gebirge. Diese Reptilien sind überall verbreitet und stellen keine besonderen Ansprüche an ihren Lebensraum. Immer wieder kann man Tiere in hohem Tempo über die Straße laufen sehen. Dabei ist es überraschend, daß im Gegensatz zu den Schlangen nur recht wenige Exemplare dem Verkehr zum Opfer fallen. Die häufigste Schlange des Peloponnes ist vermutlich die Europäische Eidechsennatter. Dies liegt aber nicht an ihrer bevorzugten Nahrung, den zahlreichen Echsen, sondern an den ebenso zahlreichen wilden Mülldepots. So wirft beinahe jede Taverne ihren Abfall irgendwo eine Halde hinunter – ein Paradies für Mäuse und Ratten. Das Nahrungsangebot der Eidechsennatter kommt auf diese Weise bestimmt nicht ins Wanken.

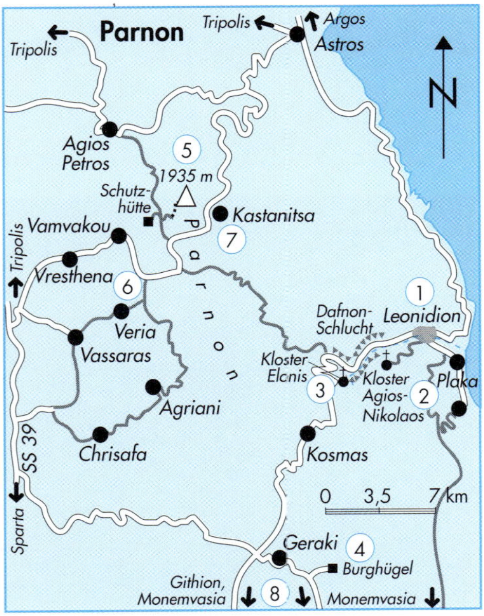

Im Gebiet unterwegs

Pittoresk ist die Anfahrt nach **Leonidion** ① entlang der Küstenstraße von Norden her. Einen schönen Blick auf das Städtchen mit seinen weißen Bürgerhäusern unter den Felsen bietet sich vom Spazierweg zum Felsenkloster **Ag. Nikolaos** ②. Das ausgetrocknete Bett des Dafnon entlang talaufwärts führt die Straße durch eine rauhe Schlucht; wie ein Schwalbennest klebt das Kloster **Elonis** ③ hoch oben am Felsen. Auf Weideflächen hinter Leonidion haben sich Parasiten ausgebreitet: Weiße und Hellgelbe Sommerwurz sind blattgrünlose Voll-

schmarotzer auf den Wurzeln von Korb- und Schmetterlingsblütlern.
Entlang der Strecke ins Gebirge stehen viele Judasbäume (S. 202). Durch den Ausbau der Straße – der Abraum wird kurzerhand über den Rand gekippt und braucht Jahre um wieder zuzuwachsen – ist links und rechts viel zerstört. Als Pionierpflanze auf diesen Schuttflächen hat sich die Wolfsmilch *Euphorbia rigida* angesiedelt, die kreisrunde Rosetten (S. 26) bildet. An der Kante zur 1200 m hoch gelegenen Hochfläche von **Kosmas** löst Apollotannenwald das bisherige Macchiegestrüpp ab. Lohnend ist die Weiterfahrt an den westlichen Fuß des Parnon nach **Geraki** ④, einer Siedlung die wegen ihrer zahlreichen byzantinischen Kirchen bekannt ist. Im Frühjahr präsentiert sich der Burghügel mit den Ruinen der mittelalterlichen Stadt als farbenprächtiges Blumenmeer mit Dornginster (S. 211), Brandkraut (S. 25) und Lotwurz (S. 206). Bei klarem Wetter hat man einen weiten Blick bis auf die Gipfel des Taigetos.
Der Gipfelbereich des **Parnon** ⑤ ist durch eine kurvenreiche Straße und kilometerlange Forstwege von allen Seiten her erschlossen. Vom blumenreichen Steingarten ⑥ zwischen Veria und der Straße, mit seinen Orchideen und Schwertlilien, sind durch eine neue Trasse nur noch Reste geblieben, meist hoch über der Piste am Waldrand. Dafür sieht man an den Anschnitten deutlich die Schichtung der Parnon-Plattenkalke. Beeindruckend ist der Blick von oben herab auf **Kastanitsa** ⑦, das absturzgefährdet auf einem Vorgebirge »klebt«.
Ein empfehlenswerter Abstecher führt nach **Monemvasia** ⑧ im Südosten Lakoniens. Der 300 m hohe und 1,8 km lange, steil aufragende Felsen bildet einen Teil des einstigen Kaps Akra Minoa und wurde 375 n. Chr. durch ein Erdbeben vom Festland nahezu abgetrennt. Die uneinnehmbare Stadt auf dem Felsen war im Mittelalter der wichtigste Umschlaghafen

Sommerwurzgewächse sind blattgrünlose Schmarotzer auf den Wurzeln spezifischer Wirtspflanzen.

und Stützpunkt entlang der Route von Italien nach Konstantinopel, nicht zuletzt Dank ihres Malvasier-Weines, und zählte 40 000–50 000 Einwohner. Während die reizvolle Unterstadt als Feriensiedlung restauriert wird, ist die Oberstadt auf dem Felsplateau ein weitläufiges Ruinengelände, dicht mit Macchie bedeckt. Die Felshänge sind mit Baumförmiger Wolfsmilch (S. 214) bewachsen; bevor diese Büsche ihre Blätter zur Sommerruhe abwerfen, färben sie sich im Mai leuchtend gelb und rot (S. 195).

Praktische Tips

Anreise

Leonidion ist auf der Küstenstraße von Argos aus oder über die neue Paßstraße von Sparta aus über Geraki zu erreichen. Busse nach Tripolis und Athen 2–3 mal täglich; in der Saison Tragflügelboot täglich nach Athen. Den Parnon erreicht man nur mit dem eigenen Fahrzeug von Astros – Kastanitsa oder Tripolis – Agios Petros von Norden her oder von Sparta – Vassares von Westen her kommend.

Die Ruinen der byzantinischen Städte Monemvasia (Foto) und Geraki bilden einen beinahe »natürlichen« Steingarten.

Klima/Reisezeit
Warmes Mittelmeerklima; schönste Reisezeit ist das zeitige Frühjahr, im Gebirge der Mai.

Häufig am Peloponnes ist die Eidechsennatter. Über den Augen trägt sie eine ausgeprägte Hornleiste.

Unterkunft
Mehrere Hotels, Privatzimmer und Campingplätze an der Küstenstraße von Astros nach Leonidion (besonders in Paralia Tirou und Plaka). Im Bergland nur einige Privatzimmer in Agios Petros und Kastri, dort auch Tavernen und Lebensmittel. Schlüssel zur Schutzhütte beim Bergsteigerverein Sparta, Akropoleos 3, Tel. 0731-22574, 24135.

Veranstaltungen
Spektakuläres Osterfest in Leonidion mit Start von Heißluftballons um Mitternacht.

Blick in die Umgebung

Südlich von Tripolis liegt in einer Mulde zwischen den Dörfern Kandalos und Evandro der **Taka-Sumpf**. Das Wasser des Überschwemmungsgebietes dient der Bewässerung und in manchen Jahren fällt er nahezu trocken. Ein wichtiger Rastplatz für die Vogelwelt auf dem Frühjahrszug.

26 Mistras, Taigetos

Höchste Gipfel des Peloponnes, viele tiefe Schluchten; Ruinenstadt Mistras mit artenreicher und farbenprächtiger Ruderalvegetation; Judasbaum, Peloponnes-Eidechse und Taurische Mauereidechse, Prozessionspinner.

Der Taigetos ist das höchste Gebirge des Peloponnes, seine Länge beträgt von Megalopolis bis zur Spitze des mittleren Peloponnes-Fingers 115 km. 2 Schluchten und ein Joch teilen die Kette in 4 Teile; insgesamt führen weit mehr als 30 Taleinschnitte von den Höhen, einige von großer landschaftlicher Schönheit. Die höchsten Gipfel befinden sich südlich der Langada-Schlucht, durch die heute die Straße Sparta–Kalamata verläuft, etwa 14 km lang fällt der Kamm dort nicht unter 2100 m.

Der geologische Grundzug besteht aus einer durchlaufenden Zentralzone mächtiger Plattenkalke aus dem Erdmittelalter, denen auf der Ostseite sandig-tonige Gesteine, auf der Westseite Kalkschiefer aus geologisch jüngerer Zeit (30 – 40 Mio. Jahre alt) vorgelagert sind. Darüber liegt schwärzlicher Tripolitsa-Kalk, den Gipfelkamm bildet weißer Dolomit. An der oberen Grenze von Schiefer und Sandstein finden sich zahlreiche Quellen; ein zweiter Quellhorizont liegt am Rande der Evrotas-Ebene von Lakonien und ist wichtig für die Bewässerung des ausgedehnten Kulturlandes. Der verschiedenartige Untergrund wirkt sich auffallend auf die Fruchtbarkeit aus. Kalkregionen sind Öde und dürr, auf Schiefer und Sandstein finden sich Wasser und Pflanzen. Die Osthänge sind daher dicht besiedelt, Landwirtschaft ist bis zu einer Höhe von 1300 m möglich.

Die australischen Akazien sind beliebte Zierpflanzen. Ihre Fiederblätter sind zu Phyllodien (s.S. 193) reduziert.

Die Langada-Schlucht zwischen Sparta und Kalamata mit ausgetrocknetem Bachbett westlich von Tripi.

Prozessionsspinner

Die Prozessionsspinner sind kleine, unscheinbare Nachtfalter, die im August und September fliegen. Bekannt sind sie durch das Verhalten ihrer Raupen, die gesellig umfangreiche Gespinstnester an den Zweigenden von Waldkiefern, Pinien, Aleppokiefern und Eichen bewohnen. Geschützt vor Freßfeinden ruhen die Raupen dort tagsüber. In der Nacht ziehen sie hintereinander wie in einer Prozession zur Nahrungsaufnahme auf einen Zweig, dessen jüngste Nadeln sie vollständig abfressen.
Im Frühjahr verlassen die Insektenlarven ihr Nest, und die Prozession sucht einen Platz, um sich für die Verpuppung einzugraben. Eine Marschkolonne kann über 2 m lang werden, jede Raupe orientiert sich mittels ihres Tastsinnes an der Vorgängerin. Möglicherweise wird der Zug aber auch durch chemische Signale formiert.
Die Suche nach einem Verpuppungsplatz kann mehrere Tage dauern, die Tiere legen dazu bis zu 30 m zurück. Dabei sind sie durch parasitierende Schlupfwespen, Laufkäfer und einige Vögel (Kuckuck, Wiedehopf, S.212) gefährdet. Vor den meisten anderen Wirbeltieren schützen sie ihre scharfen und mit Drüsen verbundenen Brennhaare, die leicht abbrechen und Juckreiz sowie Entzündungen hervorrufen. Werden die Härchen vom Wind verbreitet, können größere an solche Raupengesellschaften angrenzende Gebiete für Weidevieh unzugänglich werden. Auch manche Menschen reagieren empfindlich auf die Raupenhaare.

Gespinstnest der Prozessionsspinnerraupen an einem Kieferntrieb.

Da Sandstein leicht erodiert, bilden die unteren Taigetos-Hänge um Sparta zerklüftete Steilabfälle. Auf solch einem Vorgebirge liegen die Ruinen der byzantinischen Stadt **Mistras**, einer der großen Sehenswürdigkeiten Griechenlands. Die Stadt entstand im 13. Jahrhundert unterhalb einer von französischen Kreuzrittern erbauten Burg und war 200 Jahre lang das Zentrum byzantinischen Geisteslebens im südlichen Griechenland. Sie zählte mehr als 40000 Einwohner, verfiel jedoch ab dem 18. Jahrhundert und sank im griechischen Freiheitskampf 1825 endgültig in Trümmer.

Pflanzen und Tiere

Da die Gemäuer von **Mistras** nicht wie manche der antiken Ruinen durch starken Herbizideinsatz »unkrautfrei« gehalten werden, wächst auf dem weitläufigen Hügel eine typisch mediterrane Flora. Viele der Gewächse zählen zur Ruderalvegetation, das sind jene Pflanzen, die entlang der Wegränder, an ehemaligen Baustellen, auf verlassenen Kulturterrassen und sonstigem Ödland gedeihen. Dadurch begegnet der Reisende auf Spaziergängen oder Fahrten durch das Land gerade diesem Vegetationstyp häufig. So findet man in Mistras etwa: Palisadenwolfsmilch (S. 145), Brandkraut (S. 25), Kleinfrüchtigen Affodill (S. 184), Malven (S. 176), Mönchspfeffer, Rutenkraut, Italienischen Natternkopf (S. 211), Feldmannstreu, Bocksbart (S. 180), Mohn, Traubenhyazinthe (S. 106), mehrere Arten von Winden und Glockenblumen. Zwischen Steinen stehen Büschel von Borretsch (S. 130) und Sternklee (S. 177); dessen merkwürdiges Aussehen entsteht dadurch, daß die Kelchzipfel austrocknen, sich ausspreizen und innen rötlich verfärben. An Mauern leben Lotwurz (S. 206) und Nabelkräuter (S. 139). Diese auch Venusnabel genannten Gewächse mit dicken, fleischigen Blättern, zählen zu den häufigsten Mauerbesiedlern und wachsen auf beinahe jedem Untergrund bis in die Berglagen. Um die Klöster stehen schlanke Zypressen wie Ausrufezeichen. Dieses säulenförmige Wahrzeichen des Mittelmeerraumes wird als Kulturbaum (die ursprüngliche Wildform ist eher breitkronig) häufig bei Kirchen oder Friedhöfen angepflanzt.

Am auffälligsten in Mistras ist jedoch der Judasbaum. Er zeigt die Erscheinung der Cauliflorie, das heißt, seine Blüten brechen auch durch altes Holz. Da er sein Laub im Winter abwirft, steht er im April wie in eine rosa Wolke gehüllt da. Zu seinem Namen gibt es 3 Legenden: 1. Judas soll sich an so einem Baum erhängt haben. 2. Seine runden Blätter sähen aus wie die 30 Silberlinge. 3. Seine Blüten waren ursprünglich weiß und erröteten angesichts der Kreuzigung Christi vor Scham.

2 Eidechsenarten sind im Ruinengelände häufig: Die Peloponnes-Eidechse lebt an Steinen und am Gemäuer. Die Weibchen sind durch ihre gelben Rückenstreifen unverwechselbar. Das Vorkommen der Art ist auf den Peloponnes beschränkt, wo sie überall in trockenen, sonnigen Gebieten zu finden ist. Die Taurische Mauereidechse hat einen grünfleckigen Rücken und lebt in Gras und Gebüsch. Schattigeres Gelände in den Wäldern höherer Lagen zieht die Peloponnesische Kieleidechse vor, die an ihrem geschuppten Rücken erkennbar ist. Dem Felsenkleiber bieten verlassene Gemäuer einen Ersatzlebensraum; in gebüschreichen Ruinenstätten ist auch die Kappenammer (S. 171) oft zu sehen und Bienenfresser (S. 138) jagen nach Insekten. In den zahlreichen Schluchten der Umgebung nisten Felsenschwalbe und Kolkrabe, auf den Höhen des Taigetos Schlangenadler (s. S. 196, S. 204) und Wespenbussard.

Am Abhang des **Taigetos** wachsen Ölbaum- und Kastanienkulturen sowie von Ziegenherden abgefressene Macchie; terrassenartig bauen sich Obstgärten und Felder auf. Darüber gedeihen Apollotannen und Griechische Schwarzkiefern, außerdem Gelbstern, Fingerhut, Siegwurz, Französisches und Blasses Knabenkraut (S. 164). Oberhalb der Waldgrenze herrscht meist arider, vegetationsloser Karst – die meiste Zeit des Jahres eine trostlose Hochregion. Auffallend ist an einigen Stellen der massive Befall der Kiefern mit dem Kiefernprozessionsspinner. Ein weiterer Schädling, der in manchen Jahren Massenentwicklungen hat, ist der Schwammspinner. Von den zahlreichen Raupen

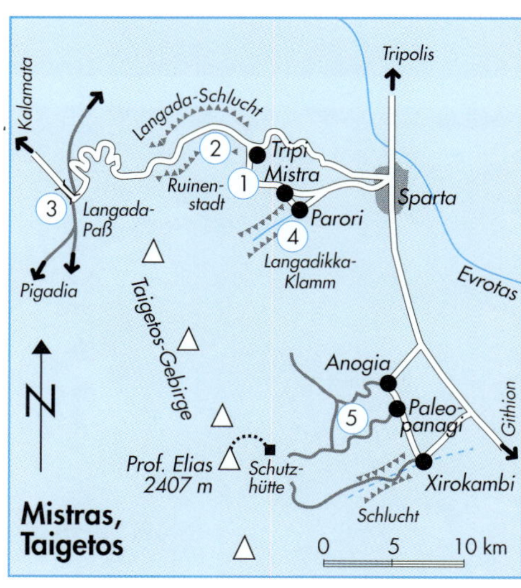

Das Weibchen der Peloponnes-Eidechse ist an den gelben Streifen erkenntlich, die Männchen sind grüngefleckt.

lebt dann der Puppenräuber, ein großer, grün-metallisch schimmernder Laufkäfer.

Im Gebiet unterwegs

Im Westen der Evrotas-Ebene heben sich wie ein Riegel die steilen Hänge des Taigetos 2000 m in die Höhe; von Sparta aus erhält man einen schönen Blick auf die schroffen Dolomitspitzen. Die Ruinenstadt von **Mistras** ① liegt nur wenige Kilometer westlich von Sparta. Ein Besuch sollte zeitig am Morgen erfolgen, da dann das schönste Licht herrscht; besonders gut restauriert sind die Malereien des Pantanassa-Klosters und der kleinen Peribleptos-Kirche. Neben dem Haupteingang gibt es noch einen zweiten auf halber Höhe zum Kastell.

Die **Langada-Schlucht** ② beginnt beim Dorf Tripi, 8 km westlich von Sparta an der SS 82 nach Kalamata. In den Felswänden siedeln verschiedene Blumen, bequem von der Straße aus zu betrachten. Es gibt z.B. Napf-Schwarznessel, Felsenglockenblume (S.207), Messina-Blaustern, Hainveilchen und Strauchige Lotwurz (S. 206). Im Oktober blüht die nur hier am Taigetos heimische Herbstzeitlose *Colchicum boisseri*.

Am **Langada-Paß** (1300 m) ③ fallen die Nester der Prozessionsspinner in den Kiefern auf. Von der Paßhöhe führen Forstwege noch Norden und nach Süden. Letzterer gabelt sich nach 2 km vor der Feriensiedlung Ag. Petros: Sowohl die rechte Schotterpiste als auch der linke Waldweg (schönere Strecke) führen zum verlassenen Dorf Pigadia. Von dort ist es möglich, durch die **Kambos-Schlucht** abzusteigen (s. Haupttreiseziel 27).

Ast des Judasbaumes. Er ist ein Tertiärrelikt; seine Blüten wachsen auch direkt aus dem Altholz.

Das Pantanassa-Kloster in Mistras mit einem Judasbaum. ▷

Das Chelmos-Veilchen wächst in den Gebirgen des Peloponnes.

Der Schlangenadler hat eine weiße Unterseite, so daß er gegen den Himmel nur schwer zu erkennen ist.

Einen Abstecher lohnt die **Langadikka-Klamm** in Parori ④, dem Nachbardorf von Mistra. Wenige Meter nach dem Dorfplatz führt ein Weg links in die von üppiger Vegetation bedeckte Schlucht.
Den Gipfelbereich des **Taigetos** erreicht man von den meisten Dörfern aus. Von Anogia und Paleopanagi ⑤ führen Pisten zu den Almen Krioneri und Poliana: von dort gibt es Wege, auf denen man in wenigen Minuten zur Schutzhütte gelangt. Der höchste Gipfel (Profitis Elias, 2407 m) ist auf einem Pfad in 2 Stunden erstiegen.

Praktische Tips

Anreise
Mistras liegt 6 km westlich von Sparta; häufige Busverbindung. Öffnungszeiten täglich 8.30 – 15.30 Uhr, Sonntag 8.30 – 15.00 Uhr. Eintritt 10 DM, Sonntag frei. Trinkwasserbrunnen gibt es beim Eingang und beim Despoten-Palast.

Klima/Reisezeit
Warmes Mittelmeerklima; Frühlingsbeginn in Mistras Ende März, in der Langada-Schlucht Mai, im Gipfelbereich kann bis zum Juni Schnee liegen.

Unterkunft
Zahlreiche Quartiere aller Art um Mistra und Sparta. Motel am Langada-Paß; Schlüssel zur Taigetos-Schutzhütte beim Bergsteigerverein Sparta (s.S.198)

Blick in die Umgebung

Im Evrotas leben, ähnlich wie in vielen Flüssen Nordgriechenlands, Süßwasserkrabben (S. 95).

Der Krummstab ist bakterizid und wurde seit der Antike zur Wundenbehandlung verwendet.

27 Äußere Mani

Karge, unzugängliche Küstenlandschaft mit tiefen Taleinschnitten; Wiedehopf, Geckos, Spitzkopfeidechse, Fangschrecken; schöne Schluchtwanderungen, Tropfsteinhöhle.

Die Halbinsel Mani ist der mittlere der 3 Peloponnes-Finger, durch das Taigetos-Gebirge vom übrigen Griechenland abgetrennt. Bis ins 20. Jh. galt das unzugängliche Gebiet als der »wilde Süden«, in dem sich zänkische Familienclans und eigentümliche Bräuche bis in jüngste Zeit erhielten. Kennzeichen dieser herben Landschaft sind die festungsartigen Wohntürme der Inneren Mani, die als Wohnung und Verteidigungsanlage zugleich Verwendung fanden (vgl. Hauptreiseziel 28). Außer der Küstenlandschaft um Githion stellt die Mani im wesentlichen eine mehr oder weniger breite Küstenterrasse dar, die sich von Kalamata bis nahe zur Südspitze erstreckt. Sie ist teils eben, teils mit steilen Klippen seewärts geneigt und wird durch zahlreiche schluchtartige Quertäler zerschnitten. Die Halbinsel ist die steinigste und wasserärmste aller griechischen Landschaften. Trotzdem war sie lange Zeit erstaunlich dicht besiedelt, in zahlreichen Kleindörfern rangen die Bewohner auf kleinen Terrassenfeldern dem Boden einige Früchte ab; in großem Stil ist nur der Ölbaum angepflanzt. Zeugen der ehemals dichteren Besiedlung sind zahlreiche, altertümliche Landkirchen, die sich unauffällig in die Landschaft ducken und langsam verfallen. Denn inzwischen ist der Großteil der Bevölkerung nach Kalamata gezogen und kehrt nur zur Ölbaumpflege mehrmals im Jahr zurück. Einige Küstendörfer haben durch den Tourismus Aufschwung genommen und sind vielbesucht. An Natursehenswürdigkeiten bietet die Äußere Mani mehrere kilometerlange Schluchten, die reizvolle Wanderungen ermöglichen, und eine kleine Tropfsteinhöhle.

Pflanzen und Tiere

Ölbäume oder Macchie, aufgelockert mit Zypressen – das ist im wesentlichen der Eindruck auf den 87 gewundenen Kilometern von Kalamata bis Areopolis. Üppig gedeiht die Macchie an den Nordhängen der Täler, ein schütteres Gesträuch bildet sie im Süden der Halbinsel. Blühende Ginster und Brandkraut (S. 25) locken vielerlei

Singzikaden sind vorzüglich getarnt und erfüllen die Landschaft nach ihrem Schlupf mit einem »Höllenlärm«.

Die Engstelle in der Kambos-Schlucht. 30 m über dem Bachbett die alte Steinbrücke nach Pigadia.

Insekten an, besonders auffällig sind die hummelgroßen, schwarzen Holzbienen. Im Sommer erfüllt der penetrante Lärm der Zikaden die Olivenhaine, zu erkennen sind die perfekt getarnten Insekten aber nur schwer. Mehrere Arten von Fangschrecken jagen in der trocken-heißen Landschaft: Bereits im Frühjahr ist *Empusa fasciata* (S. 134) erwachsen, mit ihrem Giraffenhals und dem Helm am Kopf sind die bizarr geformten Tiere unverwechselbar. Im Sommer lauert in dichter Vegetation *Mantis religiosa*, auf kahlen Felsen und in Geröllhalden geht die braune *Rivetina baetica* auf Beutefang.
Im Norden der Mani kann man alle 3 Geckoarten Griechenlands finden. Neben den einheimischen Arten Europäischer Halbfinger (S. 209) und Ägäischer Nacktfinger (S. 62) auch den Mauergecko. Die typische Echse der Schluchten ist die Griechische Spitzkopfeidechse. Sie bevorzugt steinige Lebensräume, die nicht allzuweit vom Wasser entfernt sind. Die nicht sehr scheuen Tiere leben von Meereshöhe bis ins Gebirge und sind wie die Peloponnes-Eidechse (S. 202) nur auf eben dieser Halbinsel zu finden. Noch recht verbreitet ist die schöne Leopardnatter (S. 134), von der neben der gefleckten auch eine gestreifte Form vorkommt.

Strauchige Lotwurz; ihre Blüten verfärben sich im Alter.

Mehrere Thymianarten bilden stark duftende Zwergsträucher in der Macchie.

Ein besonders auffallender Vogel ist der Wiedehopf (S. 212), in der gesamten Mani häufig zu sehen. Charakteristisch für die Macchie sind Samtkopf- (S. 177), Dorn- und Weißbartgrasmücke, in steinigem Lebensraum ist der Felsenkleiber heimisch.

Im Gebiet unterwegs

Zwei Spaziergänge führen zu den schönsten Teilen der Kambos- und der Virou-Schlucht, beide lassen sich zu Wanderungen im Taigetos-Gebirge ausbauen. Die **Kambos-** (oder Pigadia-) **Schlucht** ①, mit etwa 15 km Länge ähnlich imposant wie die Vikos-Schlucht in der Zagoria (S. 116) oder die Samaria-Schlucht in Kreta, läßt sich nach ihrem Trockenfallen im Frühjahr von Pigadia ② bis an die Küste im Bachbett durchqueren. Der hier empfohlene Ausflug beginnt im Weiler Vorio ③. Von der Dorfkirche führt ein Fahrweg bis zur Kapelle des Propheten Elias ④. Von dort genießt man einen weiten Blick über das Gelände. Ein Weg führt hinunter bis auf den Schluchtboden. Ist das Bachbett trocken, gelangt man über Gesteinsblöcke bis zur Brücke von Pigadia hinauf ⑥ und kehrt am Berghang über einen Schotterweg zurück, oder man fährt gleich diese

Blick von der Kapelle bei Exochori in die Virou-Schlucht und zum Sotiras-Kloster.

Die Felsenglockenblume bildet in Schluchten, an Steilwänden und Gemäuern Polster mit dichten Blütentrauben.

Die Spitzkopfeidechse hat am Rücken dunkle Flecken.

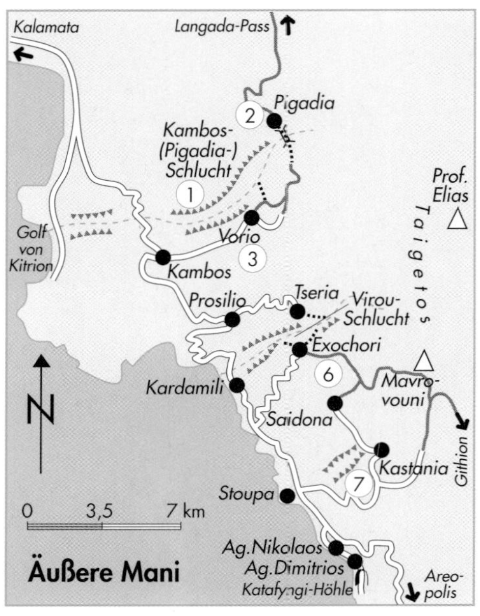

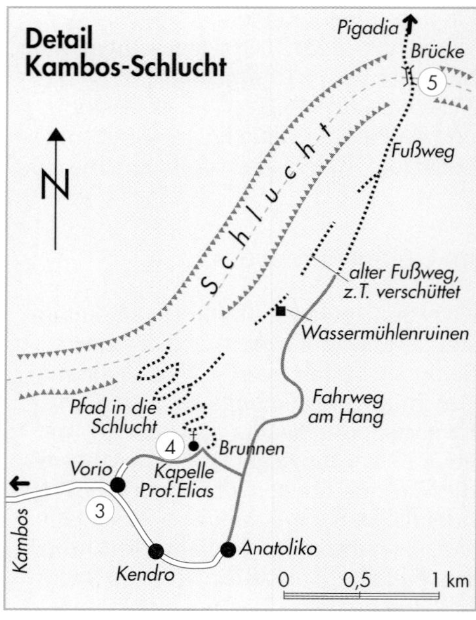

Piste am Berghang entlang. Sie mündet später in den alten Maultierweg, der einige Minuten lang durch eine reizvolle Landschaft mit Schwertlilien und Orchideen verläuft. Neben der Brücke gelangt man in wenigen Metern in die Engstelle der Schlucht (S. 206) hinunter.

Die **Virou-Schlucht** mündet im Norden von Kardamili; ihr oberer Teil ist von den Dörfern Tseria und Exochori ⑥ aus zu erreichen. Von Exochori führt außerdem ein überschatteter Maultierweg bis an den Rand der Schlucht und zu einer Kapelle auf einem Felsvorsprung ⑦. Von dort bietet sich ein schöner Ausblick auf das Meer und das Sotiras-Kloster am Schluchtgrund. Zu diesem gelangt man auf einer im Zickzack in den Abhang geschruppten Schotterstraße. Ferner ist es möglich, von Exochori aus auf einem Fahrweg den Taigetos zu überqueren.

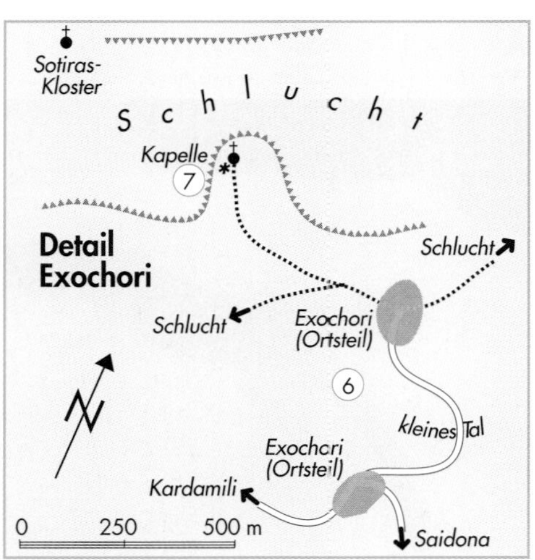

An die beiden großen schließt sich südlich die schmale **Gonitsa-Schlucht** ⑧ zwischen Neochori und Kastania an, in der Eisvogel und Blauracke vorkommen. Zum Baden lädt der **Kalagria-Strand** am Nordrand des Dorfes Stoupa, wo unterirdische Süßwasserquellen münden. Die kleine **Tropfsteinhöhle Katafyngi** befindet sich einige Kilometer südlich von Agios Nikolaos an der Meeresküste. Dort wo die Hügel wieder bis ans Meer reichen, ist unterhalb der Straße bei einigen Marmorfelsen der Eingang.

Geckos

Die europäischen Geckos sind kleine Echsen mit abgesetztem Kopf, die vorwiegend nachtaktiv leben. Typisch für diese Tiere sind die großen Augen, deren durchsichtige, von den verwachsenen Lidern gebildete Brille regelmäßig mit der Zunge geputzt wird. Ihre erstaunlichen Klettereigenschaften verdanken sie raffiniert gebauten Haftlamellen, die an der Unterseite mit feinsten Borsten und Häkchen bedeckt sind. Geckos jagen mit Hilfe ihres Sehsinnes und lauern daher gerne in der Nähe von Lampen auf Insekten. Im Gegensatz zu den meisten anderen Echsen verfügen Geckos über eine Stimme und fallen vor allem zur Balzzeit durch lebhaftes Grunzen und Quieken auf. In Griechenland kommen 3 Arten vor:
Der **Europäische Halbfinger** lebt in warmen Küstengebieten und ist eng mit dem Menschen vergesellschaftet. Man findet ihn daher auf Steinmäuerchen und in lockerem Siedlungsgebiet, wo die »glubschäugigen« Kobolde die Hausmauern hinauf- und hinunterflitzen. Der **Mauergecko** ist ein westmediterranes Faunenelement, das mit Schiffen auf das griechische Festland eingeschleppt wurde. Sein Vorkommen beschränkt sich daher auf die Umgebung einiger Hafenstädte wie Patras und Kalamata. Der **Ägäische Nacktfinger** (S. 62) ist eine bodenbewohnende Art, ihm fehlen die Haftlamellen. Er klettert trotzdem recht behende und bewohnt trockene, steinige Gebiete, auch im Inland und in Dorfgärten. Er ist häufig auch untertags aktiv und sonnt sich in der kühleren Jahreszeit gerne auf Steinen.

Der Halbfingergecko klettert mit Haftlamellen und Krallen.

Praktische Tips

Anfahrt
Eine kurvenreiche Straße windet sich von Kalamata bis Areopolis; sie wird im Sommer mehrmals täglich vom Bus befahren. Die Dörfer im Gebirge (Kendro, Tseria, Exochori) haben für Wanderer ungünstige Busverbindungen (morgens vom Dorf in die Stadt, abends zurück).

Klima/Reisezeit
Frühjahrsbeginn an der Küste bereits im März; im Sommer ist es sehr heiß und trocken.

Unterkunft
In den Küstenorten Avia, Kardamili, Stoupa und Ag. Nikolaos während der Saison von April bis Oktober zahlreiche Hotels, Privatzimmer und Campingplätze.

Blick in die Umgebung

In Thalames hat der Soziologe Nikonas Demagelos ein kleines volkskundliches Museum mit Exponaten der aussterbenden maniotischen Kultur eingerichtet. Er spricht deutsch und zeigt abends auch die byzantinischen Kirchen in Platsa, Nomitsis und Langada. Tel. 0728-74414.

28 Innere Mani

Überaus prächtige Seehöhle von Dirou; kahle, rauhe Landschaft mit Turmhäusern; Wiedehopf, Walzenspinne, Skorpione, Schlangenskink, Mittagsblume.

Kahl und entvölkert reckt sich der mittlere Peloponnes-Finger in den Süden. Außer Oliven gibt es keine Bäume mehr. Hunderte von Steinmäuerchen und zahlreiche Opuntienhecken prägen das karge Landschaftsbild. Auf der Westseite des Taigetos-Ausläufers Sangias bildet eine ehemalige, bis 2,5 km breite, gehobene marine Terrasse, die steil zum Meer hin abfällt, den Siedlungsraum. Die Ostküste ist ein von wenigen Buchten unterbrochenes Steilufer. Durch den harten Marmor des Untergrundes und geringe Niederschläge kommt es kaum zur Bodenbildung, dieser ist daher flachgründig und mit vielen Steinen durchsetzt. Nur an Stellen, wo Glimmerschiefer auftritt, finden sich günstige Bedingungen. So stocken z. B. südwestlich von Githion größere Walloneneichenwälder (S. 155).

Kennzeichnend für die Innere Mani sind ihre Siedlungen, die sich durch ihre Türme völlig vom übrigen Griechenland unterscheiden. In solchen Turmsiedlungen scheinen Gesellschaftstrukturen, in denen Sippen miteinander um Lebensraum und Einfluß konkurrieren und in denen eine übergeordnete Instanz fehlt, ihren Ausdruck zu finden. Ähnliche Formen gab es in den oberitalienischen Städten des Mittelalters oder bei den Nuraghen der Sarden. Hier fing das Feindesland beim Nachbarn an, und von Turm zu Turm flogen nebst wüsten Beschimpfungen auch schwerere Dinge. Die Manioten lebten früher von der Wachteljagd und der Salz-

Landschaft der Inneren Mani mit Ginster und Turmhäusern im April: Blick auf Flomochori.

Der Behaarte Dornginster ist ein typischer Vertreter der Macchie und liefert den Bienen reichlich Nektar.

Auf trockenem Boden wächst der pyramidenförmige Italienische Natternkopf.

gewinnung. Heute gibt es ein staatliches Salzmonopol, und die Wachteln sind längst ausgerottet. Auch die Piraterie, einst ein lohnendes Gewerbe, ist nicht mehr sehr einträglich; und nachdem die Raubfischer der Mani in den 50er Jahren die Meere der Umgebung mit Dynamit leergesprengt hatten, blieb den Bewohnern nichts anderes übrig, als auszuwandern. Die leerstehenden Wohntürme werden jetzt als Zweitwohnsitz renoviert oder als Ferienquartier vermietet. Die größte Attraktion der Mani sind die Tropfsteinhöhlen von Pirgos Dirou, die Glifada zählt zu den schönsten Seehöhlen der Welt.

Pflanzen und Tiere

Die Westseite der Mani wird von einer Phrygana aus vornehmlich Behaartem und Kahlem Dornginster, Dornigem Wundklee und Zistrosen (S. 143) bewachsen. An beweideten Stellen bilden Dornbusch-Wolfsmilch und Dorniger Ginster halbkugelige Sträucher. Im Gestrüpp kann man mehere Arten Anemonen, Griechische Schachblume (S. 175) und Krummstab (S. 204) entdecken. Die häufigsten Orchideen sind die Zungenstendel, leicht an ihren zugespitzten Lippen und dem darüberstehenden spitzen Helm zu erkennen.

Im Süden der Halbinsel, wo sich die Straße der Küste nähert, sind die Felsen überwuchert von Roter Spornblume (S. 25), Weißer Reseda (S. 141), Brandkraut (S. 25), der Levkoje *Matthiola incana* und Baumförmiger Wolfsmilch. An einigen Stellen haben sich Immigranten aus Südafrika breitgemacht: Die Mittagsblume (Umschlag hinten) mit ihren dreikantigen, fleischigen Blättern wurde in Küstengebieten als Zierpflanze eingeführt; z.B. bei den Höhlen von Dirou. Verwildert tritt sie oft in Massenbeständen auf und hat dort allen

Der Wiedehopf

Der Wiedehopf ist in ganz Griechenland verbreitet. Besonders häufig sieht man ihn am Peloponnes und speziell auf der Mani, denn er liebt es warm und trocken. Er braucht kein Wasser zum Trinken, sondern deckt seinen Feuchtigkeitsbedarf mit der Nahrung. Er badet auch nicht wie die meisten Vögel im Wasser, sondern nur in Sand oder feiner trockener Erde. Seine meist nach hinten gelegte, zusammengefaltete Haube richtet er hoch auf, wenn ihn etwas neugierig macht; sein langer zarter Schnabel zeigt, daß er hinter bodenlebenden Insekten und deren Larven her ist. Die auffallend schwarzweiß gebänderten Flügel und der schaukelnde Flug machen ihn unverwechselbar. Er brütet in Höhlen, am liebsten in alten Bäumen. Dabei entwickeln brütende Weibchen und die heranwachsenden Nestlinge, solange sie in der Höhle sitzen, aus der Bürzeldrüse eine Stinkdrüse, die sie dann gegen einen allfälligen Nesträuber einsetzen, der außerdem mit scharfem Kotstrahl gezielt abgewehrt wird.

Der Wiedehopf bewohnt offenes Gelände und lichte Wälder.

übrigen Bewuchs verdrängt. Der Gelbe Sauerklee gedeiht als Kulturfolger überall, wo der Mensch gewirkt hat. Von Malta aus hat er sich in 200 Jahren an allen Küsten des Mittelmeeres angesiedelt, besonders häufig in Italien, Israel und auf den Griechischen Inseln.

Die Tierwelt erscheint auf den ersten Blick nicht sehr reich, doch nützen viele heimlich lebende Arten das steinige Gelände. Unter Steinen verstecken sich z.B. Skorpione, von denen es in Griechenland 3 Gattungen gibt. *Mesobuthus gibbosus* bevorzugt trockenes, offenes Gelände, *Iurus dufoureius* schattige Bereiche höherer Lagen. Eine Verwandte der Skorpione und Spinnen und einer der bizarrsten Gliederfüßer Griechenlands ist die **Walzenspinne** *Galeodes graecus*, die mehrere Zentimeter groß werden kann. Walzenspinnen sind meist nachtaktive Jäger und leben vor allem in Wüsten- und Steppengebieten. Den Tag verbringen sie unter Steinen oder in Erdlöchern. Durch ihre lang abstehende Behaarung und schnelle Bewegungen wirken sie bedrohlich, sind aber ungiftig. Allerdings können die temperamentvollen Tiere mit ihren großen Beißzangen kräftig zubeißen. Die eigenartigen Spinnenverwandten sind in der Lage, wie Geckos an Fensterscheiben hinaufzuklettern: Dazu besitzen sie an der Spitze ihrer Pedipalpen je ein ausstülpbares Haftorgan. Ihr Hinterleib ist deutlich in einzelne Segmente unterteilt, ein altertümliches Merkmal (bei den »modernen« Webspinnen ist er dagegen einheitlich).

Ebenfalls unter Steinen legen die bis 5 cm großen Wolfsspinnen ihre nur einige Zentimeter tiefen Wohnröhren an. Durch »Kitzeln« mit einem Grashalm lassen sie sich leicht hervorlocken. Ist ihr Biß für den Menschen harmlos, kann jener der Schwarzen Witwe (Malmignatte) unangenehme Folgen zeitigen (Schmerzen und Fieber). In Griechenland lebt die Unterart *lugubris*, die keine roten Flecken trägt. Die Tiere sind aber sehr selten und beißunlustig;

Skorpione leben versteckt unter Steinen und gehen nachts auf Insektenjagd.

Im Gebiet unterwegs

Der obengenannte Eichenwald ① liegt an der SS 39 einige Kilometer westlich von Githion. In Richtung Areopolis werden die Bäume zunehmend niedriger, gehen in Macchie über, bis im Osten der Halbinsel nur noch kümmerliche Phrygana den Boden bedeckt. 10 km südlich von Areopolis liegen die 3 Höhlen von Pirgos Dirou ②; zu besichtigen ist die größte und schönste, die **Glifada** (oder Vlichada), ein bis zu 12 m tiefer Höhlenfluß knapp über dem Meeresspiegel (S. 15). Etwa 1 km gleitet man mit Booten lautlos durch eine Märchenwelt im Wasser sich spiegelnder Tropfsteine, die ef-

außerdem ist sowieso davon abzuraten, blindlings unter Steine zu greifen – auch Skorpione und Skolopender sind giftig. ACHTUNG: Wer einen Stein umdreht, möge ihn wieder in Position legen; die Tiere verlieren sonst ihren Schutz, und manche Arten sind durch unzähliges »Steinewälzen« bereits in ihrem Bestand dezimiert worden.

Im Frühjahr zeigt sich ein Reptil, das den Rest des Jahres Gänge im Boden gräbt: der Gesprenkelte Schlangenskink. Vermutlich zwingen die im Frühling recht heftigen Regenfälle diese fußlosen Echsen, ihre vom Wasser überfluteten Gänge zu verlassen und bis zum Ende der »Regenzeit« unter Steinen an der Erdoberfläche Schutz zu suchen. Vielleicht hängt ihr Erscheinen auch mit der Fortpflanzung zusammen.

Einen von der trockenen »Steppe« völlig verschiedenen Aspekt bietet der Walloneneichenwald westlich von Githion. Sein Unterwuchs ist erstaunlich mesophil, an Feuchtigkeit scheint es hier nicht zu mangeln. Bemerkenswert ist der große Orchideenreichtum. Neben Violettem Dingel (S. 185), Schmetterlings-(S. 78) und Italienischem Knabenkraut (S. 127) gibt es 3 Zungenstendel- und zahlreiche Ragwurzarten.

Vom Küstenwind modellierte Baumförmige Wolfsmilch.

fektvoll durch schwimmende Lampen beleuchtet werden. Die letzten 200 m bis zum Ausgang sind wasserfrei, auch sie mit farbenreichem Sinter geschmückt. Die anderen beiden kleineren Höhlen sind wegen Forschungsgrabungen für Besucher nicht zugänglich. So entdeckte man bisher in der Alepotripa-Grotte Skelette, Felszeichnungen, Werkzeuge und Tongefäße aus der Zeit 25 000 – 5000 v. Chr.
Die Landschaft von Areopolis bis zur Halbinsel Matapan (Kap Tenaro) wird zunehmend rauher. Die kleine Troulioti-Kirche östlich der Straße am Nordrand von Kitta ③ ist ein guter Fundort für Zungenstendel, auf den Steinmäuerchen lassen sich Spitzkopfeidechsen (S. 207) beobachten. Das klassische Mani-Turmdorf ist **Vathi** ④; umgeben von Opuntien (Feigenkakteen) drängen sich die Häuser dekorativ auf einem Hügel.

Der Zungenstendel ist die häufigste Orchidee der Mani.

Praktische Tips

Anreise

Moderne Zeiten sind auch auf der Mani eingezogen: Eine schmale, aber gute Asphaltstraße führt um die Halbinsel. Den Hauptort Areopolis erreicht man auf der SS 39 vom 30 km entfernten Githion aus oder von der Landstraße durch die Äußere Mani. Busverbindungen dreimal täglich mit Githion, zweimal täglich durch die Mani nach Gerolimeni.

Klima/ Reisezeit

Die schönste Jahreszeit für einen Besuch ist der April, im Sommer ist es sehr heiß und trocken. Die Glifada-Höhle wird im Sommer von Besucherscharen heimgesucht, dann kommt es zu langen Wartezeiten und die Boote erledigen ihre Fahrten in hektischen »Tempo-Tempo«-Runden. Bereits Mitte September ist der Rummel wieder vorbei. Öffnungszeiten Juni bis September 8 – 18 Uhr, Oktober bis Mai 9 –15 Uhr; Eintritt 14 DM.

Unterkunft

Das Städtchen Areopolis ist der Hauptort der Inneren Mani, dort gibt es eine gewisse Infrastruktur mit Geschäften, Tavernen und dem Hotel Mani (an der Hauptstraße). Mehrere der Wohntürme sind zu Qualitätsunterkünften oder Ferienwohnungen umgebaut worden (in Areopolis, Stavri, Itilo und Vathi). Einfache Pensionen in Gerolimeni und Kotronas, zahlreiche Privatzimmer in den Dörfern. Campingplätze nur beim touristisch voll erschlossenen Githion.

Nebenreiseziele

N 1 Wald von Dadia

Im Hügelland am Rande des Evros haben sich zwischen Lefkimi und Soufli natürliche Wälder mit einer reichhaltigen Herpeto- und Greifvogelfauna erhalten. Als besonders reptilien- und amphibienreich erweisen sich dabei alte Eichenwälder kombiniert mit Kulturland, also vielseitige Lebensräume, die kleinräumig abwechseln. In Bachtälchen sind Würfelnattern (S. 107), Sumpfschildkröten (S. 89) und Seefrösche häufig; in Kiefernwäldern leben Landschildkröten (S. 123), Europäisches Schlangenauge (S. 120), Hornotter und die Johannisechse (S. 138).
Der unter Naturschutz stehende Hartkiefernwald bedeckt rund 200 km² Hügelland und wird von Felsen, Bachläufen und Eichengebüsch aufgelockert. In der Nähe des Dorfes Dadia ist ein Greifvogelfutterplatz samt Beobachtungshaus eingerichtet, wo die Tiere zur Brutzeit und im Winter zusätzliche Nahrung finden. Häufig sind im Gebiet Gänse- (S. 77) und Schmutzgeier (S. 124); letzterer und Mönchsgeier sind auch an Müllplätzen zu beobachten. Gefährdet sind die Geier durch Strychninköder, ausgelegt gegen Wölfe und Füchse. Außerdem kann man Schrei- (S. 63) und Zwergadler sehen, sowie Habicht, Sperber, Mäusebussard und Rötelfalken. Eine Besonderheit sind die letzten Kaiseradler Griechenlands und ein Pärchen Seeadler (S. 40), die regelmäßig ins Evros-Delta zur Nahrungssuche fliegen. Besucherzentrum Tel. 0554-32209; WWF-Dadia-Project Tel. & Fax 0554-32210, 32444.

N 2 Dojrani-See, Kilkis-Höhle

Der **Dojrani-See** an der griechischen Grenze ist etwa 40 km² groß und 10 m tief. Das fischreiche Gewässer dient großen Vogelscharen als nahrungsreiches Winterquartier. Neben verschiedenen Enten, Tauchern (darunter auch der seltene Rothalstaucher), beiden Pelikanarten (S. 106) und den allgegenwärtigen Bläßrallen sind noch Zwergsäger und Zwergscharben häufig. Der Fischreichtum des Sees ist nicht nur Ursache, sondern zugleich auch Folge der Vogelansammlungen, da der Vogelkot die Entwicklung von Kleinkrebsen fördert, die wieder ein ideales Jungfischfutter ergeben. Südlich des Dojrani-Sees liegt in einem aufgelassenen Steinbruch am Rand der Stadt Kilkis die Höhle **Agios Georgios**. Es handelt sich um ein System von senkrechten Klüften, die parallel oder quer zueinander stehen. Dadurch gibt es hier schmale, labyrinthartige Gänge mit hoher Decke von mehreren hundert Metern Länge, die bemerkenswerte Tropfsteinbildungen aufweisen. Der Schauhöhlenteil hat einen zweiten Stock, dessen Wände, Boden und Decke mit Korallensinter überzogen sind. Das sind Tropfsteinbildungen in Form von Korallen, die nur in Hohlräumen ohne Luftzug entstehen können.

Die Wände der Ag.-Georgios-Höhle in Kilkis sind mit Korallensinter bedeckt.

N 3 Athos

Der östliche Finger der Chalkidike, seit nahezu 1000 Jahren nur von Mönchen bewohnt, ist ein Relikt aus byzantinischer Zeit. Auch für die Pflanzenwelt, denn das 50 km lange Bergland aus kristallinen Schiefern und Marmor wird seit Jahrhunderten nicht beweidet – eine Einmaligkeit in Mittelmeerraum. Abgesehen von Waldbränden, die auch in Athos manchmal wüten, konnte sich die Vegetation ungestört entwickeln. Erst in den letzten Jahren waren einige Klöster aus Geldmangel gezwungen, einen schwunghaften Holzhandel zu eröffnen. So wuchert inzwischen ein Labyrinth von Forstwegen auf der Halbinsel und klettert bis auf halbe Höhe des aus reinem Marmor bestehenden Athos-Gipfels (2033 m). Eine zoologische Besonderheit ist das hier in den Hochwäldern der montanen Stufe lebende Auerhuhn.
Da die Einreiseerlaubnis sehr restriktiv vergeben wird und auf wenige Tage beschränkt ist, gilt das Interesse der Besucher zwangsläufig dem Leben der Mönche und den Kunstschätzen der Klöster. Einen botanischen Eindruck erhält man aber bereits bei der Anfahrt von Stratoni her. Eine dichte, hohe Macchie überzieht die Hänge, die Pflanzen profitieren ebenso wie am Olymp oder Pelion von der Feuchtigkeit der Nordostwinde. Von Ouranopolis aus ist es möglich, auf die Hochfläche vor der Athos-Grenze zu spazieren. Von Ouranopolis starten auch ab Mai die Besichtigungsschiffe, die entlang der Westküste an mehreren Klöstern vorbeifahren.

N 4 Agios-Mamas-Lagune

Die Agios-Mamas-Lagune liegt an der Nordwestküste des Golfes von Kassandra. Sie ist vom Schotterweg, der von Agios Mamas nach Potidea führt, wie von einer erhöhten Loge aus zu besichtigen und bietet vor allem im Frühling zahlreichen feuchtigkeitsliebenden Arten einen Lebensraum. Die naturnahen Biotope bedecken noch etwa 5 km^2. Entlang der Küste zieht sich ein 150 – 250 m breiter Sandstrand mit niedrigen Dünen. Die Vegetation auf den weiter innen liegenden braunen Dünen ist schütter und niedrig, in den Lagunen und angrenzenden Wiesen gedeihen Halophyten und verschiedene Gräser. Im Süden der Lagune stehen Geißkleebüsche, im Norden Tamarisken (S. 77), wilde Mandelbüsche (S. 33), Stechdorn und Röhricht. Im Westen schließen sich flache Hügel mit Getreide und Ölbäumen an. Zur Trockenzeit gelangt Weidevieh in das Gelände, das trotz der Nähe von Dörfern und Tourismusgebieten noch eine erstaunlich intakte Landschaft darstellt.
Die wichtigsten Brutvögel sind Stelzenläufer (S. 151; im Juni bis zu 300 Paare) und 100 Paare Brachschwalben (S. 52). Außerdem leben hier Rotschenkel, Säbelschnäbler (S. 148) und zahlreiche andere Watvögel. Das Gebüsch besiedeln verschiedene Singvogelarten wie Rohrsänger, Cistensänger und Grasmücken; häufig sind Kalander-, Hauben- (S. 153) und Kurzzehenlerche.

N 5 Petralona

In der Nähe des Dorfes Petralona (etwa 50 km südöstlich von Thessaloniki) entdeckten Hirten auf der Suche nach Wasser am Fuße des Berges Katsika 1959 die Höhle Kokkines Petres (»rote Steine«). Neben ihrem bemerkenswerten Tropfsteinschmuck in allen Formen und Farben (der die Grotte zu einem beliebten Wochenendausflugsziel der Bevölkerung von Thessaloniki macht) ist sie vor allem von prähistorischem Interesse. Man fand Knochen und Zähne von Höhlenbären, Nashörnern, Löwen, Hyänen, Wölfen, Pferden, Wildschweinen, Bisons und Hirschen, aber auch einen Schädel des Urmenschen *Homo erectus*, dessen Alter noch nicht

geklärt ist; höchstwahrscheinlich 200 000 bis 250 000 Jahre. Die Höhle ist in erster Linie ein horizontales System mit großen Räumen, die durch zahlreiche Passagen verbunden sind, und einigen tiefen Klüften. Die Tiere gelangten anscheinend durch einen natürlichen Eingang in der Decke in das Innere. Dieses Loch ist inzwischen durch einen Schutthaufen verschlossen, der vermutlich als natürliche Treppe fungierte, bis er im oberen Pleistozän aufgefüllt war.
Der bisher erforschte Teil der Höhle umfaßt eine Fläche von 10400 m^2, ein Schauhöhlenabschnitt von 2 km Länge ist vorgesehen. Wegen der immer noch andauernden wissenschaftlichen Untersuchungen ist er zur Zeit auf 400 m verkürzt, erlaubt dem Besucher aber trotzdem einen Eindruck vom prächtigen Höhlenschmuck.

N 6 Lagunen von Angelochori und Epanomi

Zwischen Badestränden, Campingplätzen und Wochenendsiedlungen einerseits sowie intensiver Landwirtschaft andererseits haben sich an den beiden kleinen Lagunen **Tuzla** und **Paliuras** noch naturnahe Lebensräume erhalten. Im Frühjahr, wenn sich erst wenige Besucher in dieses Naherholungsgebiet von Thessaloniki verirrt haben und in Michaniona dutzende Bars und Tavernen verschlafen auf zukünftige Gäste warten, geben sich Seeschwalben und Watvögel an der Küste ein Stelldichein.
Die **Tuzla-Lagune** erreicht man von Angelochori aus. Die Salinen am Ortsende nutzen Seeschwalbenschwärme und Säbelschnäbler (S. 148). Im Binsengestrüpp auf den trockenen Stellen leben Schildkröten; die schwarzköpfige südosteuropäische Rasse der Schafstelze, die Maskenstelze, ist zu beobachten, und die unvermeidlichen Telefonkabel entlang der Straße bieten Rastplätze für Wartenjäger wie Bienenfresser (S. 138) und Neuntöter (S. 48).

Unmittelbar neben der Straße nach **Paliuras** liegt die zweite der Lagunen, auch sie noch von einigen Dünen und Marschen umgeben. Die Tierwelt läßt sich von dort aus hervorragend beobachten. Daß Naturfreunde zur Brutzeit die Straße (auf der die Vögel Bewegung gewohnt sind) nicht verlassen, um Störungen gering zu halten, sollte selbstverständlich sein.

N 7 Aliakmon-, Loudias- und Axios-Delta

Das Mündungsgebiet der 3 Flüsse im Golf von Thessaloniki war einst eines der größten, reichstrukturiertesten und unzugänglichsten Feuchtgebiete Griechenlands. Inzwischen sind Flachseen und größere Lagunen melioriert, die Flußunterläufe kanalisiert, riesige Reisfelder und Weideflächen entstanden. Übriggeblieben sind die unmittelbaren Küstengebiete und eigentlichen Delten mit Röhricht und Auwaldresten, die immer noch einer erstaunlich vielfältigen Vogelwelt Lebensraum bieten. Entlang der schlammigen Küste ziehen sich Salz- und Süßwassermarschen und die Flußmündungen bestehen aus einem abwechslungsreichen Biotopmosaik mit Schilf, Halophyten und Tamariskengebüsch. Zur Zeit der Überflutung bieten die Reisfelder vielen Watvögeln Nahrungsmöglichkeiten.
Die **Axios-Mündung** ist eine Art ornithologischer Gemischtwarenladen, in einer Kolonie brüten bis zu 1000 Vögel mehrerer Arten. Bemerkenswert sind 50 Sichlerpaare (S. 36). Einige zigtausend Tiere versammeln sich während des Durchzugs, dagegen überwintern nur noch wenige Enten im Gebiet. Entlang der Axios-Dämme leben zahlreiche Ziesel.
Das **Loudias-Delta** bildet die westliche Verbreitungsgrenze des Ziesels (S. 41), das ein inselartiges Vorkommen noch am Koronia-See und im Nestos-Delta hat. Ziesel sind tagaktive, flinke Nager offener Landschaf-

ten, die gesellig in unterirdischen Bauen aus weitverzweigten Röhren leben. Gefährdet ist das Gebiet durch Ausdehnung der Reisfelder, intensivere Viehzucht und die Jagd von Motorbooten aus, vor allem aber durch einen neuen Kanal, der die ungeklärten Abwässer der Millionenstadt Thessaloniki direkt in den Axios entleert, der so zum Abwasserkanal verkommen könnte. Die Küsten sind von zwei Stellen ohne Störung der Lebensräume aus zu erreichen: 1. **Axios-Delta**: Von der Straße zwischen Chalastro und Nea Malgara zweigen an beiden Seiten des Axios Schotterwege ab, die etwa 10 km lang den Hochwasserdamm entlangführen. Der östliche erreicht im Delta Fischerhütten und endet bei einem Leuchtturm (15 km von der Straße). 2. **Loudias-Delta**: Von Klidi fährt man Richtung Thessaloniki, über die Autobahn nach Veria hinüber, biegt bei der folgenden Rechtskurve nach links ab, unterquert die Autobahn Thessaloniki – Athen und folgt dem Fahrweg am Kanal entlang. Aus der Lagune wurden Reisfelder und Viehweiden; nahe der Küste leben die Ziesel.

N 8 Alyki-Lagune

Biegt man von der Hauptstraße bei Kitros ab in Richtung Pidna beach, erreicht man einen Hafen und danach eine der größten Salinenanlagen Griechenlands. Dahinter erstreckt sich eine 10 km^2 große Lagune mit ausgedehnten Salzmarschen, Flachwasserbereichen und Sanddünen. Durch die Grundwasserverbindung Lagune – Meer ist der Sand meist feucht und daher sehr kompakt. Das Gebiet zeichnet sich aus durch ein reiches Vogelleben, u.a. die größte Kolonie der Schwarzkopfmöwe in Europa, Dünnschnabelmöwen, Lachseeschwalben, Säbelschnäbler (S. 148), Stelzenläufer (S. 151), Rotschenkel, Regenpfeifer, Rotflügel-Brachschwalben (S. 52) usw. Ebenso kommt eine erstaunliche Artenvielfalt an Reptilien und Amphibien hier vor, besonders zahlreich ist die Griechische Landschildkröte (S. 123). Die vielfältige Dünenvegetation (s. S. 189) ermöglicht zudem ein reiches Insektenleben.
Zum Erzürnen der Einwohner ist es nicht

◁ Der Wasserfall in Edessa führt das ganze Jahr über reichlich Wasser.

Erosionslandschaft bei Siatista, tief hat sich der Aliakmon ▷ in Mäandern in dem Untergrund eingeschnitten (N 12).

erlaubt, diesen Küstenstreifen mit touristischen Einrichtungen jedweder Art zu »verzieren«. Sie brannten daher in den 80er Jahren die Dünenbereiche in einem Großfeuer nieder, um eine Erschließung zu ermöglichen; etwa 500 Schildkröten kamen dabei ums Leben. Inzwischen hat sich das Ökosystem wieder erholt, ist aber weiterhin durch Umwandlungspläne in Hotelsiedlung und Badestrand gefährdet. Eine zusätzliche Bedrohung bilden die massiven Erdarbeiten für den weiterhin andauernden Ausbau der Salinen, deren Vorfeld im Frühjahr noch dicht mit Gelber Asphodeline (S. 93) bedeckt ist.

Blick von der SS 15 in die Venetikos-Schlucht (N 12).

N 9 Edessa

Das Städtchen Edessa liegt auf einem Plateau am Ende des Vodas-Tals welches das Voras- vom Vermion-Gebirge trennt. Der Ort wird von zahlreichen Bachläufen durchzogen, durch das viele Wasser präsentiert sich Edessa beinahe ganzjährig in üppigem Grün. Die größte Sehenswürdigkeit ist der 25 m hohe Wasserfall im Nordosten der Stadt. Eine Treppe führt den Fall entlang hinunter, und es ist möglich, hinter dem herabstürzenden Naß vorbeizugehen. Die nur 20 m kurze Höhle auf der anderen Seite des Waserfalls bietet dagegen nichts Sehenswertes.

Westlich der Stadt hat sich im Vodas-Tal

Sumpfland erhalten, welchem durch den Agras-Stausee Feuchtigkeit zugeführt wird. Die Hänge des Gebirges sind mit einem niederen Buschwald aus Eichen und Macchie bedeckt. Ein Ausflug führt von Edessa nach Norden in das **Voras-Gebirge:** Eine mediterrane Au besteht noch am Moglenitsa-Fluß östlich von Aloros. Von Lutra Arideas erreicht man auf Forstwegen die orchideenreiche Therma-Schlucht.

N 10 Kastoria-See

Der Kastoria- oder Orestiada-See liegt in 620 m Höhe im Westen des Vernon-Gebirges. Er ist nur wenige Meter tief, sehr nährstoffreich und daher reich an Aalen, Karpfen und Schleien. Dieses Angebot nützen die Pelikane (s. S. 104) von Prespa im zeitigen Frühjahr, wenn dort das Nahrungsangebot noch mager ist, um hier Fische für die Jungenaufzucht zu fangen. Bis zu 140 der majestätischen Vögel lassen sich dann nahezu täglich am See beobachten; bevorzugt an der schilfreicher Ostseite. An Blättern in Wassernähe fliegt im Sommer gerne der Große Schillerfalter, dessen Flügel metallisch blauviolett reflektieren. Seine Raupen leben auf Weiden und Zitterpappeln. Die Wasserqualität des Sees leidet sehr unter den Abwässern der Lederfabriken und Gerbereien von Kastoria. Diese altehrwürdige Stadt voller byzantinischer Kirchlein liegt malerisch auf einer Halbinsel am westlichen Seeufer und ist ein Zentrum der europäischen Pelzverarbeitung. Das Pelzhandwerk Kastorias hat seit 500 Jahren Tradition, und die nordgriechischen Pelzwerker gehören zu den schnellsten und besten der Welt. Unerreichte Experten sind sie im Verarbeiten von Abfällen und kleinen Teilen (vor allem von Nerz) zu einheitlich aussehenden Kleidungsstücken. Nerzfelle haben Kastoria reich gemacht – und den historischen Stadtkern in den Standort einer Massenmanufaktur von Kleinstbetrieben verwandelt.

N 11 Grammos

Der 2520 m hohe Grammos schließt das Pindos-Gebirge an der albanischen Grenze nach Norden hin ab. Im Bürgerkrieg 1946 – 1949 war das dünnbesiedelte Bergland erbittert umkämpft, und es blieb für lange Zeit Sperrgebiet. Wie in den Rhodopen bietet sich dem Betrachter eine wilde, urtümliche Landschaft, bedeckt mit artenreichen, eindrucksvollen Wäldern. Der **Aliakmon** ist in seinem Oberlauf noch wild und unverbaut, zahlreiche Wasseramseln besiedeln die Ufer. Das Vorkommen von Bären (s. S. 73) läßt sich daran erkennen, daß die Bienenhäuschen mit Stacheldraht umgeben sind. Weder den Bären noch den Luchs wird man zu Gesicht bekommen, dafür aber Schmutzgeier (S. 124), Schrei- (S. 63) und Habichtsadler, Felsen- und Rötelschwalbe oder eine Hausratte, die in Griechenland noch nicht von der Wanderratte verdrängt wurde.
Das Gebiet ist durch Forstraßen von Kastoria bzw. von der E 90 aus erschlossen. Von Kastoria fährt man den Aliakmon aufwärts bis Nestorio und dann auf Pisten weiter nach Pefkos und Gramos. Von beiden Orten ist es möglich, zur E 90 in die Nähe von Eptachori weiterzufahren.

N 12 Venetikos

Südlich von Siatista führt die SS 15 durch eine stark erodierte Flysch- und Sandstein-Landschaft (S. 219). Tief hat sich der Aliakmon in Mäandern in das aus dem Tertiär stammende Hügelland eingegraben. Da eine neue Trasse den Straßenverlauf verändert hat, ist es notwendig, für interessante Aussichtspunkte 200 m nördlich der Aliakmon-Brücke nach Westen auf die Böschung zu steigen bzw. bei der Brücke auf die alte Trasse zu gehen, die sich das Flußtal entlangwindet.
In Kozani hat der Lehrer Konstantin Siambanopoulos ein kleines natur- und heimat-

kundliches Museum eingerichtet. Das benachbarte Dorf Krokos ist nach dem Safrankrokus benannt. Die Staubfäden dieser Pflanze wurden bereits in der Antike sowohl für die Gewinnung einer leuchtendgelben Farbe als auch des Gewürzes Safran genützt. Noch heute würzt man damit traditionelle Brotvariationen. Gelb wurde auch mit dem Holz des Perückenstrauches und den Gallbildungen der Terebinthe gefärbt, rote Farbe lieferten die Wurzeln der Alkanna und die Kermesschildlaus, Blau die Blüten des Färberwaids.
10 km südlich von Grevena passiert die Straße die Schlucht des Venetikos (S. 219), dessen graue, rundgeschliffenen Felsen an Meteora erinnern und dekorative Fotomotive bieten. Im Frühjahr wachsen auf den Hängen zahlreiche Felspflanzen und gelbe Schwertlilien.
Im Gemeindehaus von Grevena hat die »Altiplan«, die »Griechische Gesellschaft für das Studium und die Betreuung des Hochlandes« ihren Sitz, die Informationen über die Natur des Pindos herausgibt.

N 13 Nationalpark Pindos und Valia Kalda

Der 1966 gegründete Pindos-Nationalpark liegt nördlich des Katara-Passes in einer abgelegenen Region. Dieser Paß, die wichtigste Querverbindung von Epirus nach Thessalien, befindet sich am südlichen Ende des Serpentingesteinareals in Nordgriechenland. Ebenso wie am Smolikas (Hauptreiseziel 11) wirkt sich der spezielle Chemismus dieses Untergrundes auf die Vegetation aus. Die Paßhöhe bietet eine typische Hochgebirgslandschaft der oberen Waldgrenze mit mäßig beweideten Flächen sowie blütenreichen Hochstaudenfluren und Felsvegetation.
Das Zentrum des Nationalparks ist die **Valia Kalda**, das warme Tal. Dieses Hochtal, eine geschützte Mulde in 1300 m Höhe, ist wasserreich und dicht bewaldet mit Buchen, Panzer- und Schwarzkiefern. In der Sommermilde ergibt dies einen von den vlachischen Hirten der Umgebung begehrten Weidegrund. Die halbnomadischen Hirten kehren mit ihren Herden im Mai aus Thessalien zurück und – entgegen aller Verbote – ziehen immer noch Tausende Ziegen und Schafe zur Sommerweide in den Park. Sie fressen die jungen Baumsprossen und seltene Wildblumen in einem Naturraum, der als einer der letzten die reiche Flora und Fauna Berg-Griechenlands bewahrt hat. Noch ziehen Wölfe durch das Tal, es gibt Wildschweine und viele Kleinsäuger. Hier leben die größte Bärenpopulation (s. S. 73) Griechenlands sowie Adler, Geier, Eulen und 8 Spechtarten.
Den Park durchquert die Piste von Milia nach Perivoli, Unterkünfte oder Schutzhütten gibt es nicht. Die Zufahrt erfolgt von der E 92 zwischen Metsovon und dem Katara-Paß durch eine kahle Landschaft mit auffälligen Badland-Erosionen (S. 222). Nach 8 km zweigt von der Schotterstraße nach Milia die Piste ins Parkgelände ab.

N 14 Ioannina

Der abflußlose Ioannina- oder Pamvotis-See liegt 470 m hoch in einer Karstpolje, die vor etwa 5 Mio. Jahren entlang einer tektonischen Bruchlinie entstand. Er ist 22 km² groß, im Schnitt 5 m tief und durch landwirtschaftliche Abwässer sowie diejenigen der Stadt Ioannina schwer belastet. Eine geplante Kläranlage wird auch nur wenig Abhilfe leisten, denn das nur zu 50% geklärte Abwasser soll direkt in den Kalamas-Fluß eingeleitet werden und das könnte die Strände Korfus verschmutzen, wogegen sich die Korfioten wehren.
Vielbesuchte Ausflugsziele sind die blumenreiche Insel **Niki** (freskengeschmückte Klöster) und die Tropfsteinhöhle **Perama**. Am Fuß des Mitsikeli-Bergzugs liegt diese dreistöckige Höhle, die Teil eines 1,5 Mio. Jahre alten unterirdischen Flußbettes ist.

Der Pindos ist am Katara-Paß auf großen Strecken entwaldet und leidet unter Erosionen. Erst einige Kilometer weiter nördlich beginnt im Pindos-Nationalpark wieder naturnahe Landschaft (N 13).

Mit ihrem großen Formenreichtum an Sinterbildungen zählt sie zu den 4 wichtigen Schauhöhlen Griechenlands. Sie umfaßt 15000 m² Fläche, die Lufttemperatur beträgt 18°C, der Besichtigungsweg ist 1 km lang. Eine zweite Höhle befindet sich etwa 50 km im Südosten von Ioannina bei **Pramanta** am Athamano-Gebirge. Sie ist 350 m lang und bildet das Bett eines aktiven Flusses, der ein Stück unterhalb des Eingangs zutage tritt. 3 Höhlenseen erhalten durch verschiedenen Untergrund rötliche bzw. weiße Farbe. Der Schlüssel für den Eintritt ist in Pramanta erhältlich; die Höhle liegt 5 km vom Ort unterhalb der Straße nach Arta.

N 15 Kalamas- (Thiamis-)Delta

Die Küste zwischen Igumenitsa und dem Dorf Sagiada enthält vielfältige Biotope, Lebensräume für Wasser- und Greifvögel oder den Epirus-Frosch (einem Verwandten des Seefrosches). Der südliche Teil des Feuchtgebietes ist durch Buchten gegliedert, die alte Flußmündung ist umgeben von Lagunen, Salzmarschen, Tümpeln und Schilfgürteln entlang der Bewässerungskanäle. Das Landesinnere wird durch Bewässerungsfeldbau bewirtschaftet. Der Fluß ist in zahlreiche Kanäle aufgelöst, ein Teil mündet durch ein künstlich angelegtes Bett im Norden des Deltas. Die Umgebung der Mündung ist ein naturbelassenes Gelände mit Pionierstadien, Lebensraum für halbwilde Pferde, Löffler, Sichler, Brachschwalbe und Triel. Der 500 m hohe Inselberg Makrovoros ist mit macchieartigem Gebüsch bewachsen und bietet trotz Weidebetrieb mehreren Greifvogelarten Unterschlupf. Steinadler und Uhu brüten im Delta, Wintergäste sind Raubmöwe, Wanderfalke, Habichts-, Schrei- (s. S. 63) und Kaiseradler. Die Lagunen an der alten Flußmündung, aus denen abgestorbene Gebüschäste bizarr herausragen, sind zum Meer hin abgesperrt und dienen der Fischzucht. Das erfreut zahlreiche Reiher und Eisvögel (S. 155), die hier

Blick in das Kalodiki-Sumpfgebiet von der SS 6 (E 55) aus. Großseggenbulten heben sich horstartig über die mit Seerosen bedeckte Wasseroberfläche.

sozusagen am »gedeckten Tisch« sitzen. Nördlich von Igoumenitsa zweigen von der E 90 Zufahrten ins Delta ab (über Selefkia und Kastri). Bei Raghio begleiten den Kalamas Galeriewälder. Von **Kestrini** am Fuß des Inselbergs führt eine kanalbegleitete Piste nach Süden 5 km um den Hügel zu den Lagunen und von dort 2 km weiter bis ans Meer. Von Kestrini nach Norden erreicht man, vorbei an einer malerisch gelegenen Kapelle, die Brücke über das neue Flußbett. Von dort nach Osten geht es zur Straße nach Smertos /Filiates, nach Westen zu neuen Flußmündung. Im September fallen dort im verdorrten Grasland die zahlreichen, über 1 m hohen Blütenschäfte der Meerzwiebel (S. 152) auf.

N 16 Kalodiki-Marsch

Dieser flache Sumpfsee bei Morfi trocknet im Nordteil auch bis zum Herbst nicht vollständig aus. Bei Niedrigwasser heben sich Horstgräser wie Großseggenbulten hoch über den Untergrund heraus. Neben vielen Sumpfschwertlilien (S. 48) wachsen Seerosen und andere Teichgewächse. Das Gebiet nutzen Moorenten zur Brut; Nutrias sind bei trübem Wetter auch tagsüber zu sehen. Einige Kilometer weiter im Süden blickt man im Frühjahr von der E 55 auf die ringförmigen Entwässerungskanäle im **Acheron-Delta** beim Dorf Ammoudia. Einen Abstecher lohnt die Acherondas-Schlucht einige Kilometer flußaufwärts zwischen Gliki und Trikastro. Dort leben Habichtsadler, Kurzfangsperber und Wanderfalke.

N 17 Sperchios-Delta

Das Sperchios-Delta ist ein großes Feuchtgebiet am Maliakos-Golf in Zentralgriechenland und wegen seiner isolierten Lage ein wichtiger Rastplatz für Zugvögel. Der Flachwasserbereich im Süden um Agia Triada ist vom Menschen nur wenig beeinflußt, im Norden an der Küste von Avlaki

gibt es noch Brackwasserlagunen. Im breiten Schwemmland des Deltas, das von Wassergräben durchzogen ist, wachsen Intensivkulturen von Reis, Baumwolle (S.33), Mais und Getreide. In den überschwemmten Reisfeldern jagen Reiher und Störche; viele der Kanäle sind von Röhricht begleitet, das im Frühjahr dicht mit Laubsängern besetzt ist.
Zur Flußmündung gelangt man von Anthili aus auf einer Schotterstraße nach Osten. Nach dem Queren eines Weges erreicht man nach 3 km eine Pumpstation, bei der die Straße nach Süden biegt. 200 m weiter biegt man wieder nach Osten, fährt 2 km an Reisfeldern vorbei und trifft auf den Fluß mit Damm und Galeriewald, den ein Weg bis an die Küste begleitet.

N 18 Nationalpark Sunion

Etwa 60 km südlich von Athen liegt das alte Bergbaugebiet Laurion in einer kargen Hügellandschaft, die aussieht, als hätten sich vorzeitliche Riesenmaulwürfe durch den Boden gewühlt. Das Revier verfügt über eine bemerkenswerte Vielzahl von Metallen und Mineralien, ein kleines mineralogisches Museum in Lavrio vermittelt einen Eindruck davon.
Dem Silber aus Laurion verdankte das klassische Athen seinen Aufstieg. Bis zu 20 000 Menschen waren im 5. und 4. Jh. v. Chr. damit beschäftigt, Erzgestein zu brechen, zu sortieren, zu zerkleinern, zu zermahlen und zu schmelzen. Das Silber trat aber nicht rein auf, sondern vermischt mit Bleioxid. Der Silberanteil betrug nur 2 – 4 Prozent. Dieser geringe Anteil war in der Antike das Ziel der Bemühungen, das anfallende Blei nur ein Nebenprodukt. Auf einem Gebiet von wenigen Quadratkilometern senken sich etwa 2000 Schächte in den Boden, bis zu 70 und mehr Meter tief. Man hat Mühe sich vorzustellen, daß dies nur mit Hammer, Meißel und Muskelkraft erzielt wurde. In Thorikos, nördlich von Lavrio, läßt sich westlich des Theaters eine dieser alten Anlagen besichtigen. Nach Aufgabe der Gruben in römischer Zeit interessierte man sich ab 1865 für den einst verschmähten »Abfall«, das Blei. Bis 1976 wurden die alten Halden aufgearbeitet und in den antiken Schächten wurde nach Blei und Quecksilber geschürft.
Bei der Fahrt von Lavrio nach Ag. Konstantinos und von dort zum Kap Sunion passiert man zahlreiche der alten Bergbauschächte, die durch das trockene Klima erhalten blieben. Der erste ist nur wenige hundert Meter hinter Lavrio bei einer markanten Aleppokiefer (S. 186) zu sehen. Bei Wanderungen abseits der Wege ist wegen plötzlich senkrecht abfallender Minenschächte erhöhte Vorsicht geboten. Die Vegetation des Nationalparks besteht aus Aleppokiefern, Dornginster (S. 211), Phönizischem Wacholder und immergrünen Hartlaubbüschen.
Das **Kap Sunion**, die »Spitze« der Halbinsel Attika ist ein 60 m hoher ins Meer hinausgeschobener Hügel. Die Gesteinsschichten fallen nach Norden, gegen das Festland zu, und heben sich gegen das Meer hinaus. Nahezu senkrecht stürzt die Stirnseite zur Küste hinab, am Hangfuß zum Meer hin erkennt man deutlich die starke Verfaltung des Tonglimmerschiefers. Auf dem Gipfel steht der berühmte Poseidontempel, 440 v.Chr. erbaut. Seine weiße Farbe verdankt er einem Marmor aus der Umgebung, der im Gegensatz zum Baumaterial anderer Tempel keine Eisenbestandteile enthält, und daher nicht gelb oxidiert.

N 19 Kameno-Vouno-Vulkan

Dreieckig springt die Halbinsel **Methana** vom östlichsten Peloponnes-Finger nach Norden in den Saronischen Golf vor. Durch eine schmale, felsige Landzunge mit dem Festland verbunden, gehört sie geologisch zu den Saronischen Inseln und ist größtenteils vulkanischen Ursprungs.

Wie die Vulkane Süditaliens zählt auch die Ägäis zum Einflußbereich der mediterranen Subduktionszone, deren Ursache die nordwärts gerichtete Drift der afrikanischen Platte mit etwa 2,7 cm pro Jahr ist. Ein 400 km langer vulkanischer Inselbogen, in den letzten 2 Mio. Jahren entstanden, zieht sich von Ägina bis Rhodos. Den Besucher, der in Methana ankommt, empfängt ein penetranter Gestank nach faulen Eiern. Die Schwefelquellen am Ortsbeginn werden seit dem Altertum für Heilbäder genutzt. Der 420 m hohe Kameno-Vouno im Nordwesten der Halbinsel ist neben Santorin der einzige Vulkan Griechenlands, der in historischer Zeit (um 250 v.Chr.) ausgebrochen ist (Beschilderung: Vulcano).

Das Dorf **Kaimeni-Kratiras** duckt sich unter große Schlackebrocken des Kraters. Rechts der Dorfkirche beginnend windet sich ein Weg über Terrassen zwischen Ölbäumen den Kegel hinauf. Oben ragt aus einer Mondlandschaft aus Tuffstein und Lava (S.226) eine mächtige Stoßkuppe. Dieser Kegel aus Andesit ist entweder ein während der Eruption steckengebliebener Lavapfropfen oder die herausgewitterte Schlotfüllung. Während der Abkühlungsphase wurde die kompakte Masse aufgesprengt, und so kann man jetzt in das Innere des Vulkans blicken – ein seltenes Phänomen. Der Weg dorthin ist vom Kraterrand mit Pfeilen markiert.

N 20 Ammontico rosso

Den Namen »Ammonitico rosso« tragen meist rote Ammonitenknollenkalke und -mergel aus dem Oberlias (vor 180 bis 190 Mio. Jahren), die fossilienreich sind. Die Ammoniten sind in den geschichteten, mergeligen Kalken meist nur als Steinkerne erhalten, die oft die Struktur der Schaleninnenseite sehr fein nachzeichnen. Zu den ammonitenreichen Fundstellen Griechenlands zählen die Küste an der albanischen Grenze gegenüber von Korfu, die (Halb)insel Lefkas und das Hochtal von **Ano Fanari** in der Argolis.

Durch das Tal von Fanari führt die Straße von Epidaurus nach Methana und Poros; in zahlreichen Steinbrüchen wird der rote Kalk abgebaut. Meist sind dadurch zwar nur die massiven, fossilarmen Schichten erschlossen, doch sind oft die Zufahrtswege durch die weicheren, mergeligen Schichten geschoben und dadurch bis zu 10 cm große Ammoniten freigelegt. Kurz vor dem Dorf steht links ein kleiner Brunnen; etwa 20 m davor führt eine Piste den Hang hinunter. Auch dort ist »Ammonitico rosso« aufgeschlossen.

N 21 Stymphalischer See (Stimfalos)

Das Stymphalische Becken ist eine Karstpolje, die unterirdisch entwässert und in der sich nach der Schneeschmelze weitläufige Sumpfgebiete bilden. Das Frühjahr bietet vom Paß im Südosten einen phantastischen Blick auf die überschwemmte Landschaft (S.17). Bis zum Herbst reduziert sich der Umfang des Sees auf die Hälfte. Das verlandende Gewässer ist von Schilf, Rohrkolben und Weiden umgeben; obwohl in 590 m Seehöhe gelegen, verleiht ihm das den Charakter eines Steppensees. Am Ufer stehen Schwanenblume (S.41), Braunwurz und Iberisches Knabenkraut. Die Intensivierung der Landwirtschaft in der Umgebung hat den Wert des Sees für die Vogelwelt zwar gemindert, trotzdem ist er ein vielbesuchter Rastplatz zur Zugzeit. Den Schilfgürtel bewohnen Zwergdommel, Haubentaucher, Seidensänger und Rohrweihe, die Macchie Schwarzkehlchen (S. 182).

Im Frühjahr donnert der Abfluß des Stymphalischen Sees einige Kilometer weiter östlich bei Platani als mächtiger Wasserfall über eine Felswand und wird in Bewässerungswaalen auf die Felder bis Nemea verteilt.

Schilfgürtel und Weiden lassen den Stymphalischen See wie einen Steppensee wirken (N21).

Der Krater des Kameno-Vouno-Vulkans ist eine Mondlandschaft aus Lava und Schlacke (N19).

Blick vom Kastell in Pilos auf das Felsentor in den der Bucht von Navarino vorgelagerten Klippen.

N 22 Osman-Aga-Lagune

Im Norden der Bucht von Navarino am westlichen Peloponnes-Finger liegt die Osman-Aga-Lagune (auch Jalova oder Divari genannt) geschützt hinter dem Kap Koryphasion. Nordwestlich vorgelagert ist an dessen Fuß die Voidokilia- (Ochsenbauch-) Bucht, durch einen Felsspalt mit dem offenen Meer verbunden. Vom Kap bietet sich ein schöner Blick auf die halbmondförmige Bucht (S. 187) und die Dünensichel zur Lagune. Auf dem Vorgebirge stehen Reste einer Festung, die unübersehbare »Höhle des Nestor« hat durch ihre Benutzung als Ziegenstall gelitten. Die Dünen sind mit Stechwacholder und zahlreichen Sandstrandspezialisten (s. S. 189) bewachsen. Bei einer Wanderung um die Lagune läßt sich eine artenreiche Vogelwelt beobachten, besonders häufig im Kulturland ist die Kappenammer (S. 171). Eine Besonderheit wurde erst 1988 in Gialova entdeckt: Eine Population Chamäleons, deren Ahnen irgendwann vermutlich aus Kleinasien eingeschleppt wurden und die in der sandigen Küstenlandschaft passende Lebensräume gefunden haben.
Die Anfahrt erfolgt von der SS 9 aus. Gialova liegt wenige Kilometer nördlich von Pilos, die Voidokilia-Bucht erreicht man über Petrachori (Abzweigung an der SS 9 beschildert). Ein Feldweg führt bis an die Bucht. Ein schöner Blick auf das Felstor südlich der Insel Sfaktiria bietet sich vom Kastell in Pilos.
In der friedlichen Bucht kam es im Oktober 1827 zu der durch ein Versehen gestarteten Seeschlacht von Navarino, in deren Verlauf die türkische Flotte nahezu vollständig versenkt und die Unabhängigkeit Griechenlands eingeleitet wurde.

Reiseplanung

Griechenland ist ein beliebtes Urlaubsziel, problemlos zu bereisen und wird in einer fast unüberschaubaren Anzahl von Reise- und Kulturführern, Hintergrundinformationen und Bildbänden beschrieben.
Die Landesvorwahl von Griechenland ist »0030«. Bei einem Anruf aus dem Ausland entfällt die »0« am Beginn der jeweiligen Ortsvorwahl.

Vor der Reise

Informationsmaterial
Prospekte, Tips und Anschriften sind in den Griechischen Zentralen für Fremdenverkehr (EOT) erhältlich:

▷ 60311 Frankfurt/M., Neue Mainzer Str. 22, Tel. 069-236561 bis 63, Fax 236576.
▷ 20149 Hamburg, Abteistr. 33, Tel. 040-454498, Fax 454404.
▷ 10789 Berlin, Wittenbergplatz 3a, Tel. 030-2176262 & -63, Fax 2177965.
▷ 80333 München, Pacellistr. 2, Tel. 089-222035 & -36, Fax 297059.
▷ 1015 Wien, Opernring 8, Tel. 01-5125317 & -18, Fax 5139189.
▷ 8001 Zürich, Löwenstr. 25, Tel. 01-2210105, Fax 2120516.
▷ 10564 Athen, Odos Amerikis Str. 2, Zentralbüro Tel. 01-3223111/19, Fax 3224148, Informationsbüro Tel. 01-3310562, 3310565.

Anschriften

▷ Bergwanderverein EOS Athen, Karageorgis Servias 7/VIII (beim Syntagma-Platz), Tel. 01-3222545.
▷ Höhlenkundlicher Verein ESE, Athen Kolonaki, Manzarou 11, Tel. 01-3617826, 9334611 (19 – 22 Uhr).
▷ Griechische Gesellschaft für Naturschutz und ökologische Landschaftsentwicklung (EPO), 64200 Chrysoupolis, P.O. Box 47, Tel. 0591-23144, Fax 24236.
▷ WWF-Griechenland, 10558 Athen, Fillelion Str. 26, Tel. 01-3314893, Fax 3247578.
▷ Immediate Intervention for the Protection of Nature , 11471 Athen, Od. Markou Evgenikou 10, Tel. 01-645942, Fax 3615633.
▷ Hellenic Society for the Protection of the Environment and the cultural Heritage, 10673 Athen, Voukourestiou Str. 36, Tel. 01-3605319, Fax 3622535.
▷ Hellenic Ornithological Society, 10681 Athen, Emm. Benaki Str. 53, Tel. 01-3301167, Fax 3811271.
▷ Verband zur Rettung der Meeresschildkröten (MEDASSET), 10672 Athen, Odos Licavitou 1g, Tel. & Fax 01-3640389, E-mail: medasset@hol.gr
▷ Gesellschaft zum Schutz der Meeresschildkröten, 10682 Athen, Solomou 35, Tel. & Fax 01-3644146.

Einreise, Zollbestimmungen, Geld
Für Reisende aus EU-Ländern und der Schweiz genügt der gültige Personalausweis für einen Aufenthalt bis zu 3 Monaten. Für den Transit durch ehemals jugoslawisches Gebiet wird ein Reisepaß benötigt. Ebenfalls notwendig ist die grüne Karte. Im Prinzip gelten sonst die allgemeinen EU-Normen.
Währung ist die Drachme, durch hohe Inflationsraten sind, trotz laufender Abwertung, die Preise auch für Touristen stark gestiegen. Der Wechselkurs ist in Griechenland gewöhnlich deutlich günstiger. Die Banken sind Montag bis Freitag von 8/9 Uhr bis 13/14 Uhr geöffnet.

Gesundheit
Krankenscheinabkommen mit Deutsch-

land, Österreich und der Schweiz, daher besteht die Möglichkeit, einen Auslandskrankenschein zu verwenden. Besondere Impfungen sind nicht notwendig. Das Ärztenetz ist auch in abgelegenen Gebieten gut, viele größere Dörfer besitzen eine Erste-Hilfe-Station (Hinweisschilder »Health Centre«). Sie dienen der Erstversorgung; westeuropäischen Standard bieten nur Krankenhäuser in Großstädten.

Anreise

Flugzeug
Regelmäßige Linienflüge nach Athen, Charterflüge nach Athen, Thessaloniki, Kalamata. In Athen landen alle Fluggesellschaften mit Ausnahme der Olympic auf dem Ostflughafen, Anschlußflüge zu Inlandzielen starten vom wenige Kilometer entfernten Westflughafen.

PKW
Durch Italien: Da Griechenland einige Jahre auf dem Landweg nur über komplizierte Umwege durch Rumänien erreichbar war, ist die Verbindung durch Italien nun zum Standardweg geworden. Die Anzahl der Fähren hat sich mehr als verdoppelt, die Fahrzeiten durch die Schnellfähren von »Minoan« und »Superfast« halbiert (Ancona–Patras 19 Stunden), und die einst hohen Fährtarife (zumindest außerhalb der Sommerferien) ebenfalls. Von Venedig, Ancona, Bari und Brindisi aus pendeln regelmäßig die Fähren, in der Nebensaison mit reichlich Kapazität. Im Sommer kann es jedoch zu Engpässen kommen, dann ist Vorausbuchen anzuraten.
Durch das ehemalige Jugoslawien: Drei Jahre war die »klassische« Autoputstrecke (Zagreb–Belgrad–Skopje) wieder geöffnet, doch wenig benutzt. Diese Verbindung wird wohl erst nach einer Konsolidierung der Anrainerstaaten, z.B. mit internationalen Versicherungsabkommen, einen Teil ihrer Bedeutung zurückerlangen.

Bahn und Bus
Ähnlich dem PKW. Rasch und relativ preisgünstig ist eine Bahnfahrt durch Italien nach Bari oder Brindisi und von dort mit der Fähre nach Igoumenitsa oder Patras.

Reisen im Land

Flugzeug
Innergriechische Flugverbindungen von Athen nach Thessaloniki, Kavala, Ioannina, Larisa, Patras und Kalamata. Die Binnenflugtarife sind günstig.

Bahn
Spielt nur eine Nebenrolle. Regelmäßige Verbindung Athen–Thessaloniki, Lokalbahn von Thessaloniki zum Evros bzw. nach Bitola. Den Peloponnes umrundet eine in Athen startende, gemächliche Schmalspurbahn.

Bus
Dichtes Netz, da wichtigstes und preisgünstiges Transportmittel im Land, das auch in abgelegene Gebiete fährt. Mehrmals täglich verkehren Überlandbusse der KTEL zwischen den großen Städten. Die Verbindungen zu den Dörfern sind für Wanderer meist ungünstig, da für deren Bedürfnisse »verkehrt»: Am Morgen fährt der Bus vom Dorf in die Stadt, am Abend zurück.
Die Fahrpläne von Bussen und Schiffen sind am Busbahnhof, in vielen Reisebüros und in den Touristeninformationen angeschlagen, sowie in den monatlich erscheinenden Broschüren »Key Travel Guide« und »Greek Travel Pages« veröffentlicht.

PKW
Da viele der Naturreiseziele abgelegen sind, erweist sich ein eigener oder gemieteter PKW als sehr vorteilhaft. Die wichtigen Verbindungsstraßen sind gut ausgebaut, Nebenstrecken können sehr kurvenreich und holprig sein. Seit die Regierung den

Katalysator fördert, ist bleifreies Benzin an allen Tankstellen erhältlich.
Die Mautgebühren auf Autobahnen und Schnellstraßen sind mäßig. Auf Landstraßen muß man jederzeit mit Eselskarren und Schafherden rechnen.

Organisierte Naturreisen

Informationen über naturkundliche Studienreisen sind erhältlich bei:

- ▷ Alma Ecotourism, Ioanninon 4, 54639 Thessaloniki, Tel. & Fax 031-855629, e-mail: almaeco@spark.net.gr
- ▷ Naturama Holidays, Mesogion 378, 15341 Athen, Tel. 01-6399569
- ▷ F-ZEIN, 132 Syngrou Ave., 17671 Athen, Tel. 01-9216285, 9230263, Fax 9229995
- ▷ Robinson Travel Agency, VIII odos Merarchias 10, 45445 Ioannina. Tel. 0651-29402.

Sonstiges

Sprache

Bis vor kurzem gab es zwei Parallelsprachen, die **Katharevoussa** (ein Kunstprodukt) und die **Dimotiki**, die Sprache, die tatsächlich gesprochen wurde. Der Besucher kommt damit nur insofern in Berührung, als viele Wörterbücher mit Katharevoussa-Ausdrücken gespickt sind, die kein Grieche versteht. Bemerkbar macht sich diese Zweisprachigkeit auch bei geographischen Begriffen: Es haben viele Orte 2 Namen und die meisten zumindest 2 verschiedene Endungen. Ein Ort kann bei der Einfahrt daher durchaus anders heißen als bei der Ausfahrt.
Ebenso uneinheitlich ist die Wiedergabe griechischer Worte oder Namen mit lateinischen Schriftzeichen. Man kann die Buchstaben direkt übertragen oder das Lautbild des Wortes, man kann es eindeutschen oder einenglischen (hier wird etwa »chi« nicht mit »ch« sondern mit »h« umschrieben). Das Ergebnis der Transkription sieht jedesmal anders aus, bedeutet aber das gleiche. Es gibt keine festen Regeln, auch die Ortstafeln sind nach dem gleichen Zufallsprinzip übersetzt: Ioanina ist gleich Iannina, Chryssoupolis gleich Hrisupoli usw. Da »g« vor »e« und »i« wie »j« gesprochen wird, sind auch Agios und Aijos, Germanos und Jermanos dasselbe.

Telefon

Nicht von der Post aus, sondern der OTE, dem Telegrafenamt. In kleineren Orten nur Vormittag bis 14 Uhr geöffnet, in den Städten bis Mitternacht. Öffentliche Telefonzellen gibt es nur selten, diese Funktion üben die Kioske aus.

Wasser

Meist besser als sein Ruf. Leitungswasser ist in den Städten stark gechlort, daher zwar verträglich, aber geschmacklich ungenießbar. Entlang der Straßen immer wieder gefaßte Quellen mit ausgezeichnetem Frischwasser. Problematisch ist Zisternenwasser, vor allem, wenn es den Sommer über gelagert wurde (betrifft in erster Linie Inseln mit ungenügender Wasserversorgung).

Museen

Museen und archäologische Stätten sind in der Regel bis auf einen Tag in der Woche (meistens Montag oder Dienstag) von 9–13 Uhr, wichtigere Stätten bis 15 Uhr oder 19 Uhr geöffnet. Die Eintrittspreise sind in den letzten Jahren stark erhöht worden (Akropolis z.B. 1992 15 DM).
In den Museen Griechenlands ist das Fotografieren ohne Blitz normalerweise erlaubt, Blitz oder Video sind gebührenpflichtig.

Kirchen und Klöster

Durch zunehmende Diebstähle sind inzwischen viele sehenswerte Kirchen, soweit sie nicht als Museum benutzt werden, verschlossen. Den Schlüssel besitzt häufig der Priester oder jemand in der Nachbarschaft des Gebäudes. Klöster haben keine einheitlichen Öffnungszeiten, von 13 Uhr bis 16 Uhr sind sie normalerweise geschlossen.

Anhang

Karten

Kartenserie der »Road Editions« Blätter 1–5 1:250 000. Die ersten aktuellen und relativ fehlerfreien Straßenkarten des griechischen Festlandes. Auf den Fähren und in allen Touristenzentren erhältlich.

Euroatlas Griechenland bzw. Eurocart griechisches Festland 1:300 000, RV-Verlag (Lizenz der Efstathiadis Group). Standardkarte der Griechenlandfahrer; sehr übersichtlich, aber im Detail ziemlich fehlerhaft.

Die Nomoskarten (Bezirkskarten) 1:200 000 der Griechischen Statistischen Gesellschaft sind ansprechend bunt, aber meist völlig veraltet.

Großmaßstäbige Wanderkarten wie in Mitteleuropa gibt es kaum: Z. B. die EOS-Karten Olymp, Parnassos und Taygetos 1:50 000 oder die Freytag & Berndt Karte Peloponnes-GR 2 1:80 0000. Als Notlösung vergrößert der Bergsteigerverein (EOS) Nomoskarten auf 1:50 000 und zeichnet Wanderwege ein.

Literatur

Landes- und Naturkunde

Baumann H.: Die griechische Pflanzenwelt in Mythos, Kunst und Literatur. Hirmer 1999

Dafis S., Landolt E. (Hg.): Zur Vegetation und Flora von Griechenland. Geobotanisches Institut Rübel, Zürich, Heft 55, 1975

Grundmann V.: Tauchführer Griechenland. BLV 1998

Horvat I., Glavač V., Ellenberg H.: Vegetation Südosteuropas. G.Fischer 1974

Jacobshagen V.: Geologie von Griechenland. Gebrüder Borntraeger 1986

Jerrentrup H., Resch J.: Der Nestos – Leben zwischen Fluß und Meer. J. Resch 1989

Lienau C.: Griechenland – Wissenschaftliche Länderkunden Bd. 32. Wissenschaftliche Buchgesellschaft 1989

Lienau C., Mattes H. (Hg.): Natur und Wirtschaft in Nordost-Griechenland.
Universität Münster, Berichte der Arge Entwicklungsforschung Heft 27, 1997

Petrocheilou A.: Die Höhlen Griechenlands. Ekdotike Athenon, Athen 1984

Polunin O.: Flowers of Greece and the Balcans. Oxford Univ. Press 1987 (mit Bestimmungsteil)

Strid A.: Wild flowers of Mt. Olympos. Museo Goulandris Athen 1980

Bestimmungsbücher Pflanzen

Bayer E., Buttler K., Finkenzeller X., Grau J.: Pflanzen des Mittelmeerraums. Steinbachs Naturführer, Mosaik 1996

Bollinger M., Erben M., Grau J., Heubl G.: Strauchgehölze Europas. Steinbachs Naturführer, Mosaik 1996

Buttler, K.: Orchideen. Steinbachs Naturführer, Mosaik 1996

Delforge P.: Orchids of Britain and Europe. Harper-Collins 1995

Grey-Wilson C., Blamey M.: Pareys Bergblumenbuch. Parey 1980

Sauer F.: Wildlilien Europas. Sauers Naturführer, Fauna Verlag Karlsfeld

Schauer T., Caspari C.: Der große BLV-Pflanzenführer. BLV 1996

Schönfelder I. & P.: Die Kosmos-Mittelmeerflora. Franckh-Kosmos 1990

Schönfelder I. & P.: Kosmos-Atlas Mittelmeer- und Kanarenflora. Franckh-Kosmos 1994

Strasser W.: Pflanzen des Peloponnes. A.R.G. Gantner, Vaduz 1997

Strid. A.: Mountain Flora of Greece 1 & 2. Cambridge Univ. Press 1986 & 1991

Bestimmungsbücher Tiere

Arnold E., Burton J.: Pareys Reptilien- und Amphibienführer Europas. Parey 1983

Bellmann H.: Libellen Europas - beobachten, bestimmen. Naturbuch 1995

Chinery M.: Pareys Buch der Insekten. Parey 1986

Diesener G., Reichholf J.: Lurche und Kriechtiere. Steinbachs Naturführer, Mosaik 1996

Göthel H.: Farbatlas Mittelmeerfauna. Ulmer 1992

Handrinos G., Akriotis T.: The birds of Greece. C. Helm (A&C Black) 1997

Haupt J. & H.: Insekten und Spinnentiere am Mittelmeer. Franckh-Kosmos 1993

Heinzel H. Fitter, R., Parslow J.: Pareys Vogelbuch. Parey 1996

Pamperis L.: The butterflies of Greece. Bastas Plessas, Athen 1997

Reichholf-Riehm H.: Schmetterlinge. Steinbachs Naturführer, Mosaik 1996

Riedl. R.: Fauna und Flora des Mittelmeeres. Parey 1983

Tolman T., Lewington R.: Tagfalter Europas und Nordwestafrikas. Franckh-Kosmos 1998

Wanderführer

Berndt C.: Richtig wandern Peloponnes. Du Mont 1991

Hirner G.: Wanderungen auf dem Peloponnes. Bruckmann 1989

Wörterbuch

deutscher Name/ wissenschaftlicher Name

Pflanzen

Adlerfarn / Pteridium aquilinum
Affodill, Kleinfrüchtiger / Asphodelus aestivus (A. microcarpus)
Akanthusblättrige Eberwurz / Carlina acanthifolia
Akazie / Acacia sp.
Aleppokiefer / Pinus halepensis
Amalia-Akelei / Aquilegia amaliae
Apollotanne (Griechische T.) / Abies cephalonica
Argolische Ragwurz / Ophrys argolica
Attische Schwertlilie / Iris attica

Balkaneiche / Quercus frainetto
Bartflechte / Usnea sp.
Baumförmige Wolfsmilch / Euphorbia dendroides
Baumheide / Erica arborea
Baumwolle / Gossypium sp.
Behaarter Dornginster / Calicotome villosa
Bergahorn / Acer pseudoplatanus
Bergesparsette / Onobrychis montana
Bergmilchstern / Ornithogalum montanum und O. nanum
Bergseidelbast / Daphne oleoides
Binse, Stechende / Juncus acutus
Binsenquecke / Elymus (Agropyron) littorale
Birke (Sandbirke) / Betula pendula
Blasensteinkraut / Alyssoides utriculata
Blasenstrauch, Gewöhnlicher / Colutea arborescens
Blasses Knabenkraut (Bleiches K.) / Orchis pallens
Blaues Halskraut / Trachelium jacquinii
Blaugrüne Wolfsmilch / Euphorbia myrsinites
Bocksbart / Tragopogon sp.
Borretsch (Gurkenkraut) / Borago officinalis
Brandkraut, Strauchiges / Phlomis fruticosa
Braune Ragwurz / Ophrys fusca
Breitblättriges Knabenkraut / Dactylorhiza majalis
Buchsbaum / Buxus sempervirens
Busen-Ragwurz / Ophrys mammosa

Chalzedon-Lilie / Lilium chalcedonicum
Chelmos-Veilchen / Viola chelmala
Christusdorn (Stechdorn) / Paliurus spina-christi

Dalechamps Eiche / Quercus dalechampii
Delphi-Ragwurz / Ophrys delphinensis
Dichternarzisse / Narcissus poeticus
Dichterveilchen / Viola poetica
Diptam, Weißer / Dictamnus albus
Dolden-Milchstern / Ornithogalum umbellatum
Dornbibernelle / Sarcopoterium spinosum
Dornbusch-Wolfsmilch / Euphorbia acanthothamnos
Dornige Spitzklette / Xanthium spinosum
Dorniger Ginster / Genista acanthoclada
Drenkovskis Schachblume / Fritillaria drenkovskii
Dünenzypergras / Cyperus mucronatus

Echter Lavendel / Lavandula angustifolia (officinalis)
Edel-Gamander / Teucrium chamaedrys
Edelkastanie (Eßkastanie) / Castanea sativa
Elsbeere / Sorbus torminalis
Erdbeerbaum, Westlicher / Arbutus unedo
Erika, Quirlförmige / Erica manipuliflora
Esche, Schmalblättrige / Fraxinus angustifolia
Eselsdistel / Onopordon acanthium

Färberflechte / Roccella fuciformis
Feldmannstreu / Eryngium campestre
Felsen-Glockenblume / Campanula rupestris
Felsenedelraute / Artemisia eriantha
Ferdinand-Coburg-Steinbrech / Saxifraga ferdinandi-coburgi
Fettkraut / Pinguicula hirtiflora
Fichte / Picea abies
Flaumeiche / Quercus pubescens
Französischer Ahorn / Acer monspessulanum
Französisches Knabenkraut (Provence-K.) / Orchis provincialis
Friedrich-August-Läusekraut / Pedicularis friderici-augusti
Froschlöffel / Alisma plantago-aquatica

Geflecktes Knabenkraut / Dactylorhiza maculata
Geflecktes Sandröschen / Tuberaria guttata
Gelbe Ragwurz (Gelbrand-R.) / Ophrys lutea
Gelber (Nickender) Sauerklee / Oxalis pes-caprae
Gelber Affodill (Gelbe Asphodeline) / Asphodeline lutea
Gelbstern, Röhriger / Gagea fistulosa
Geschweiftblättriges Alpenveilchen / Cyclamen repandum (Frühjahr)
Gewöhnliche Spitzklette / Xanthium strumarium
Gladiole (Siegwurz) / Gladiolus communis (G. italicus)
Gliedermelde / Arthrocnemum sp.
Golddistel, Spanische / Scolymus hispanicus
Goldrute, Gewöhnliche / Solidago virgaurea
Granatapfel / Punica granatum
Grasblättrige Krugglocke / Edraianthus graminifolius
Graubehaarte Zistrose / Cistus creticus
Griechische Faltenlilie / Gagea greca
Griechische Flockenblume / Centaurea graeca
Griechische Schachblume / Fritillaria graeca
Großblütiger Fingerhut / Digitalis grandiflora
Großfrüchtiger Stechwacholder (Sandküste) / Juniperus oxycedrus macrocarpa

Haas-Eiche / Quercus pedunculiflora
Hainveilchen / Viola riviniana
Hartkiefer / Pinus brutia
Hartriegel (Roter H.) / Cornus sanguinea
Hasenohr, Strauchiges / Bupleurum fruticosum
Hasenschwanz (Samtgras) / Lagurus ovatus
Hauswurz-Steinbrech / Saxifraga sempervivum
Heiliger Steinbrech / Saxifraga juniperifolia sancta
Helenes Ragwurz / Ophrys helenae
Herbstdrehwurz / Spiranthes spiralis
Herbstgoldbecher / Sternbergia lutea
Hermesfinger / Hermodactylus tuberosus
Herz-Knabenkraut / Dactylorhiza cordigera
Herzblättrige Gemswurz / Doronicum columnae
Holunder-Knabenkraut / Dactylorhiza sambucina
Hopfenbuche, Europäische / Ostrya carpinifolia
Hornblatt, Rauhes / Ceratophyllum demersum
Hörner-Ragwurz / Ophrys cornuta
Hornmohn, Gelber / Glaucium flavum
Hufeisen-Ragwurz / Ophrys ferrum-equinum
Hundszahnlilie / Erythronium dens-canis

Iberisches Knabenkraut / Dactylorhiza iberica
Igelkolben, Ästiger / Sparganium erectum
Immergrüner Faulbaum (I. Wegedorn, I. Kreuzdorn) / Rhamnus alaternus
Italienischer Natternkopf / Echium italicum
Italienisches (Gewelltblättriges) Knabenkraut / Orchis italica

Jasminseidelbast / Daphne jasminea
Johannisbrotbaum / Ceratonia siliqua
Judasbaum / Cercis siliquastrum
Jungfer im Grünen / Nigella damascena

Kahler Dornginster / Calicotome spinosa
Kahler Fingerhut / Digitalis laevigata graeca
Kali-Salzkraut / Salsola kali
Kermeseiche / Quercus coccifera
Klettenkrapp (Wilder Krapp) / Rubia peregrina
König-Boris-Tanne (Makedonische T.) / Abies borisii-regis
Königskerze, Gewelltblättrige / Verbascum sinuatum und V. undulatum
Kornblume / Centaurea cyanus
Kornelkirsche / Cornus mas
Krähenfußwegerich / Plantago coronopus
Kretische Schwertlilie / Iris unguicularis
Kretische (Graubehaarte) Zistrose / Cistus creticus
Krummstab (Kappenaron) / Arisarum vulgare
Kugeldistel / Echinops ritro und E. shaerocephalus

Lockerblütiges Knabenkraut / Orchis laxiflora
Lorbeerbaum / Laurus nobilis
Lungenflechte / Lobaria amplissima

Makedonische Eiche / Quercus trojana
Mandel / Prunus dulcis (P. amygdalus)
Manna-Esche / Fraxinus ornus
Manns-Knabenkraut (Kuckucks-K.) / Orchis mascula
Mariendistel / Silybum marianum
Mastix / Pistacia lentiscus
Mauerpfeffer, Dunkler / Sedum atratum
Mäusedorn / Ruscus aculeatus
Meerbinse (Strandsimse) / Bolboschoenus maritimus
Meeressalde / Ruppia maritima
Meerfenchel / Crithmum maritimum
Meersenf / Cakile maritima
Meerzwiebel / Urginea maritima
Messina-Schachblume / Fritillaria messanensis
Messina-Blaustern / Scilla messeniaca
Milchfleckdistel / Galactites tomentosa
Milchweißes Knabenkraut / Orchis lactea
Mittagsblume / Carpobrotus edulis und C. acinaciformis
Mittags-Schwertlilie / Gynandriris sisyrinchium
Mönchspfeffer / Vitex agnus-castus
Mösische Buche / Fagus moesica

Napf-Schwarznessel/Ballota acetabulosa
Neapolitanisches Alpenveilchen / Cyclamen hederifolium (Herbst)
Nesselblättrige Glockenblume / Campanula trachelium
Nickender Milchstern / Ornithogalum nutans
Nieswurz, Griechische / Helleborus cyclophyllus
Nixenkraut / Najas marina

Ochsenzunge / Anchusa sp.
Ölbaum / Olea europaea sativa

Oleander / **Nerium oleander**
Opuntie (Feigenkaktus) / **Opuntia ficus-indica**
Orientbuche / **Fagus orientalis**
Orient-Hainbuche (Balkan-H.) / **Carpinus orientalis**
Osterluzei / **Aristolochia sp.**
Otto-Akelei / **Aquilegia ottonis**

Palisadenwolfsmilch / **Euphorbia characias**
Panzerkiefer / **Pinus heldreichii**
Persisches Alpenveilchen / **Cyclamen persicum**
Perückenstrauch / **Cotinus coggygria**
Pfahlrohr (Spanisches Rohr) / **Arundo donax**
Pfingstrose / **Paeonia sp.**
Pfriemenginster (Spanischer G.) / **Spartium junceum**
Phönizischer Wacholder / **Juniperus phoenicea**
Pinie (Schirmpinie) / **Pinus pinea**
Platane (Morgenländische P., Orientalische P.) / **Platanus orientalis**
Polei-Minze / **Mentha pulegium**
Pontische Schachblume / **Fritillaria pontica**
Portulak/**Portulaca oleracea**
Purpur-Knabenkraut / **Orchis purpurea**

Queller (einjährig) / **Salicornia sp.**
Queller (mehrjährig) / **Sarcocornia sp.**

Rechingers Mauermiere / **Paronychia rechingeri**
Regenbogen-Ragwurz / **Ophrys iricolor**
Reichenbachs (Balkan-) Schwertlilie / **Iris reichenbachii**
Reinholds Ragwurz / **Ophrys reinholdii**
Reitgras / **Calamagrostis epigeios**
Rhodopenlilie / **Lilium rhodopeum**
Rhodopenlotwurz / **Onosma rhodopia**
Riesenstrandquecke / **Elymus giganteus**
Rittersporn / **Consolida sp. (Delphinium sp.)**
Roberts Mastorchis (Riesenknabenkraut) / **Barlia robertiana**
Rohrkolben, Breitblättriger / **Typha latifolia**
Rosmarin / **Rosmarinus officinalis**
Rotbuche / **Fagus sylvatica**
Rote Spornblume / **Kentranthus ruber**
Rotes Waldvöglein / **Cephalanthera rubra**
Rotföhre / **Pinus sylvestris**

Safrankrokus / **Crocus sativus**
Salbeiblättrige Zistrose / **Cistus salviifolius**
Salz-Schuppenmiere / **Spergularia marina**
Salzalant / **Inula crithmoides**
Salzbinse / **Juncus gerardii**
Salzmelde (Portulak-S., Strand-S.) / **Halimione portulacoides**
Salzschwadengras (Strand-Salzschwaden) / **Puccinellia maritima und P. festuciformis**
Samos-Brandkraut / **Phlomis samia**
Schiefe Schachblume / **Fritillaria obliqua**
Schilf / **Phragmites australis (Phr. communis)**
Schlangenwurz, Gewöhnliche / **Dracunculus vulgaris**
Schlüsselblume / **Primula veris**
Schmalblättrige Lupine / **Lupinus angustifolius**
Schmetterlings-Knabenkraut / **Orchis papilionacea**
Schneerose (Christrose) / **Helleborus niger**
Schneeweiße Strandfilzblume / **Otanthus maritimus**
Schneewißer Alant / **Inula verbascifolia (I. candida)**
Schnepfen-Ragwurz / **Ophrys scolopax**
Schopf-Lavendel / **Lavandula stoechas**
Schopfige Traubenhyazinte / **Leopoldia comosa (Muscari comosum)**
Schopfiges-Läusekraut / **Pedicularis comosa**
Schuttkresse / **Lepidium ruderale**
Schwalbenwurzenzian / **Gentiana asclepiadea**
Schwanenblume / **Butomus umbellatus**
Schwarzerle / **Alnus glutinosa**
Schwarzes Kohlröschen / **Nigritella nigra**
Schwarzkiefer , Griechische / **Pinus nigra pallasiana**
Schwimmfarn / **Salvinia natans**
Seegras (Neptungras) / **Posidonia oceanica**
Seegras, Echtes / **Zostera marina**
Seekanne / **Nymphoides peltata**
Seerose, Weiße / **Nymphaea alba**
Serbische Ramondia / **Ramonda serbica**
Silberlinde / **Tilia tomentosa**
Skorpionsschwanz / **Scorpiurus muricatus**
Smolikas-Steinkresse / **Alyssum smolikanum**
Sommerknotenblume / **Leucojum aestivum**
Sommerwurz / **Orobanche sp.**
Sonnenwend-Flockenblume / **Centaurea solstitalis**
Speierling / **Sorbus domestica**
Spiegel-Ragwurz / **Ophrys ciliata**
Spießmelde / **Atriplex hastata**
Spinnen-Ragwurz / **Ophrys sphegodes**
Spruners Ragwurz / **Ophrys spruneri**
Stahlblauer Mannstreu / **Eryngium amethystinum**
Starre Stacheldolde / **Echinophora spinosa**
Stechapfel / **Datura stramonium**
Stechpalme / **Ilex aquifolium**
Stechwacholder (Macchie, Gebirge) / **Juniperus oxycedrus oxycedrus**
Stechwinde / **Smilax aspera**
Steineiche / **Quercus ilex**
Steinlinde (Scheinliguster) / **Phillyrea latifolia**
Sternklee / **Trifolium stellatum**
Stinkwacholder / **Juniperus foetidissima**
Stockrose, Blasse / **Alcea biennis**
Storchschnabel, Dickwurzliger / **Geranium macrorrhizum**
Strahlenwindröschen / **Anemone blanda**
Strand- (Dünen-) Trichternarzisse (Strandlilie) / **Pancratium maritimum**
Strand-Schneckenklee / **Medicago marina**
Strand-Wolfsmilch / **Euphorbia paralias**
Strandaster / **Aster tripolium**
Stranddistel / **Eryngium maritimum**
Strandflieder / **Limonium sp.**
Strandhafer / **Ammophila arenaria**
Strandknöterich / **Polygonum maritimum**
Strandlevkoje / **Matthiola sinuata**
Strandmelde, Tatarische / **Atriplex tatarica**
Strandmelde / **Atriplex litoralis**
Strandquecke / **Elymus farctus (Agropyron junceum)**
Strandroggen / **Elymus arenarius**
Strandsode / **Suaeda maritima**
Strandwinde / **Calystegia soldanella**
Strauch-Schneckenklee / **Medicago arborea**
Strauchige Lotwurz / **Onosma frutescens**
Stribrny- (Kleinblütiger) Steinbrech / **Saxifraga stribrnyi**
Strohblume (Immortelle) / **Helichrysum stoechas**
Styx-Kugelblume / **Globularia stygia**
Sumpf-Teichfaden / **Zannichellia palustris**
Sumpfherzblatt / **Parnassia palustris**
Sumpfquendel-Wolfsmilch / **Euphorbia peplis**
Sumpfschwertlilie (Wasserschw.) / **Iris pseudacorus**
Syrischer (Steinfruchtartiger) Wacholder / **Juniperus drupacea**

Tabak / **Nicotiana tabacum und N. rustica**
Tazette (Bukett-Narzisse) / **Narcissus tazetta**
Teichsimse (Teichbinse) / **Schoenoplectus lacustris**
Terebinthe (Terpentin-Pistazie) / **Pistacia terebinthus**
Trauben-Steinbrech / **Saxifraga paniculata (S. aizoon)**
Traubeneiche / **Quercus petraea**
Türkenbund / **Lilium martagon**

Übersehene Traubenhyzinthe / **Muscari neglectum**
Ulme / **Ulmus carpinifolia**

Venusnabel (Nabelkraut) / **Umbilicus rupestris und U. horizontalis**
Verschiedenfarbige Glockenblume / **Campanula versicolor**
Vierpunkt-Knabenkraut / **Orchis quadripunctata**
Violetter Dingel / **Limodorum abortivum**

Wachsblume / **Cerinthe sp.**
Waldkiefer / **Pinus sylvestris**
Waldmeister / **Galium odoratum**
Waldrebe / **Clematis sp.**
Walloneneiche (Arkadische E.) / **Quercus aegilops (Qu. macrolepis)**
Walnuß / **Juglans regia**
Wasserfenchel / **Oenanthe aquatica**
Wasserknöterich / **Polygonum amphibium**
Wasserlinse, Kleine / **Lemna minor**
Wassernuß / **Trapa natans**
Weide / **Salix sp.**
Weiderich, Binsenartiger / **Lythrum junceum**
Weiße Reseda / **Reseda alba**
Weißfilziges Greiskraut / **Senecio bicolor**
Weißtanne / **Abies alba**
Wespen-Ragwurz / **Ophrys tenthredinifera**
Wilde Tulpe / **Tulipa sylvestris australis**
Wilder Hopfen / **Humulus lupulus**
Witwenblume, Ganzrandige / **Knautia integrifolia**
Wollgras, Breitblättriges / **Eriophorum latifolium**
Wolliger (Griechischer) Fingerhut / **Digitalis lanata**

Zerreiche / **Quercus cerris**
Zickzackdorn / **Ziziphus lotus**
Zistrosenschmarotzer / **Cytinus hypocistis**
Zungenstendel / **Serapias sp.**
Zürgelbaum, Südlicher / **Celtis australis**
Zweiblättriger Blaustern (Sternhyazinthe) / **Scilla bifolia**
Zwerg-Königskerze / **Verbascum acaule**
Zwergginster / **Chamaecytisus sp.**
Zwergholunder / **Sambucus ebulus**
Zwergmispel / **Cotoneaster integerrimus**
Zypresse, Italienische / **Cupressus sempervirens**
Zypressenwolfsmilch / **Euphorbia cyparissas**

Wirbellose

Admiral / **Vanessa atalanta**
Alexanor-Schwalbenschwanz / **Papilio alexanor**
Ameisenlöwe / **Myrmeleon sp.**
Aurorina-Heufalter / **Colias aurorina**

Blaupfeil, Großer / **Orthetrum cancellatum**
Blaupfeil, Östlicher / **Orthetrum albistylum**
Blaupfeil, Südlicher / **Orthetrum brunneum**
Blauschwarzer Eisvogel / **Limenitis reducta**

Distelfalter / Vanessa cardui
Dünen-Sandlaufkäfer / Cicindela flexuosa und C. trisignata
Dunkelvioletter Seeigel / Sphaerechinus granularis

Einsiedlerkrebs / Pagurus sp.
Eisstern / Marthasterias glacialis
Erdbeerbaumfalter / Charaxes jasius

Fangschrecken / Empusa fasciata und Rivetina baetica
Felsengarnele / Palaemon elegans
Felsenkrabbe / Pachygrapsus marmoratus
Feuerfalter, Großer / Lycaena dispar
Feuerlibelle / Crocothemis erythraea
Flohkrebs / Gammarus sp.
Frühe Heidelibelle / Sympetrum fonscolombei

Gebänderte Prachtlibelle / Calopteryx splendens
Gelber C-Falter (Glaskrautfalter) / Polygonia egea
Gewöhnliche (Gemeine) Keiljungfer / Gomphus vulgatissimus
Goldwespen / Chrysididae
Gorgonie / Eunicella sp.
Gottesanbeterin / Mantis religiosa
Große Königslibelle / Anax imperator
Großer Fuchs / Nymphalis polychloros
Großer Perlmutterfalter / Mesoacidalia aglaja
Großer Schillerfalter / Apatura iris
Grünblauer Bläuling / Agrodiaetus damon
Gürtelskolopender / Scolopendra cingulatus

Helena-Waldbläuling / Cyaniris helenae
Holzbiene / Xylocopa violacea

Kaisermantel (Silberstrich) / Argynnis paphia
Kleine Zangenlibelle / Onychogomphus forcipatus
Kleiner Fuchs / Aglais urtica
Kleiner Perlmutterfalter / Issoria lathonia
Klippassel / Ligia sp.

Linienschwärmer / Celerio lineata

Miesmuschel / Mytilus galloprovincialis
Mittlerer Weinschwärmer / Deilephila elpenor

Napfschnecke / Patella sp.
Nasenschrecke / Acrida ungarica
Nashornkäfer / Oryctes nasicornis

Ödlandschrecke / Oedipoda sp.
Oleanderschwärmer / Daphnis (Deilephila) nerii
Osterluzeifalter / Zerynthia polyxena

Pillendreher / Scarabaeus sp.
Posthornschnecke / Planorbarius corneus
Postillon (Wandergelbling) / Colias crocea
Prozessionsspinner, Kiefern- / Thaumetopolea pinivora
Prozessionsspinner, Pinien- / Thaumetopolea pityocampo
Puppenräuber / Calosoma sycophanta
Purpurbär / Rhyparia purpurata
Purpurrose (Pferdeaktinie) / Actinia equina

Randfleckwidderchen / Agrumenia fausta
Röhrenspinne / Eresus niger
Roter Scheckenfalter / Melitaea didyma
Russischer Bär / Panaxia quadripunctaria

Sägeschrecke / Saga pedo (S. hellenica)
Sandwespe / Sphex sp. und Ammophila sp.
Sattelschrecke (Steppen-) / Ephippiger ephippiger
Schabrackenlibelle / Hemianax ephippiger
Scheckenfalter / Melitaea sp.
Schlammschnecke / Lymnaea stagnalis
Schmetterlingshafte / Ascalaphidae
Schnirkelschnecke / Faustina trizona
Schwalbenschwanz / Papilio machaon
Schwammspinner / Lymantria dispar
Schwarzbrauner Trauerfalter / Neptis sappho
Schwarze Witwe (Malmignatte) / Latrodectus tredecimguttatus
Schwarzer Apollo / Parnassius mnemosyne
Schwarzer Bär / Epicallia villica
Seespinne / Maja sp.
Segelfalter / Iphiclides podalirius
Singzikade / Tibicien plebejus
Springspinne / Philaeus chrysops
Steinseeigel / Paracentrotus lividus
Strandgrille / Xya variegata und Xya pfaendleri
Strandkäfer, Feistkäfer / Pimelia sp. und Erodius sp.
Strand-Sandlaufkäfer / Cicindela lunulata und C. litoralis
Südliche Mosaikjungfer / Aeshna affinis
Süßwasserkrabbe / Potamon sp.

Taschenkrebs / Eriphia verrucosa
Taubenschwanz / Macroglossum stellatarum
Trauerbock / Morimus funereus
Trauermantel / Nymphalis antiopa

Weißer Waldportier / Brintesia circe
Wespenspinne (Zebraspinne) / Argyope bruennichi
Wiener (Großes) Nachtpfauenauge / Saturnia pyri
Windenschwärmer / Herse convolvuli
Wolfsspinne, (Tarantel) / Lycosa sp.

Zwergstrandschnecke / Littorina neritoides

Fische, Amphibien, Reptilien

Aal, Europäischer / Anguilla anguilla
Ägäischer Nacktfinger / Cyrtopodium (Cyrtodactilus) kotschyi

Breitrandschildkröte / Testudo marginata

Chamäleon, Europäisches / Chameleo chameleon

Eidechsennatter, Europäische / Malpolon monspessulanus
Epirus-Frosch / Rana epeirotica
Europäische Sumpfschildkröte / Emys orbicularis
Europäischer Halbfinger / Hemidactylus turcicus

Feuersalamander / Salamandra salamandra

Gelbbauchunke / Bombina variegata
Gesprenkelter Schlangenskink / Ophiomorus punctatissimus
Griechische Landschildkröte / Testudo hermanni
Griechische Spitzkopfeidechse / Lacerta graeca
Griechischer Frosch / Rana graeca

Halbfingergecko / Hemidactylus turcicus
Hardun (Schleuderschwanz) / Stellio stellio
Hornotter, Sandviper / Vipera ammodytes

Johannisechse / Ablepharus kitaibelii

Kaspische Wasserschildkröte / Mauremys caspica

Laube (Ukelei) / Alburnus alburnus
Laubfrosch, Europäischer / Hyla arborea
Leopardnatter / Elaphe situla

Mauergecko / Tarentola mauritanica
Maurische Landschildkröte / Testudo graeca

Nacktfingergecko / Cyrtopodium kotschyi

Peloponnes-Eidechse / Podarcis peloponnesica
Peloponnesische Kieleidechse / Algyroides moreoticus
Pfauenschleimfisch / Lipophrys pavo
Pfeilnatter / Coluber (jugularis) caspius
Pracht-Kieleidechse / Algyroides nigropunctatus
Prespa-Barbe (Makedonische Barbe) / Barbus prespensis

Riesensmaragdeidechse / Lacerta trilineata
Rotbauchunke / Bombina bombina

Sandboa, Westliche / Eryx jaculus
Scheltopusik / Ophiosaurus apodus
Schlangenauge, Europäisches / Ophisops elegans
Schlanknatter / Coluber najadum
Schleie / Tinca tinca
Schleimfisch / Blennius sp.
Seefrosch / Rana ridibunda
Smaragdeidechse / Lacerta viridis
Springfrosch / Rana dalmatina
Südeuropäisches Rotauge (Plötze) / Rutilus rubilio
Süßwasserschleimfisch / Blennius fluviatilis
Syrische Schaufelkröte, Östliche / Pelobates syriacus

Taurische Mauereidechse / Podarcis taurica

Unechte Karettschildkröte / Caretta caretta

Vierstreifennatter / Elaphe quatuorlineata

Würfelnatter / Natrix tesselata

Vögel

Adlerbussard / Buteo rufinus
Alpenbraunelle / Prunella collaris
Alpendohle / Pyrrhocorax graculus
Alpenkrähe / Pyrrhocorax pyrrhocorax
Austernfischer / Haematopus ostralegus

Bartgeier / Gypaetus barbatus
Bartmeise / Panurus biarmicus
Baumfalke / Falco subbuteo
Beutelmeise / Remiz pendulinus
Bienenfresser / Merops apiaster
Bläßralle (Bläßhuhn) / Fulica atra
Blaßspötter / Hippolais pallida
Blaumerle / Monticola solitarius
Blauracke / Coracias garrulus
Brachschwalbe / Glareola pratincola
Brandseeschwalbe / Sterna sandvicensis
Brauner Sichler (Braunsichler) = Sichler
Braunkehlchen / Saxicola rubetra

Bussard, Mäusebussard / Buteo buteo

Cistensänger / Cisticola juncidis

Dohle / Corvus monedula
Dorngrasmücke / Sylvia communis
Dreizehenspecht / Picoides tridactylus
Drosselrohrsänger / Acrocephalus arundinaceus
Dünnschnabelbrachvogel / Numenius tenuirostris
Dünnschnabelmöwe / Larus genei

Eisvogel / Alcedo atthis

Fasan / Phasianus colchicus
Felsenkleiber / Sitta neumayer
Felsenschwalbe / Ptyonoprogne rupestris
Flamingo / Phoenicopterus ruber
Flußseeschwalbe / Sterna hirundo

Gänsegeier / Gyps fulvus
Gänsesäger / Mergus merganser
Grauortolan / Emberiza caesia
Graureiher (Fischreiher) / Ardea cinerea
Grünspecht / Picus viridis

Habichtsadler / Hieraaetus fasciatus
Haselhuhn / Bonasia bonasia
Haubentaucher / Podiceps cristatus
Heidelerche / Lullula arborea

Kaiseradler / Aquila heliaca
Kalanderlerche / Melanocorypha calandra
Kappenammer / Emberiza melanocephala
Korallenmöwe / Larus audouinii
Krauskopfpelikan / Pelecanus crispus
Krickente / Anas crecca
Kurzfangsperber / Accipiter brevipes
Kurzzehenlerche / Calandrella brachydactyla

Lachseeschwalbe / Gelochelidon nilotica
Löffelente / Anas clypeata
Löffler / Platalea leucorodia

Maskenstelze / Motacilla flava feldegg
Maskenwürger / Lanius nubicus
Mauerläufer / Tichodroma muraria
Mittelmeer-Steinschmätzer / Oenanthe hispanica
Mönchsgeier / Aegypius monachus
Moorente / Aythya nyroca

Nachtigall / Luscinia megarhynchos
Nachtreiher / Nycticorax nycticorax
Nebelkrähe / Corvus corone cornix
Neuntöter / Lanius collurio

Ohrenlerche / Eremophila alpestris
Ortolan / Emberiza hortulana

Pirol / Oriolus oriolus
Purpurreiher / Ardea purpurea

Rallenreiher / Ardeola ralloides
Raubmöwe (Skua) / Catharacta skua
Rauhfußkauz / Aegolius funereus
Rohrammer / Emberiza schoeniculus
Rohrweihe / Circus aeruginosus
Rosapelikan / Pelecanus onocrotalus
Rostgans / Casarca ferruginea
Rötelfalke / Falco naumanni
Rötelschwalbe / Hirundo daurica
Rotflügel-Brachschwalbe = Brachschwalbe
Rothalstaucher / Podiceps griseigena
Rotkopfwürger / Lanius senator

Samtkopfgrasmücke / Sylvia melanocephala
Schlangenadler / Circaetus gallicus
Schmutzgeier / Neophron percnopterus
Schnatterente / Anas strepera
Schreiadler / Aquila pomarina
Schwarzhalstaucher / Podiceps nigricollis
Schwarzkehlchen / Saxicola torquata
Schwarzkopfmöwe / Larus melanocephalus
Schwarzmilan / Milvus migrans
Schwarzspecht / Dryocopus martius
Schwarzstirnwürger / Lanius minor
Seeadler / Haliaetus albicilla
Seidenreiher / Egretta garzetta
Seidensänger / Cettia cetti
Sichler / Plegadis falcinellus
Silberreiher / Egretta alba
Sperlingskauz / Glaucidium passerinum
Spießente / Anas acuta
Spornkiebitz / Hoplopterus spinosus
Steinadler / Aquila chrysaetos
Steinhuhn / Alectoris graeca
Steinrötel / Monticola saxatilis
Steinwälzer / Arenaria interpres
Stelzenläufer / Himantopus himantopus
Sturmtaucher, Mittelmeer / Puffinus yelkouan
Sumpfrohrsänger / Acrocephalus palustris

Tannenhäher / Nucifraga caryocatactes
Teichrohrsänger / Acrocephalus scirpaceus
Triel / Burhinus oedicnemus
Turteltaube / Streptopelia turtur

Uferschwalbe / Riparia riparia

Waldschnepfe / Scolopax rusticola
Wanderfalke / Falco peregrinus
Weißbartgrasmücke / Sylvia cantillans
Weißbartseeschwalbe / Chlidonias hybrida
Weißkopfmöwe / Larus cachinnans
Weißkopfruderente / Oxyura leucocephala
Weißrückenspecht / Dendrocopus leucotos
Wespenbussard / Pernis apivorus
Wiedehopf / Upupa epops
Wiesenweihe / Circus pygargus

Ziegenmelker / Caprimulgus europaeus
Zwergadler / Hieraaetus pennatus
Zwergdommel / Ixobrychus minutus
Zwergmöwe / Larus minutus
Zwergohreule / Otus scops
Zwergsäger / Mergus albellus
Zwergscharbe / Phalacrocorax pygmaeus
Zwergseeschwalbe / Sterna albifrons
Zwergtaucher / Tachybaptus ruficollis

Säugetiere

Abendsegler / Nyctalus noctula
Baummarder (Edelmarder) / Martes martes
Bezoarziege (Agrimi-Wildziege) / Capra aegagrus
Braunbär / Ursus arctos
Breitflügelfledermaus / Eptesicus serotinus
Bulldoggfledermaus / Tadarida teniotis
Dachs / Meles meles
Felsenmaus / Apodemus mystacinus
Fischotter / Lutra lutra
Langfußfledermaus / Myotis capaccinii
Luchs (Nordluchs) / Felis lynx
Mittelmeer-Hufeisennase / Rhinolophus euryale
Mittelmeer-Mönchsrobbe / Monachus monachus
Nutria (Sumpfbieber) / Myocastor coypus
Ostigel (Weißbrustigel) / Erinaceus concolor
Rauhhautfledermaus / Pipistrellus nathusii
Schakal (Goldschakal) / Canis aureus
Streifendelphin / Stenella coeruleoalba
Wasserbüffel (Hausbüffel) / Bubalus arnee bubalis
Wiesel (Mauswiesel) / Mustela nivalis
Ziesel (Schlichtziesel) / Citellus (Spermophilus) citellus
Zweifarbfledermaus / Vespertilio murinus
Zwergfledermaus / Pipistrellus pipistrellus

Register

Fett gesetze Seitenzahlen verweisen auf Fotos, schräg gesetzte auf Essays (im Text blau unterlegt).

Pflanzen- und Tiernamen

Aal 91, 158, 220
Abendsegler 40, 91
Adlerbussard 82
Adlerfarn 79, 137, 161, 173
Admiral 180
Affodill 150, **184**, 185, 201
Ägäischer Nacktfinger 60, **62**, 156, 206, 209
Ajuga laxmanni 77
Akazie 193, **199**
Alant, Schneeweißer 116
Alexanor-Schwalbenschwanz 172, 180
Aurorina-Heufalter 172, 180
Alpenbraunelle 68, 82
Alpendohle 171
Alpenkrähe 171
Alpenveilchen 22, **116**, 120, 173, 195
Amalia-Akelei 129, **131**
Ameisenlöwe 192
Amorpha fruticosa **88**
Anemone 140, 144, 170, 197, 211
Apataniana hellenica 139
Apollotanne 23, 27, 68, 160, 163, **170**, 176, 180, 195, 197, 201
Auerhuhn 68, 216
Austernfischer 39, 154

Bachstelze 50
Bartflechte 81
Bartgeier 124, 130, **160**, 162
Bartmeise 105
Baumfalke 82
Baumheide 24, 137
Baummarder 172
Baumwolle **33**, 33, 43, 224
Bergahorn 116
Bergesparsette 80
Bergmilchstern **165**
Bergseidelbast 161
Beutelmeise 91, **95**
Bezoarziege 27, 130, 162
Bienenfresser 28, 35, 47, 58, 87, 91, 97, *136*, **138**, 139, 201, 217
Binse 39, 98, 156
Binsenquecke 189
Birke 67, 79
Blasensteinkraut 61, **64**
Blasenstrauch 98, 124, 128

Orts- und Sachregister

Seitenzahlen mit dem Zusatz »ff.« bezeichnen den Beginn der Besprechung eines Hauptreisezieles.

Ein Führer wie dieser basiert auf den Informationen vieler. Ich danke allen Kollegen und Freunden Griechenlands, die mir ihre Unterlagen zu Detailfragen zur Verfügung gestellt haben; allen Freunden, die mir Reisegefährten waren und sich die Mühe machten, geduldig das Manuskript zu korrigieren und liebevoll mit wichtigen Hinweisen zu ergänzen. Ganz besonders danke ich Hans Jerrentrup, Roland Weid, Thomas Raus, Hans Märki, Werner Mayer und Franz Hecker.

Bildnachweis:

Umschlagfotos: J. Kautzky
(vorn: Blick auf Itolo, Halbinsel Mani, Peloponnes;
hinten: Kretische Schwertlilie)
F. Hecker (hinten: Schwarzkehlchen, Männchen)
Foto S.1: badender Pelikan
Foto S 2/3: Vikos-Schlucht

B. Berger/J. Kautzky: 150 u
E Berktold/J. Kautzky: 57 Mr, 226 u
B. Bucher/J. Kautzky: 203
J. Dalla Via/J. Kautzky: 89 u, 148 o
A. Ebert: 29 u, 36, 39, 45, 49, 57 ur, 60 o, 88 ul
R. Hasibeder/J.Kautzky: 1
F. Hecker: 29 o, 33 o, 35, 37 u, 40 o, 43, 53 o, 56 ur, 58, 61 ur, 65 u, 66, 70 l, 70 r, 71 ol, 76 u, 81 u, 87 o, 99 or, 101 o, 106 ul, 108, 113 u, 123 or, 125 o, 144, 147 or, 151 or, 154 u, 163 u, 164 u, 171 ul, 183 u, 191 or, 192 u, 205
R. Hofer/J. Kautzky: 107 Mr, 138 ol, 198 u
J. Hölzinger: 173
A. Limbrunner: 40 u, 41 or, 44 ul, 53 u, 55, 60 u., 63, 74, 77 o, 85, 89 o 93 ur, 98 ul, 106/107, 107 or, 124, 128, 148 u, 150 ol, 151 u, 170 ul, 184 ul, 190 u, 213
W. Mayer/J.Kautzky: 44 ur, 62 u, 130/131
R. Meyer/J. Kautzky: 179 ur
MTI-Press: 20
CH. Newesely/J. Kautzky: 129, 155 o (Einklinker)
M. Pforr: 48 u, 52 u, 134 or, 138 u
T. Raus: 126, 131 or, 132
J. & U. Schimmelpfennig: 131 u, 155 ur, 175 Mr, 182 u, 204 u
R. Schmidt: 153
R. Weid: 41 u, 59, 61 Mr, 68, 71 ul, 91, 95 u, 120 u, 158 o, 179 Mr
W. Willner: 113 M, 114 ul, 130 u, 195 o
K. Wothe: 71 ur, 138 or, 139 ol, 155 ul, 160, 176 u, 204 o, 212
P. Zeininger: 28, 86, 182 o
G. Ziesler/T. Angermayer: 95 o

Alle anderen Fotos stammen vom Autor

Grafik S. 19: S. Lassnig nach Cognetti (Entwurf J. Dalla Via)
Grafiken S.23, 189: S. Lassnig nach Entwürfen des Autors

Essays S. 51, 59, 63: nach H. Jerrentrup